L'entraide,

facteur d'évolution

Kniaz Petr Alekseevich Kropotkine

Writat

Cette édition parue en 2024

ISBN : 9789359942810

Publié par
Writat
email : info@writat.com

Contenu

INTRODUCTION

Deux aspects de la vie animale m'ont le plus impressionné lors des voyages que j'ai effectués dans ma jeunesse en Sibérie orientale et en Mandchourie du Nord. L'une d'elles était l'extrême sévérité de la lutte pour l'existence que la plupart des espèces animales doivent mener contre une nature inclémente ; l'énorme destruction de la vie qui résulte périodiquement des agents naturels ; et la rareté de la vie qui en résulte sur le vaste territoire qui tombait sous mon observation. Et l'autre était que même dans les rares endroits où la vie animale abondait, je n'ai pas trouvé, bien que je la cherchais avec impatience, cette lutte acharnée pour les moyens d'existence, entre animaux appartenant à la même espèce, qui était considérée par la plupart des darwinistes (mais pas toujours par Darwin lui-même) comme la caractéristique dominante de la lutte pour la vie et le principal facteur d'évolution.

Les terribles tempêtes de neige qui balayent la partie nord de l'Eurasie à la fin de l'hiver et le gel verglacé qui les suit souvent ; les gelées et les tempêtes de neige qui reviennent chaque année dans la deuxième quinzaine de mai, lorsque les arbres sont déjà en pleine floraison et que la vie des insectes pullule partout ; les gelées précoces et, parfois, les fortes chutes de neige en juillet et août, qui détruisent subitement des myriades d'insectes, ainsi que les secondes couvées d'oiseaux dans les prairies ; les pluies torrentielles, dues aux moussons, qui tombent dans les régions plus tempérées en août et septembre, entraînant des inondations d'une ampleur qui n'est connue qu'en Amérique et en Asie orientale, et inondant, sur les plateaux, des zones aussi vastes que les États européens ; et enfin, les fortes chutes de neige, au début d'octobre, qui finissent par rendre un territoire aussi vaste que la France et l'Allemagne absolument impraticables aux ruminants et les détruisent par milliers, telles sont les conditions dans lesquelles j'ai vu la vie animale se débattre en Asie du Nord. Ils m'ont fait comprendre très tôt l'importance primordiale dans la Nature de ce que Darwin a décrit comme « les freins naturels à la surmultiplication », en comparaison avec la lutte entre individus de la même espèce pour les moyens de subsistance, qui peut se poursuivre ici. et là, dans une certaine mesure limitée, mais n'atteint jamais l'importance du premier. La rareté de la vie, la sous-population — et non la surpopulation — étant le trait distinctif de cette immense partie du globe que nous appelons l'Asie du Nord, j'ai conçu depuis lors de sérieux doutes — que des études ultérieures n'ont fait que confirmer — sur la réalité de cette réalité. la terrible compétition pour la nourriture et la vie au sein de chaque espèce, qui était un article de foi pour la plupart des darwinistes, et, par conséquent, sur le rôle dominant que cette sorte de compétition était censée jouer dans l'évolution des nouvelles espèces.

En revanche, partout où j'ai vu la vie animale en abondance, comme par exemple sur les lacs où des dizaines d'espèces et des millions d'individus se réunissaient pour élever leur progéniture ; dans les colonies de rongeurs ; dans les migrations d'oiseaux qui s'effectuaient alors à une échelle véritablement américaine le long de l' Usuri ; et surtout dans une migration de daims à laquelle j'ai été témoin sur l'Amour, et au cours de laquelle des dizaines de milliers de ces animaux intelligents se sont rassemblés d'un territoire immense, fuyant devant les neiges épaisses qui venaient, pour traverser l'Amour là où il est le plus étroit. — dans toutes ces scènes de la vie animale qui se déroulaient sous mes yeux, j'ai vu l'entraide et le soutien mutuel portés à un degré qui m'a fait soupçonner un trait de la plus haute importance pour le maintien de la vie, la conservation de chaque espèce, et son évolution ultérieure.

Et enfin, j'ai vu parmi les bovins et les chevaux semi-sauvages de Transbaïkalie, parmi les ruminants sauvages de partout, les écureuils, etc., que lorsque les animaux doivent lutter contre le manque de nourriture, en conséquence d'une des causes mentionnées ci-dessus , toute la partie de l'espèce qui est affectée par la calamité, sort de l'épreuve si pauvre en vigueur et en santé, qu'aucune évolution progressive de l'espèce ne peut se fonder sur des périodes de compétition aussi vive.

Par conséquent, lorsque mon attention fut attirée plus tard sur les relations entre le darwinisme et la sociologie, je ne pus souscrire à aucun des ouvrages et brochures qui avaient été écrits sur ce sujet important. Ils s'efforçaient tous de prouver que l'Homme, grâce à son intelligence et à ses connaissances supérieures, peut atténuer la dureté de la lutte pour la vie entre les hommes ; mais ils reconnaissaient tous en même temps que la lutte pour les moyens d'existence, de chaque animal contre tous ses congénères, et de chaque homme contre tous les autres hommes, était « une loi de la nature ». Mais je ne pouvais pas accepter ce point de vue, car j'étais persuadé qu'admettre une guerre intérieure impitoyable pour la vie au sein de chaque espèce, et voir dans cette guerre une condition du progrès, c'était admettre quelque chose qui non seulement n'avait pas encore été prouvé. , mais manquait également de confirmation par observation directe.

Au contraire, une conférence « Sur la loi de l'entraide », prononcée lors d'un congrès russe des naturalistes, en janvier 1880, par le célèbre zoologiste, le professeur Kessler, alors doyen de l'université de Saint-Pétersbourg, frappa. moi comme jetant une nouvelle lumière sur l'ensemble du sujet. L'idée de Kessler était qu'à côté de la loi de la lutte mutuelle, il existe dans la nature la loi de l'entraide qui, pour le succès de la lutte pour la vie, et spécialement pour l'évolution progressive de l'espèce, est bien plus importante que la loi de l'entraide. concours mutuel. Cette suggestion, qui n'était en réalité qu'un développement ultérieur des idées exprimées par Darwin lui-même dans La

Descendance de l'Homme, m'a paru si juste et d'une si grande importance que, depuis que j'en ai pris connaissance (en 1883), J'ai commencé à rassembler des matériaux pour développer davantage l'idée que Kessler n'avait que brièvement esquissée dans sa conférence, mais n'avait pas vécu pour la développer. Il mourut en 1881.

Sur un seul point, je ne peux pas entièrement souscrire aux vues de Kessler. Kessler a fait allusion au « sentiment parental » et au souci de la progéniture (voir ci-dessous, chapitre I) comme source d'inclinations mutuelles chez les animaux. Cependant, déterminer dans quelle mesure ces deux sentiments ont réellement joué un rôle dans l'évolution des instincts sociables, et dans quelle mesure d'autres instincts ont été à l'œuvre dans la même direction, me semble une question tout à fait distincte et très vaste, que nous ne pouvons guère résoudre. Je peux encore en discuter. Ce n'est qu'après avoir bien établi les faits de l'entraide dans les différentes classes d'animaux, et leur importance pour l'évolution, que nous pourrons étudier ce qui appartient dans l'évolution des sentiments sociables, aux sentiments parentaux, et ce qui appartient à la sociabilité. proprement dit, cette dernière ayant évidemment son origine aux premiers stades de l'évolution du monde animal, peut-être même aux « stades de colonie ». J'ai donc concentré mon attention principale sur l'établissement, en premier lieu, de l'importance du facteur d'entraide dans l'évolution, laissant à des recherches ultérieures le soin de découvrir l'origine de l'instinct d'entraide dans la nature.

L'importance du facteur d'entraide — « si seulement sa généralité pouvait être démontrée » — n'a pas échappé au génie naturaliste si manifeste chez Goethe. Quand Eckermann raconta un jour à Goethe - c'était en 1827 - qu'il avait trouvé le lendemain deux petits troglodytes qui s'étaient enfuis de lui dans le nid des rouges-gorges (Rothkehlchen), qui nourrissaient les petits, avec leurs propres jeunes, Goethe était très enthousiasmé par ce fait. Il y voyait une confirmation de ses vues panthéistes et disait : « S'il était vrai que l'alimentation d'un étranger traverse toute la nature comme quelque chose ayant le caractère d'une loi générale, alors bien des énigmes seraient résolues. » Il revint sur cette question le lendemain et supplia instamment Eckermann (qui était, comme on le sait, zoologiste) de faire une étude spéciale sur le sujet, ajoutant qu'il parviendrait sûrement « à des trésors de résultats tout à fait inestimables » (Gespräche , édition de 1848, vol. iii, p. 219, 221). Malheureusement, cette étude n'a jamais été faite, même s'il est fort possible que Brehm, qui a accumulé dans ses œuvres des matériaux si riches relatifs à l'entraide entre animaux, se soit inspiré de la remarque de Goethe.

Plusieurs ouvrages importants furent publiés dans les années 1872-1886, traitant de l'intelligence et de la vie mentale des animaux (ils sont mentionnés en note au chapitre I de ce livre), et trois d'entre eux traitèrent plus spécialement du sujet à l'étude. ; à savoir Les Sociétés animales , d'Espinas

(Paris, 1877) ; La Lutte pour l'existence et l'association pout la lutte , conférence de JL Lanessan (avril 1881) ; et le livre de Louis Buchner, Liebe und Liebes-Leben in der Thierwelt , dont la première édition parut en 1882 ou 1883, et une seconde, très augmentée, en 1885. Mais si excellents que soient chacun de ces ouvrages, ils laissent largement place à un œuvre dans laquelle l'Entraide serait considérée, non seulement comme un argument en faveur d'une origine préhumaine des instincts moraux, mais aussi comme une loi de la Nature et un facteur d'évolution. Espinas a consacré sa principale attention aux sociétés animales (fourmis, abeilles) établies sur une division physiologique du travail , et bien que son œuvre soit pleine d'admirables allusions dans toutes les directions possibles, elle a été écrite à une époque où l'évolution des sociétés humaines ne pouvait pas encore être traitée avec les connaissances dont nous disposons aujourd'hui. La conférence de Lanessan a plutôt le caractère d'un plan général d'ouvrage brillamment tracé, dans lequel le soutien mutuel serait traité, en commençant par les rochers de la mer, pour passer ensuite en revue le monde des plantes, des animaux et des hommes. Quant à l'œuvre de Buchner, aussi suggestive qu'elle soit et riche en faits, je ne peux pas souscrire à son idée directrice. Le livre commence par un hymne à l'amour, et presque toutes ses illustrations sont destinées à prouver l'existence de l'amour et de la sympathie entre les animaux. Cependant, réduire la sociabilité animale à l'amour et à la sympathie revient à réduire sa généralité et son importance, tout comme l'éthique humaine fondée sur l'amour et la sympathie personnelle a contribué à restreindre la compréhension du sentiment moral dans son ensemble. Ce n'est pas l'amour de mon prochain , que je ne connais souvent pas du tout, qui me pousse à m'emparer d'un seau d'eau et à me précipiter vers sa maison quand je la vois en feu ; c'est un sentiment ou un instinct beaucoup plus large, quoique plus vague, de solidarité et de sociabilité humaines qui m'anime. Il en va de même pour les animaux. Ce n'est pas l'amour, ni même la sympathie (entendue au sens propre) qui pousse un troupeau de ruminants ou de chevaux à former un cercle pour résister à une attaque de loups ; ce n'est pas l'amour qui pousse les loups à former une meute pour chasser ; pas l'amour qui pousse des chatons ou des agneaux à jouer, ou une douzaine d'espèces de jeunes oiseaux à passer leurs journées ensemble en automne ; et ce n'est ni l'amour ni la sympathie personnelle qui portent plusieurs milliers de daims dispersés sur un territoire aussi vaste que la France à se former en une vingtaine de troupeaux séparés, tous marchant vers un endroit déterminé pour y traverser une rivière. C'est un sentiment infiniment plus large que l'amour ou la sympathie personnelle, un instinct qui s'est lentement développé chez les animaux et les hommes au cours d'une évolution extrêmement longue, et qui a enseigné aux animaux et aux hommes la force qu'ils peuvent emprunter à la pratique de l'entraide. l'aide et le soutien, ainsi que les joies qu'ils peuvent trouver dans la vie sociale.

L'importance de cette distinction sera facilement appréciée par l'étudiant en psychologie animale, et plus encore par l'étudiant en éthique humaine. L'amour, la sympathie et le sacrifice de soi jouent certainement un rôle immense dans le développement progressif de nos sentiments moraux. Mais ce n'est pas l'amour, ni même la sympathie, sur lesquels repose la société chez l'humanité. C'est la conscience, ne serait-ce qu'au stade d'instinct, de la solidarité humaine. C'est la reconnaissance inconsciente de la force qu'emprunte chaque homme à la pratique de l'entraide ; de l'étroite dépendance du bonheur de chacun sur le bonheur de tous ; et du sens de la justice, ou de l'équité, qui amène l'individu à considérer les droits de tout autre individu comme égaux aux siens. Sur cette base large et nécessaire se développent des sentiments moraux encore plus élevés. Mais ce sujet sort du cadre du présent ouvrage, et je signalerai ici seulement une conférence, « Justice et moralité », que j'ai donnée en réponse à l'Éthique de Huxley, et dans laquelle le sujet a été traité assez longuement.

donc pensé qu'un livre, écrit sur l'entraide comme loi de la nature et facteur d'évolution, pourrait combler une lacune importante. Lorsque Huxley publia, en 1888, son manifeste « Lutte pour la vie » (Lutte pour l'existence et son influence sur l'homme), qui, à mon avis, était une représentation très incorrecte des faits de la nature, tels qu'on les voit dans la brousse et dans la forêt, j'ai communiqué avec le rédacteur en chef du XIXe siècle, lui demandant s'il accorderait l'hospitalité de sa revue à une réponse élaborée aux vues de l'un des darwinistes les plus éminents ; et M. James Knowles a reçu la proposition avec la plus entière sympathie. J'en ai également parlé à W. Bates. "Oui, certainement ; c'est le vrai darwinisme", fut sa réponse. "C'est horrible ce qu'ils ont fait de Darwin. Écrivez ces articles, et quand ils seront imprimés, je vous écrirai une lettre que vous pourrez publier." Malheureusement, il m'a fallu près de sept ans pour écrire ces articles, et lorsque le dernier a été publié, Bates ne vivait plus.

Après avoir discuté de l'importance de l'entraide chez diverses classes d'animaux, je devais évidemment discuter de l'importance du même facteur dans l'évolution de l'Homme. Cela était d'autant plus nécessaire qu'il existe un certain nombre d'évolutionnistes qui ne refuseront peut-être pas d'admettre l'importance de l'entraide entre les animaux, mais qui, comme Herbert Spencer, refuseront de l'admettre pour l'homme. Pour l'homme primitif, soutiennent-ils, la guerre de chacun contre tous était la loi de la vie. Dans quelle mesure cette affirmation, trop volontiers répétée, sans suffisamment de critiques, depuis l'époque de Hobbes, est étayée par ce que nous savons des premières phases du développement humain, cela est discuté dans les chapitres consacrés aux sauvages et aux barbares.

Le nombre et l'importance des institutions d'entraide qui ont été développées par le génie créateur des masses sauvages et semi-sauvages, au cours de la première période clanique de l'humanité et plus encore au cours de la période suivante des communautés villageoises, et l'immense influence qu'elles ont Les premières institutions qui ont exercé leur influence sur le développement ultérieur de l'humanité jusqu'à nos jours m'ont incité à étendre également mes recherches aux périodes historiques ultérieures ; en particulier, pour étudier cette période la plus intéressante : les républiques libres des cités médiévales, dont l'universalité et l'influence sur notre civilisation moderne n'ont pas encore été dûment appréciées. Et enfin, j'ai essayé d'indiquer brièvement l'immense importance que les instincts d'entraide, hérités par l'humanité de sa très longue évolution, jouent encore aujourd'hui dans notre société moderne, censée reposer sur le principe : « chacun pour lui-même et l'État pour tous », mais qu'elle n'a jamais réussi et ne réussira jamais à réaliser.

On pourra objecter à ce livre que les animaux et les hommes y sont représentés sous un aspect trop favorable ; que leurs qualités sociables sont insistées, tandis que leurs instincts antisociaux et d'affirmation de soi sont à peine évoqués. Cela était pourtant inévitable. Nous avons tant entendu parler ces derniers temps de la « lutte dure et impitoyable pour la vie », que l'on dit être menée par chaque animal contre tous les autres animaux, chaque « sauvage » contre tous les autres « sauvages » et chaque homme civilisé contre tous ses semblables. concitoyens — et ces affirmations sont tellement devenues un article de foi — qu'il a fallu, tout d'abord, leur opposer une large série de faits montrant la vie animale et humaine sous un tout autre aspect. Il fallait indiquer l'importance primordiale que jouent les habitudes sociables dans la nature et dans l'évolution progressive tant des espèces animales que des êtres humains : prouver qu'elles assurent aux animaux une meilleure protection contre leurs ennemis, bien souvent des facilités pour se nourrir et (provisions hivernales, migrations, etc.), longévité, donc une plus grande facilité pour le développement des facultés intellectuelles ; et qu'ils ont donné aux hommes, outre les mêmes avantages, la possibilité d'élaborer les institutions qui ont permis à l'humanité de survivre dans sa dure lutte contre la nature et de progresser, malgré toutes les vicissitudes de son histoire. Il s'agit d'un livre sur la loi de l'entraide, considérée comme l'un des principaux facteurs d'évolution – et non sur tous les facteurs d'évolution et leurs valeurs respectives ; et ce premier livre devait être écrit avant que le second ne devienne possible.

Je serais certainement le dernier à sous-estimer le rôle que l'affirmation de soi de l'individu a joué dans l'évolution de l'humanité. Cependant, ce sujet nécessite, je crois, un traitement beaucoup plus approfondi que celui qu'il a reçu jusqu'à présent. Dans l'histoire de l'humanité, l'affirmation de soi individuelle a souvent été, et est toujours, quelque chose de tout à fait différent, et de beaucoup plus vaste et plus profond, que l'étroitesse d'esprit mesquine et inintelligente, qui, chez une grande classe d'écrivains, caractérise

" individualisme » et « affirmation de soi ». Les individus qui ont fait l'histoire ne se limitent pas non plus à ceux que les historiens ont représentés comme des héros. Mon intention est donc, si les circonstances le permettent, de discuter séparément de la part prise par l'affirmation de soi de l'individu dans l'évolution progressive de l'humanité. Je ne peux faire ici que la remarque générale suivante : — Lorsque les institutions d'entraide — la tribu, la communauté villageoise, les corporations, la cité médiévale — commencèrent, au cours de l'histoire, à perdre leur caractère primitif, à être envahies. par des croissances parasites, et pour devenir ainsi des obstacles au progrès, la révolte des individus contre ces institutions a toujours pris deux aspects différents. Une partie de ceux qui se soulevèrent s'efforcèrent de purifier les vieilles institutions, ou d'élaborer une forme supérieure de république, basée sur les mêmes principes d'entraide ; ils essayèrent, par exemple, d'introduire le principe de « compensation », à la place de la lex talionis, et plus tard, le pardon des délits, ou un idéal encore plus élevé d'égalité devant la conscience humaine, à la place de la « compensation », selon à la valeur de classe. Mais au même moment, une autre partie de ces mêmes rebelles s'efforçait de briser les institutions protectrices de soutien mutuel, sans autre intention que d'augmenter leur propre richesse et leur propre pouvoir. C'est dans cette lutte à trois, entre les deux classes d'individus révoltés et les partisans de ce qui existe, que réside la véritable tragédie de l'histoire. Mais délimiter ce combat et étudier honnêtement le rôle joué par chacune de ces trois forces dans l'évolution de l'humanité prendrait au moins autant d'années qu'il m'en a fallu pour écrire ce livre.

Parmi les ouvrages traitant à peu près du même sujet et qui ont été publiés depuis la publication de mes articles sur l'entraide chez les animaux, je dois mentionner The Lowell Lectures on the Ascent of Man, d'Henry Drummond (Londres, 1894), et The Origin and Croissance de l'instinct moral, par A. Sutherland (Londres, 1898). Tous deux sont construits principalement sur les lignes suivies dans Love de Buchner, et dans le second ouvrage, le sentiment parental et familial en tant que seule influence à l'œuvre dans le développement des sentiments moraux a été traité assez longuement. Un troisième ouvrage traitant de l'homme et écrit sur des lignes similaires est The Principles of Sociology, du professeur FA Giddings, dont la première édition a été publiée en 1896 à New York et à Londres, et dont les idées principales ont été esquissées par l'auteur dans un pamphlet en 1894. Je dois cependant laisser aux critiques littéraires le soin de discuter les points de contact, de ressemblance ou de divergence entre ces œuvres et les miennes.

Les différents chapitres de ce livre ont été publiés pour la première fois au XIXe siècle (« Entraide entre animaux », en septembre et novembre 1890 ; « Entraide entre sauvages », en avril 1891 ; « Entraide entre barbares », en janvier 1892) ; « L'entraide dans la cité médiévale », en août et septembre 1894 et « L'entraide entre les hommes modernes », en janvier et juin 1896). En les présentant sous forme de livre, ma première intention était de regrouper dans une annexe la masse de matériaux, ainsi que la discussion de plusieurs points secondaires, qui avaient dû être omis dans les articles de synthèse. Il apparut cependant que l'Annexe doublerait la taille du livre, et je fus obligé d'abandonner, ou, du moins, de retarder sa publication. La présente annexe ne comprend la discussion que de quelques points qui ont fait l'objet de controverses scientifiques au cours des dernières années ; et dans le texte je n'ai introduit que ce qui pouvait être introduit sans altérer la structure de l'œuvre.

Je suis heureux de cette occasion d'exprimer au rédacteur en chef du XIXe siècle, M. James Knowles, mes meilleurs remerciements, à la fois pour l'aimable hospitalité qu'il a offerte à ces journaux dans sa revue, dès qu'il en a connu l'idée générale, et la permission qu'il m'a aimablement donnée de les réimprimer.

Bromley, Kent, 1902.

CHAPITRE I

ENTRAIDE MUTUELLE ENTRE ANIMAUX

Lutte pour l'existence. L'entraide est une loi de la nature et un facteur principal d'évolution progressive. Invertébrés. Fourmis et abeilles. Associations d'oiseaux, de chasse et de pêche. Sociabilité. Protection mutuelle entre petits oiseaux. Grues, perroquets.

La conception de la lutte pour l'existence comme facteur d'évolution, introduite dans la science par Darwin et Wallace, nous a permis d'embrasser un éventail immensément large de phénomènes en une seule généralisation, qui est rapidement devenue la base même de nos réflexions philosophiques, biologiques et sociologiques. spéculations. Une immense variété de faits : — adaptations de la fonction et de la structure des êtres organiques à leur environnement ; évolution physiologique et anatomique ; Le progrès intellectuel et le développement moral lui-même, que nous expliquions autrefois par tant de causes différentes, étaient incarnés par Darwin dans une conception générale. Nous les comprenions comme des efforts continus – comme une lutte contre des circonstances défavorables – pour un développement des individus, des races, des espèces et des sociétés qui aboutirait à la plus grande plénitude, variété et intensité de vie possible. Il se peut qu'au début Darwin lui-même n'ait pas pleinement conscience de la généralité du facteur qu'il a invoqué pour expliquer une seule série de faits relatifs à l'accumulation de variations individuelles dans les espèces naissantes. Mais il prévoyait que le terme qu'il introduisait dans la science perdrait son sens philosophique et son seul véritable sens s'il était utilisé uniquement dans son sens étroit, celui de lutte entre individus séparés pour les seuls moyens d'existence. Et au tout début de son ouvrage mémorable , il insistait sur le fait que le terme était pris dans son « sens large et métaphorique, incluant la dépendance d'un être à l'égard d'un autre, et incluant (ce qui est plus important) non seulement la vie de l'individu, mais aussi le succès dans laissant une descendance."(1)

Alors qu'il utilisait lui-même le terme principalement dans son sens étroit pour son propre objectif particulier, il a mis en garde ses partisans contre l'erreur (qu'il semble avoir lui-même commise une fois) de surestimer son sens étroit. Dans La Descente de l'Homme, il a donné quelques pages puissantes pour illustrer son sens propre et large. Il a montré comment, dans d'innombrables sociétés animales, la lutte entre individus séparés pour les moyens d'existence disparaît, comment la lutte est remplacée par la coopération, et comment cette substitution aboutit au développement de facultés intellectuelles et morales qui assurent à l'espèce le meilleures conditions de survie. Il a laissé entendre que dans de tels cas, les plus aptes ne sont pas les plus forts physiquement, ni les plus rusés, mais ceux qui apprennent à s'unir pour se soutenir mutuellement, forts et faibles, pour le bien de la communauté. « Les communautés, écrit-il, qui comprenaient le plus grand nombre de membres les plus sympathiques, prospéreraient le mieux et élèveraient le plus grand nombre de descendants » (2e édition, p. 163). Le terme, issu de la conception malthusienne étroite de la compétition entre chacun et tous, a ainsi perdu son étroitesse dans l'esprit de celui qui connaissait la Nature.

Malheureusement, ces remarques, qui auraient pu devenir la base des recherches les plus fructueuses, ont été éclipsées par la masse de faits rassemblés dans le but d'illustrer les conséquences d'une véritable compétition pour la vie. En outre, Darwin n'a jamais tenté de soumettre à une enquête plus approfondie l'importance relative des deux aspects sous lesquels la lutte pour l'existence apparaît dans le monde animal, et il n'a jamais écrit l'ouvrage qu'il se proposait d'écrire sur les freins naturels à la surmultiplication, bien que ce travail aurait été le test crucial pour apprécier le véritable sens de la lutte individuelle. Bien plus, dans les pages que nous venons de mentionner, au milieu des données réfutant la conception malthusienne étroite de la lutte, le vieux levain malthusien réapparut – à savoir, dans les remarques de Darwin sur les prétendus inconvénients du maintien des « faibles d'esprit et de corps » dans nos sociétés civilisées. chap. v). Comme si des milliers de poètes, de scientifiques, d'inventeurs et de réformateurs faibles et infirmes, ainsi que d'autres milliers de soi-disant « imbéciles » et « enthousiastes faibles d'esprit », n'étaient pas les armes les plus précieuses utilisées par l'humanité dans sa lutte pour l'existence par des armes intellectuelles et morales, ce que Darwin lui-même a souligné dans ces mêmes chapitres de Descent of Man.

Cela s'est produit avec la théorie de Darwin, comme cela arrive toujours avec les théories ayant un rapport avec les relations humaines. Au lieu de l'élargir selon ses propres indications, ses partisans l'ont encore rétréci. Et tandis qu'Herbert Spencer, partant de lignes indépendantes mais étroitement liées, tentait d'élargir l'enquête à cette grande question : « Qui sont les plus aptes ? notamment dans l'annexe à la troisième édition des Données d'éthique, les innombrables adeptes de Darwin ont réduit la notion de lutte pour l'existence à ses limites les plus étroites. Ils en sont venus à concevoir le monde animal comme un monde de lutte perpétuelle entre des individus à moitié affamés, assoiffés du sang des uns et des autres. Ils ont fait résonner dans la littérature moderne le cri de guerre du malheur aux vaincus, comme s'il s'agissait du dernier mot de la biologie moderne. Ils ont élevé la lutte « impitoyable » pour les avantages personnels au rang d'un principe biologique auquel l'homme doit également se soumettre, sous la menace de succomber dans un monde basé sur l'extermination mutuelle. Laissant de côté les économistes qui ne connaissent les sciences naturelles que quelques mots empruntés à des vulgarisateurs de seconde main, nous devons reconnaître que même les représentants les plus autorisés des vues de Darwin ont fait de leur mieux pour maintenir ces idées fausses. En fait, si nous prenons Huxley, qui est certainement considéré comme l'un des représentants les plus compétents de la théorie de l'évolution, ne nous a-t-il pas enseigné, dans un article sur la « Lutte pour l'existence et son incidence sur l'homme », que :

> " Du point de vue du moraliste, le monde animal est à peu près au même niveau qu'un spectacle de gladiateurs. Les créatures sont assez bien traitées et prêtes à se battre. Les plus forts, les plus rapides et les plus rusés vivent pour se battre. un autre jour. Le spectateur n'a pas besoin de baisser le pouce, car aucun quart n'est donné. »

Ou bien, plus loin dans le même article, ne nous dit-il pas que, comme chez les animaux, ainsi chez les hommes primitifs,

> " Les plus faibles et les plus stupides sont allés au mur, tandis que les plus coriaces et les plus astucieux, ceux qui étaient les mieux équipés pour faire face à leur situation, mais pas les meilleurs d'une autre manière, ont survécu. La vie était un combat libre et continu, et au-delà des limites limitées et temporaires. Dans les relations familiales, la guerre hobbesienne de chacun contre tous était l'état normal de l'existence."(2)

Dans quelle mesure cette vision de la nature est étayée par les faits, cela sera démontré par les preuves qui seront ici soumises au lecteur en ce qui concerne le monde animal et en ce qui concerne l'homme primitif. Mais on peut immédiatement remarquer que la vision de la nature de Huxley avait aussi peu de prétention à être considérée comme une déduction scientifique que la vision opposée de Rousseau, qui ne voyait dans la nature que l'amour, la paix et l'harmonie détruits par l'avènement de l'homme. En fait, la première promenade en forêt, la première observation d'une société animale quelconque, ou même la lecture de tout ouvrage sérieux traitant de la vie animale (de D'Orbigny , d'Audubon, de Le Vaillant, peu importe), ne peuvent que faire réfléchir le naturaliste. penser à la part que prend la vie sociale dans la vie des animaux, et l'empêcher de voir dans la nature qu'un champ d'abattoir, de même que cela l'empêcherait de voir dans la nature que l'harmonie et la paix. Rousseau avait commis l'erreur d'exclure de sa pensée le combat à coups de bec et de griffes ; et Huxley a commis l'erreur inverse ; mais ni l'optimisme de Rousseau ni le pessimisme de Huxley ne peuvent être acceptés comme une interprétation impartiale de la nature.

Dès que nous étudions les animaux, non seulement dans les laboratoires et les musées, mais dans les forêts et les prairies, dans les steppes et les montagnes, nous nous apercevons immédiatement que, bien qu'il y ait une immense quantité de guerres et d'exterminations en cours parmi les diverses espèces, et surtout parmi les diverses classes d'animaux, il y a en même temps autant, ou peut-être même plus, de soutien mutuel, d'entraide et de défense mutuelle parmi les animaux appartenant à la même espèce ou, du moins, à la même société. . La sociabilité est autant une loi de la nature qu'une lutte mutuelle. Bien entendu, il serait extrêmement difficile d'évaluer, même grossièrement, l'importance numérique relative de ces deux séries de faits. Mais si nous recourons à un test indirect et demandons à la Nature : « Qui sont les plus aptes : ceux qui sont continuellement en guerre les uns contre les autres, ou ceux qui se soutiennent mutuellement ? nous voyons immédiatement que les animaux qui acquièrent des habitudes d'entraide sont sans aucun doute les plus aptes. Ils ont plus de chances de survivre et atteignent, dans leurs classes respectives, le plus haut développement de l'intelligence et de l'organisation corporelle. Si l'on prend en compte les innombrables faits qui peuvent être avancés pour étayer ce point de vue, nous pouvons affirmer avec certitude que l'entraide est autant une loi de la vie animale que la lutte mutuelle, mais que, en tant que facteur d'évolution, elle a très probablement été une loi de la vie animale. une importance bien plus grande, dans la mesure où elle favorise le développement d'habitudes et de caractères qui assurent le maintien et le développement ultérieur de l'espèce, ainsi que le plus grand bien-être et la plus grande jouissance de la vie pour l'individu, avec le moins de gaspillage d'énergie.

Parmi les adeptes scientifiques de Darwin, le premier, à ma connaissance, à avoir compris l'entière signification de l'entraide en tant que loi de la nature et facteur principal de l'évolution, était un zoologiste russe bien connu, le regretté doyen de l'Université de Saint-Pétersbourg. . Université de Saint-Pétersbourg, professeur Kessler. Il développa ses idées dans un discours qu'il prononça en janvier 1880, quelques mois avant sa mort, lors d'un congrès des naturalistes russes ; mais, comme tant de bonnes choses publiées uniquement en langue russe, cette adresse remarquable reste presque entièrement inconnue.(3)

« En tant que zoologiste de longue date », il se sentait obligé de protester contre l'abus d'un terme – la lutte pour l'existence – emprunté à la zoologie, ou, du moins, contre la surestimation de son importance. La zoologie, disait-il, et les sciences qui s'occupent de l'homme, insistent continuellement sur ce qu'elles appellent la loi impitoyable de la lutte pour l'existence. Mais ils oublient l'existence d'une autre loi que l'on peut qualifier de loi d'entraide, loi qui, au moins pour les animaux, est bien plus essentielle que la première. Il a souligné comment le besoin de laisser une descendance rapproche nécessairement les animaux et que « plus les individus restent ensemble, plus ils se soutiennent mutuellement et plus grandes sont les chances de l'espèce de survivre, ainsi que de se développer davantage ». progrès dans son développement intellectuel. « Toutes les classes d'animaux, poursuit-il, et surtout les plus élevées, pratiquent l'entraide », et il illustre son idée par des exemples empruntés à la vie des coléoptères fouisseurs et à la vie sociale des oiseaux et de certains mammifères . Les exemples étaient peu nombreux, comme on aurait pu s'y attendre dans un bref discours d'ouverture, mais les principaux points étaient clairement énoncés ; et après avoir mentionné que dans l'évolution de l'humanité l'entraide jouait un rôle encore plus important, le professeur Kessler concluait ainsi :

"Je ne nie évidemment pas la lutte pour l'existence, mais j'affirme que le développement progressif du règne animal, et surtout de l'humanité, est favorisé bien plus par l'entraide que par la lutte mutuelle…. Tous les êtres organiques ont deux besoins essentiels : celui La première les amène à une lutte et à une extermination mutuelle, tandis que les besoins du maintien de l'espèce les amènent à se rapprocher et à se soutenir mutuellement. Dans l'évolution du monde organique – dans la modification progressive des êtres organiques – le soutien mutuel entre les individus joue un rôle bien plus important que leur lutte mutuelle. »(4)

La justesse des vues ci-dessus a frappé la plupart des zoologistes russes présents, et Syevertsoff , dont les travaux sont bien connus des ornithologues et des géographes, les a soutenus et les a illustrés par quelques exemples supplémentaires. Il a mentionné certaines espèces de faucons qui ont « une organisation presque idéale pour le vol » et qui sont néanmoins en déclin, tandis que d'autres espèces de faucons, qui pratiquent l'entraide, prospèrent. « Prenez, de l'autre côté, un oiseau sociable, le canard, dit-il ; « elle est dans l'ensemble mal organisée, mais elle se soutient mutuellement, et elle envahit presque la terre, comme on peut en juger par ses innombrables variétés et espèces. »

La disposition des zoologistes russes à accepter les vues de Kessler semble tout à fait naturelle, car presque tous ont eu l'occasion d'étudier le monde animal dans les vastes régions inhabitées de l'Asie du Nord et de la Russie orientale ; et il est impossible d'étudier des régions semblables sans être amené aux mêmes idées. Je me souviens de l'impression que m'avait produite le monde animal de Sibérie lorsque j'explorais les régions de Vitim en compagnie d'un zoologiste aussi accompli que l'était mon ami Polyakoff . Nous étions tous deux sous l'impression nouvelle de l'Origine des Espèces, mais nous cherchions en vain la vive compétition entre animaux de même espèce à laquelle la lecture de l'ouvrage de Darwin nous avait préparés à s'attendre, même après avoir pris en compte les remarques du troisième chapitre. (p. 54). Nous avons vu bien des adaptations pour lutter, bien souvent en commun, contre les circonstances défavorables du climat ou contre des ennemis divers, et Polyakoff a écrit maintes et bonnes pages sur la dépendance mutuelle des carnivores, des ruminants et des rongeurs dans leur répartition géographique ; nous avons été témoins de nombreux faits d'entraide, notamment lors des migrations d'oiseaux et de ruminants ; mais même dans les régions de l'Amour et de l'Usuri , où la vie animale pullule en abondance, les faits de compétition et de lutte réelles entre animaux supérieurs de la même espèce me parvenaient très rarement à l'esprit, bien que je les recherchais avec avidité. La même impression apparaît dans les travaux de la plupart des zoologistes russes, et cela explique probablement pourquoi les idées de Kessler ont été si bien accueillies par les darwinistes russes, alors que de telles idées ne sont pas en vogue parmi les adeptes de Darwin en Europe occidentale.

La première chose qui nous frappe dès que nous commençons à étudier la lutte pour l'existence sous ses deux aspects – direct et métaphorique – est l'abondance de faits d'entraide, non seulement pour élever la progéniture, comme le reconnaissent la plupart des évolutionnistes, mais aussi pour l'éducation des enfants. sécurité de l'individu et pour lui fournir la nourriture nécessaire. Dans de nombreuses grandes divisions du règne animal, l'entraide est la règle. L'entraide existe même parmi les animaux les plus inférieurs, et nous devons être prêts à apprendre un jour, de la part de ceux qui étudient la vie microscopique des étangs, des faits d'entraide inconsciente, même de la vie des micro-organismes. Bien entendu, notre connaissance de la vie des invertébrés, à l'exception des termites, des fourmis et des abeilles, est extrêmement limitée ; et pourtant, même en ce qui concerne les animaux inférieurs, nous pouvons glaner quelques faits de coopération bien établis. Les innombrables associations de criquets, vanessae , cicindelae , cigales, etc., sont pratiquement totalement inexplorées ; mais le fait même de leur existence indique qu'ils doivent être composés à peu près sur les mêmes principes que les associations temporaires de fourmis ou d'abeilles à des fins de migration. Quant aux coléoptères, nous avons des faits d'entraide assez bien observés parmi les coléoptères fouisseurs (Necrophorus). Ils doivent disposer de matière organique en décomposition pour y pondre leurs œufs et ainsi fournir de la nourriture à leurs larves ; mais cette matière ne doit pas se dégrader très rapidement. Aussi ont-ils coutume d'enterrer dans le sol les cadavres de toutes sortes de petits animaux qu'ils trouvent parfois au cours de leurs promenades. En règle générale, ils vivent isolés, mais lorsque l'un d'eux a découvert le cadavre d'une souris ou d'un oiseau, qu'il a peine réussi à enterrer, il appelle quatre, six ou dix autres coléoptères pour effectuer l'opération. avec des efforts unis ; si nécessaire, ils transportent le cadavre vers un sol meuble adapté ; et ils l'enterrent avec beaucoup de considération, sans se disputer pour savoir lequel d'entre eux aura le privilège de pondre ses œufs dans le cadavre enterré. Et lorsque Gleditsch attachait un oiseau mort à une croix faite de deux bâtons, ou suspendait un crapaud à un bâton planté en terre, les petits coléoptères unissaient de la même manière amicale leurs intelligences pour vaincre l'artifice de l'Homme. La même combinaison d'efforts a été constatée chez les bousiers.

Même parmi les animaux se trouvant à un stade d'organisation un peu inférieur, nous pouvons trouver des exemples similaires. Certains crabes terrestres des Antilles et de l'Amérique du Nord se réunissent en grands essaims pour se rendre à la mer et y déposer leurs œufs ; et chacune de ces migrations implique concert, coopération et soutien mutuel. Quant au gros crabe des Moluques (Limulus), j'ai été frappé (en 1882, à l'Aquarium de Brighton) de l'étendue de l'entraide que ces animaux maladroits sont capables d'accorder à un camarade en cas de besoin. L'un d'eux était tombé sur le dos dans un coin du char, et sa lourde carapace en forme de casserole l'empêchait de revenir à sa position naturelle, d'autant plus qu'il y avait dans le coin une barre de fer qui rendait la tâche encore plus difficile. . Ses camarades sont venus à notre secours et, pendant une heure, j'ai observé comment ils s'efforçaient d'aider leur codétenu. Ils arrivèrent deux à la fois, poussèrent leur ami par en dessous et, après de grands efforts, réussirent à le relever ; mais alors la barre de fer les empêcherait d'accomplir l'œuvre de sauvetage, et le crabe retomberait lourdement sur le dos. Après de nombreuses tentatives, l'un des assistants pénétrait dans les profondeurs du réservoir et amenait deux autres crabes, qui commençaient avec de nouvelles forces à pousser et à soulever leur camarade impuissant. Nous sommes restés plus de deux heures dans l'Aquarium et, en repartant, nous sommes venus jeter à nouveau un coup d'œil sur le réservoir : le travail de sauvetage continuait toujours ! Depuis que j'ai vu cela, je ne peux refuser l'observation citée par le Dr Erasmus Darwin, à savoir que « le crabe commun, pendant la saison de mue, stationne comme sentinelle un individu non mué ou à carapace dure pour empêcher les ennemis marins de blesser les individus mués dans leur état non protégé."(5)

Les faits illustrant l'entraide entre les termites, les fourmis et les abeilles sont si bien connus du grand public, notamment grâce aux travaux de Romanes, L. Buchner et Sir John Lubbock, que je peux limiter mes remarques à quelques allusions. .(6) Si nous prenons un nid de fourmis, nous voyons non seulement que chaque description du travail - élevage de la descendance, recherche de nourriture, construction, élevage de pucerons, etc. - est effectué selon les principes de l'entraide volontaire ; il faut aussi reconnaître, avec Forel, que le trait principal, le trait fondamental de la vie de nombreuses espèces de fourmis est le fait et l'obligation pour chaque fourmi de partager sa nourriture, déjà avalée et en partie digérée, avec chaque membre de la communauté qui peut en faire la demande. Deux fourmis appartenant à deux espèces différentes ou à deux nids hostiles, lorsqu'elles se rencontrent occasionnellement, s'éviteront. Mais deux fourmis appartenant au même nid ou à la même colonie de nids vont se rapprocher, échanger quelques mouvements avec les antennes, et « si l'une d'elles a faim ou soif, et surtout si l'autre a son jabot plein… elle demande immédiatement de la nourriture. L'individu ainsi sollicité ne refuse jamais ; elle écarte ses mandibules, prend une position convenable et régurgite une goutte de liquide transparent qui est léchée par la fourmi affamée. La régurgitation de nourriture pour d'autres fourmis est une caractéristique si importante dans la vie des fourmis (en liberté), et elle revient si constamment à la fois pour nourrir des camarades affamés et pour nourrir des larves, que Forel considère le tube digestif des fourmis comme constitué de deux parties différentes. , dont l'une, la partie postérieure, est destinée à l'usage spécial de l'individu, et l'autre, la partie antérieure, est principalement destinée à l'usage de la communauté. Si une fourmi dont la récolte est pleine a été assez égoïste pour refuser de nourrir un camarade, elle sera traitée comme un ennemi, voire pire. Si le refus a été fait alors que ses parents se battaient contre une autre espèce, ils se retourneront contre l'individu avide avec plus de véhémence que même contre les ennemis eux-mêmes. Et si une fourmi n'a pas refusé de nourrir une autre fourmi appartenant à une espèce ennemie, elle sera traitée par les parents de cette dernière comme une amie. Tout cela est confirmé par des observations très précises et des expériences décisives.(7)

Dans cette immense division du règne animal qui comprend plus de mille espèces et est si nombreuse que les Brésiliens prétendent que le Brésil appartient aux fourmis et non aux hommes, la compétition entre les membres d'un même nid ou d'une colonie de nids, n'existe pas. Si terribles que soient les guerres entre espèces et quelles que soient les atrocités commises en temps de guerre, l'entraide au sein de la communauté, le dévouement devenu une habitude, et bien souvent le sacrifice de soi pour le bien commun, sont la règle. Les fourmis et les termites ont renoncé à la « guerre hobbesienne », et ils s'en portent mieux. Leurs nids merveilleux, leurs bâtiments, supérieurs en taille relative à ceux de l'homme ; leurs routes pavées et leurs galeries voûtées aériennes ; leurs salles spacieuses et leurs greniers ; leurs champs de maïs, la récolte et le « maltage » des grains ;(8) leurs méthodes rationnelles pour allaiter leurs œufs et leurs larves, et pour construire des nids spéciaux pour élever les pucerons que Linné a si pittoresquement décrits comme « les vaches des fourmis » ; et enfin leur courage, leur courage et leur intelligence supérieure, tout cela est le résultat naturel de l'entraide qu'ils pratiquent à chaque étape de leur vie occupée et laborieuse. Ce mode de vie a aussi nécessairement entraîné le développement d'un autre trait essentiel de la vie des fourmis : l'immense développement de l'initiative individuelle qui, à son tour, a évidemment conduit au développement de cette intelligence haute et variée qui ne peut que frapper l' observateur humain. .(9)

Si nous ne connaissions de la vie animale que ce que nous savons des fourmis et des termites, nous pourrions déjà conclure avec certitude que l'entraide (qui conduit à la confiance mutuelle, première condition du courage) et l'initiative individuelle (première condition de l'activité intellectuelle) progrès) sont deux facteurs infiniment plus importants que la lutte mutuelle dans l'évolution du règne animal. En fait, la fourmi prospère sans posséder aucune des caractéristiques « protectrices » dont les animaux vivant une vie isolée ne peuvent se passer. Sa couleur le rend remarquable aux yeux de ses ennemis, et les nids élevés de nombreuses espèces sont bien visibles dans les prairies et les forêts. Il n'est pas protégé par une carapace dure, et son appareil piqueur, si dangereux que soit lorsque des centaines de dards sont enfoncés dans la chair d'un animal, n'est pas d'une grande valeur pour la défense individuelle ; tandis que les œufs et les larves des fourmis sont un mets délicat pour un grand nombre d'habitants des forêts. Et pourtant les fourmis, par milliers, ne sont pas beaucoup détruites par les oiseaux, pas même par les fourmiliers, et elles sont redoutées par les insectes les plus forts. Lorsque Forel vida un sac de fourmis dans un pré, il vit que « les grillons s'enfuirent, abandonnant leurs terriers pour être saccagés par les fourmis ; les sauterelles et les grillons s'enfuirent dans toutes les directions ; les araignées et les coléoptères abandonnèrent leurs proies pour ne pas devenir eux-mêmes une proie ; » même les nids de guêpes furent pris par les fourmis, après une bataille au cours de laquelle de nombreuses fourmis périrent pour la sécurité de la république. Même les insectes les plus rapides ne peuvent s'échapper, et Forel a souvent vu des papillons, des moucherons, des mouches, etc., surpris et tués par les fourmis. Leur force réside dans le soutien mutuel et la confiance mutuelle. Et si la fourmi – à part les termites encore plus développés – se situe au sommet de toute la classe des insectes pour ses capacités intellectuelles ; si son courage n'a d'égal que celui des vertébrés les plus courageux ; et si son cerveau — pour reprendre les mots de Darwin — « est l'un des atomes de matière les plus merveilleux du monde, peut-être plus que le cerveau de l'homme », n'est-ce pas dû au fait que l'entraide a entièrement remplacé l'entraide. lutte mutuelle dans les communautés de fourmis ?

Il en va de même pour les abeilles. Ces petits insectes, qui pourraient si facilement devenir la proie de tant d'oiseaux, et dont le miel a tant d'admirateurs dans toutes les classes d'animaux, depuis le scarabée jusqu'à l'ours, n'ont également aucun des traits protecteurs dérivés du mimétisme ou autre, sans lesquels un insecte vivant isolément pouvait difficilement échapper à une destruction massive ; et pourtant, grâce à l'entraide qu'ils pratiquent , ils obtiennent la vaste étendue que nous connaissons et l'intelligence que nous admirons. En travaillant en commun, ils multiplient leurs forces individuelles ; en recourant à une division temporaire du travail combinée à la capacité de chaque abeille à effectuer tout type de travail lorsque cela est nécessaire, elles atteignent un tel degré de bien-être et de sécurité qu'aucun animal isolé ne peut jamais espérer atteindre, aussi fort ou bien armé soit-il. peut être. Dans leurs combinaisons, ils réussissent souvent mieux que l'homme, lorsqu'il néglige de profiter d'une assistance mutuelle bien planifiée. Ainsi, lorsqu'un nouvel essaim d'abeilles va quitter la ruche à la recherche d'une nouvelle demeure, un certain nombre d'abeilles feront une exploration préliminaire du voisinage , et si elles découvrent un lieu d'habitation convenable, par exemple un vieux panier, ou quoi que ce soit de ce genre, ils en prendront possession, le nettoieront et le garderont, parfois pendant une semaine entière, jusqu'à ce que l'essaim vienne s'y installer. Mais combien de colons humains périront dans de nouveaux pays simplement parce qu'ils n'auront pas compris la nécessité de conjuguer leurs efforts ! En combinant leurs intelligences individuelles , elles parviennent à faire face à des circonstances défavorables, même tout à fait imprévues et inhabituelles, comme ces abeilles de l'Exposition de Paris qui fixaient avec leur propolis résineuse le volet à une plaque de verre encastrée dans la paroi de leur ruche. En outre, ils ne manifestent aucun des penchants sanguinaires et de l'amour des combats inutiles que de nombreux écrivains confèrent si volontiers aux animaux. Les sentinelles qui gardent l'entrée de la ruche mettent à mort sans pitié les abeilles voleuses qui tentent d'entrer dans la ruche ; mais les abeilles étrangères qui arrivent par erreur dans la ruche ne sont pas inquiétées, surtout si elles viennent chargées de pollen, ou s'il s'agit de jeunes individus qui peuvent facilement s'égarer. Il n'y a pas plus de guerre que ce qui est strictement nécessaire.

La sociabilité des abeilles est d'autant plus instructive que les instincts de prédation et la paresse subsistent également chez les abeilles et réapparaissent chaque fois que leur croissance est favorisée par certaines circonstances. Il est bien connu qu'il y a toujours un certain nombre d'abeilles qui préfèrent une vie de vol à la vie laborieuse d'ouvrière ; et que les périodes de disette et les périodes d'approvisionnement alimentaire inhabituellement riche conduisent à une augmentation de la classe des voleurs. Lorsque nos récoltes sont terminées et qu'il ne reste que peu de choses à récolter dans nos prairies et nos champs, les abeilles voleuses deviennent plus fréquentes ; tandis que, d'un autre côté, dans les plantations sucrières des Antilles et les raffineries sucrières d'Europe, le vol, la paresse et très souvent l'ivresse deviennent tout à fait habituels chez les abeilles. Nous voyons ainsi que des instincts antisociaux continuent d'exister chez les abeilles également ; mais la sélection naturelle doit continuellement les éliminer, car à la longue la pratique de la solidarité s'avère bien plus avantageuse pour l'espèce que le développement d'individus doués de penchants prédateurs. Les plus rusés et les plus astucieux sont éliminés au profit de ceux qui comprennent les avantages de la vie sociable et de l'entraide.

Certes, ni les fourmis, ni les abeilles, ni même les termites, ne sont parvenus à concevoir une solidarité supérieure incarnant l'ensemble de l'espèce. À cet égard, ils n'ont évidemment pas atteint un degré de développement que nous ne trouvons même pas parmi nos dirigeants politiques, scientifiques et religieux. Leurs instincts sociaux ne dépassent guère les limites de la ruche ou du nid. Cependant, des colonies de pas moins de deux cents nids, appartenant à deux espèces différentes (Formica exsecta et F. pressilabris) ont été décrites par Forel sur le Mont Tendre et le Mont Salève ; et Forel soutient que chaque membre de ces colonies reconnaît tout autre membre de la colonie, et qu'ils participent tous à la défense commune ; tandis qu'en Pennsylvanie, M. MacCook a vu une nation entière de 1 600 à 1 700 nids de fourmis formatrices de monticules, tous vivant dans une intelligence parfaite ; et M. Bates a décrit les buttes de termites couvrant de grandes surfaces dans les « campos », certains nids étant le refuge de deux ou trois espèces différentes, et la plupart d'entre eux étant reliés par des galeries voûtées ou des arcades.(10) Certains des progrès vers la fusion de divisions plus larges de l'espèce à des fins de protection mutuelle sont ainsi rencontrés même parmi les animaux invertébrés.

En ce qui concerne les animaux supérieurs, nous trouvons bien plus de cas d'entraide consciente et incontestable dans tous les buts possibles, même si nous devons immédiatement reconnaître que notre connaissance, même de la vie des animaux supérieurs, reste encore très imparfaite. Un grand nombre de faits ont été accumulés par des observateurs de premier ordre, mais il existe des divisions entières du règne animal dont nous ne savons presque rien. Les informations fiables concernant les poissons sont extrêmement rares, en partie à cause des difficultés d'observation et en partie parce qu'aucune attention appropriée n'a encore été accordée à ce sujet. Quant aux mammifères , Kessler remarquait déjà combien nous savons peu de choses sur leurs modes de vie. Beaucoup d'entre eux ont des habitudes nocturnes ; d'autres se cachent sous terre ; et les ruminants dont la vie sociale et les migrations offrent le plus grand intérêt ne laissent pas l'homme s'approcher de leurs troupeaux. C'est principalement sur les oiseaux que nous possédons le plus grand nombre de renseignements, et pourtant la vie sociale d'un très grand nombre d'espèces ne reste qu'imparfaitement connue. Cependant, nous n'avons pas à nous plaindre du manque de faits bien établis, comme le montre ce qui suit.

Je n'ai pas besoin de m'étendre sur les associations du mâle et de la femelle pour élever leur progéniture, pour lui fournir de la nourriture lors de ses premiers pas dans la vie, ou pour chasser en commun ; bien qu'on puisse dire en passant que de telles associations sont la règle même chez les carnivores les moins sociables et les oiseaux rapaces ; et qu'ils tirent un intérêt particulier du fait qu'ils sont le domaine sur lequel des sentiments plus tendres se développent, même au milieu d'animaux par ailleurs les plus cruels. On peut également ajouter que la rareté des associations plus larges que celle de la famille parmi les carnivores et les rapaces, bien qu'elle résulte principalement de leurs modes mêmes d'alimentation, peut aussi s'expliquer dans une certaine mesure par le changement produite dans le monde animal par l'augmentation rapide de l'humanité. Quoi qu'il en soit, il convient de noter qu'il existe des espèces qui vivent de manière assez isolée dans des régions densément peuplées, tandis que les mêmes espèces, ou leurs plus proches congénères, sont grégaires dans des pays inhabités. Les loups, les renards et plusieurs oiseaux de proie peuvent être cités comme exemples.

Cependant, les associations qui ne s'étendent pas au-delà des liens familiaux ont une importance relativement faible dans notre cas, d'autant plus que nous connaissons de nombreuses associations à des fins plus générales, comme la chasse, la protection mutuelle ou même la simple jouissance de la vie. Audubon a déjà mentionné que les aigles s'associent occasionnellement pour chasser, et sa description des deux pygargues à tête blanche, mâle et femelle, chassant dans le Mississippi, est bien connue pour ses pouvoirs graphiques. Mais l'une des observations les plus concluantes de ce genre appartient à Syevertsoff . Alors qu'il étudiait la faune des steppes russes, il aperçut un jour un aigle appartenant à une espèce tout à fait grégaire (le pygargue à queue blanche, Haliactos albicilla) s'élevant haut dans les airs pendant une demi-heure, décrivant ses larges cercles en silence quand aussitôt sa voix perçante se fit entendre. Son cri fut bientôt répondu par un autre aigle qui s'approcha de lui, et fut suivi par un troisième, un quatrième, et ainsi de suite, jusqu'à ce que neuf ou dix aigles se réunissent et disparaissent bientôt. Dans l'après-midi, Syevertsoff se rendit à l'endroit où il vit voler les aigles ; caché par une des ondulations de la steppe, il s'approcha d'eux et découvrit qu'ils s'étaient rassemblés autour du cadavre d'un cheval. Les plus âgés, qui, d'habitude, commencent le repas les premiers - telles sont leurs règles de bienséance - étaient déjà assis sur les meules de foin du quartier et montaient la garde, tandis que les plus jeunes continuaient le repas, entourés de bandes de corbeaux. De ces observations et d'autres semblables, Syevertsoff conclut que les pygargues à queue blanche se combinent pour chasser ; lorsqu'ils ont tous atteint une grande hauteur, ils sont capables, s'ils sont dix, d'arpenter une superficie d'au moins vingt-cinq milles carrés ; et dès que quelqu'un a découvert quelque chose, il prévient les autres.(11) Bien sûr, on pourrait soutenir qu'un simple cri instinctif du premier aigle, ou même ses mouvements, auraient eu le même effet d'amener plusieurs aigles à la proie. Mais dans ce cas, il y a de fortes preuves en faveur d'un avertissement mutuel, car les dix aigles se sont réunis avant de descendre vers la proie, et Syevertsoff a eu plus tard plusieurs occasions de s'assurer que les aigles à queue blanche se rassemblent toujours pour dévorer un cadavre, et que certains d'entre eux eux (les plus jeunes en premier) veillent toujours pendant que les autres mangent. En fait, le pygargue à queue blanche, l'un des chasseurs les plus courageux et les meilleurs, est un oiseau tout à fait grégaire, et Brehm dit que lorsqu'il est gardé en captivité, il contracte très vite un attachement envers ses gardiens.

La sociabilité est une caractéristique commune à de très nombreux autres oiseaux de proie. Le milan brésilien, l'un des voleurs les plus « impudents », n'en est pas moins un oiseau des plus sociables. Ses associations de chasseurs ont été décrites par Darwin et d'autres naturalistes, et c'est un fait que lorsqu'il s'est emparé d'une proie trop grosse, il appelle cinq ou six amis pour l'emporter. Après une journée bien remplie, lorsque ces cerfs-volants se retirent pour leur repos nocturne dans un arbre ou dans les buissons, ils se rassemblent toujours en bandes, se réunissant parfois à des distances de dix milles ou plus, et ils sont souvent rejoints par plusieurs autres vautours, en particulier les percnoptères , « leurs vrais amis », dit d'Orbigny . Sur un autre continent, dans les déserts transcaspiens, ils ont, selon Zarudnyi , la même habitude de nidifier ensemble. Le vautour sociable, l'un des vautours les plus forts, doit son nom à son amour de la société. Ils vivent en bandes nombreuses et aiment décidément la société ; nombre d'entre eux se joignent à leurs hauts vols pour le sport. "Ils vivent en très bonne amitié", dit Le Vaillant, "et dans la même grotte, j'ai parfois trouvé jusqu'à trois nids rapprochés."(12) Les vautours urubu du Brésil sont aussi, voire plus, sociables que les freux . .(13) Les petits vautours percnoptères vivent en étroite amitié. Ils jouent en fanfare dans les airs, ils se réunissent pour passer la nuit, et le matin ils vont tous ensemble chercher leur nourriture, et jamais la moindre querelle ne s'élève entre eux ; tel est le témoignage de Brehm, qui a eu de nombreuses occasions d'observer leur vie. Le faucon à gorge rousse se rencontre aussi en nombreuses bandes dans les forêts du Brésil, et le crécerelle (Tinnunculus cenchris), lorsqu'il a quitté l'Europe et qu'il a atteint en hiver les prairies et les forêts de l'Asie, se rassemble en de nombreuses sociétés. Dans les steppes du sud de la Russie, il est (ou plutôt était) si sociable que Nordmann les voyait en nombreuses bandes, avec d'autres faucons (Falco tinnunculus, F. oesulon et F. subbuteo), se réunissant tous les beaux après-midi vers quatre heures. , et profiter de leurs sports jusque tard dans la nuit. Ils partaient voler, d'un seul coup, en ligne bien droite, vers un point déterminé, et, l'ayant atteint, revenaient aussitôt par la même ligne, pour répéter le même vol.(14)

Prendre des vols en groupes pour le simple plaisir du vol est une pratique assez courante chez toutes sortes d'oiseaux. "Dans le district de Humber en particulier", dit Ch. Dixon écrit : « De vastes vols de bécasseaux variables apparaissent souvent sur les vasières vers la fin du mois d'août et y restent pour l'hiver…. Les mouvements de ces oiseaux sont des plus intéressants, car un vaste troupeau tourne et s'étend ou se referme avec comme autant de précision que de troupes entraînées. Parmi eux se trouvent de nombreux relais étranges, des sanderlings et des pluviers annelés. "(15)

Il serait tout à fait impossible d'énumérer ici les diverses associations de chasseurs d'oiseaux ; mais les associations de pêcheurs des pélicans sont certainement dignes d'être remarquées pour l'ordre et l'intelligence remarquables déployés par ces oiseaux maladroits. Ils vont toujours à la pêche en bandes nombreuses, et après avoir choisi une baie convenable, ils forment un large demi-cercle face au rivage, et le rétrécissent en pagayant vers le rivage, attrapant tous les poissons qui se trouvent enfermés dans le cercle. Sur les rivières et les canaux étroits, ils se divisent même en deux groupes, dont chacun se forme en demi-cercle, et tous deux pagayent pour se rencontrer, comme si deux groupes d'hommes traînant deux longs filets s'avançaient pour capturer tous les poissons pris entre eux. les filets lorsque les deux parties viennent à se rencontrer. La nuit venue, ils s'enfuient vers leurs lieux de repos, toujours les mêmes pour chaque troupeau, et personne ne les a jamais vu se battre pour la possession ni de la baie ni du lieu de repos. En Amérique du Sud, ils se rassemblent en bandes de quarante à cinquante mille individus, dont une partie dorme pendant que les autres veillent, et d'autres encore vont à la pêche.(16) Et enfin, je ferais une injustice à la maison tant calomniée . -des moineaux si je n'ai pas mentionné avec quelle fidélité chacun d'eux partage la nourriture qu'il découvre avec tous les membres de la société à laquelle il appartient. Le fait était connu des Grecs, et on a transmis à la postérité comment un orateur grec s'écria un jour (je cite de mémoire) : « Pendant que je vous parle, un moineau est venu dire à d'autres moineaux qu'un esclave est tombé. sur le sol un sac de maïs, et ils y vont tous pour se nourrir du grain. D'ailleurs, on est heureux de trouver cette observation d'antan confirmée dans un petit livre récent de M. Gurney, qui ne doute pas que les moineaux domestiques s'informent toujours de l'endroit où il y a de la nourriture à voler ; il dit : "Quand une meule a été battue très loin de la cour, les moineaux dans la cour ont toujours eu leurs récoltes pleines de grain." (17) Il est vrai que les moineaux sont extrêmement particuliers à garder leurs domaines libres des invasions d'étrangers; ainsi les moineaux du Jardin du Luxembourg combattent âprement tous les autres moineaux qui tenteraient de profiter à leur tour du jardin et de ses visiteurs ; mais au sein de leurs propres communautés, ils pratiquent pleinement l'entraide, même s'il peut parfois y avoir des querelles, même entre les meilleurs amis.

La chasse et l'alimentation en commun sont tellement courantes dans le monde à plumes qu'il ne serait guère nécessaire de citer davantage : cela doit être considéré comme un fait établi. Quant à la force dérivée de telles associations, elle va de soi. Les oiseaux de proie les plus forts sont impuissants face aux associations de nos plus petits oiseaux de compagnie.

Même les aigles, même le puissant et terrible aigle botté, et l'aigle martial, qui est assez fort pour emporter dans ses griffes un lièvre ou une jeune antilope, sont obligés d'abandonner leurs proies aux bandes de ces mendiants que sont les milans, qui donnent le pouvoir. l'aigle une chasse régulière dès qu'il le voit en possession d'une bonne proie. Les cerfs-volants poursuivront également le rapide faucon pêcheur et lui dépouilleront le poisson qu'il a capturé ; mais personne n'a jamais vu les cerfs-volants se battre ensemble pour la possession de la proie ainsi volée. A l'île Kerguelen, le Dr Coues a vu les mouettes se diriger vers Buphogus , la poule de mer des chasseurs de phoques, poursuivre leur faire dégorger leur nourriture, tandis que, de l'autre côté, les mouettes et les sternes s'unissaient pour chasser la poule de mer comme dès qu'il s'approchait de leurs demeures, surtout au moment de la nidification.(18) Les vanneaux petits mais extrêmement rapides (Vanellus cristatus) attaquent hardiment les oiseaux de proie. " Les voir attaquer une buse, un milan, un corbeau ou un aigle, est un des spectacles les plus amusants. On sent qu'ils sont sûrs de la victoire, et on voit la colère de l'oiseau de proie. Dans de telles circonstances, ils se soutiennent parfaitement, et leur courage grandit avec leur nombre."(19) Le vanneau a bien mérité le nom de "bonne mère" que lui donnaient les Grecs, car il ne manque jamais de protéger les autres oiseaux aquatiques des attaques des leurs ennemis. Mais même les petites bergeronnettes blanches (Motacilla alba), que nous connaissons bien dans nos jardins et dont la longueur totale atteint à peine huit pouces, obligent l'épervier à abandonner sa chasse. « J'ai souvent admiré leur courage et leur agilité, écrivait le vieux Brehm, et je suis persuadé que le faucon seul est capable de les capturer… Lorsqu'une bande de bergeronnettes a forcé un oiseau de proie à battre en retraite, elles font le l'air résonne de leurs cris triomphants, puis ils se séparent. Ils se réunissent ainsi dans le but spécial de poursuivre leur ennemi, tout comme nous le voyons lorsque toute la population d'oiseaux d'une forêt est soulevée par la nouvelle qu'un oiseau nocturne a fait son apparition pendant le jour, et tous ensemble —des rapaces et de petits chanteurs inoffensifs—se mettent à chasser l'étranger et à le faire rentrer dans sa cachette.

Quelle immense différence entre la force d'un milan, d'une buse ou d'un faucon, et celle d'oiseaux aussi petits que la bergeronnette des prés ; et pourtant ces petits oiseaux, par leur action commune et leur courage, se révèlent supérieurs aux voleurs puissamment ailés et armés ! En Europe, les bergeronnettes ne chassent pas seulement les oiseaux de proie qui pourraient leur être dangereux, mais elles chassent aussi l'épervier pêcheur « plutôt pour s'amuser que pour lui faire du mal » ; tandis qu'en Inde, selon le témoignage du Dr Jerdon, les choucas chassent le cerf-volant gowinda « pour une simple question d'amusement ». Le prince Wied vit l'aigle brésilien urubitinga entouré d'innombrables bandes de toucans et de cassiques (un oiseau presque semblable à notre tour), qui se moquaient de lui. "L'aigle", ajoute-t-il, "supporte généralement ces insultes très doucement, mais de temps en temps il attrape un de ces moqueurs". Dans tous ces cas, les petits oiseaux, bien que très inférieurs en force à l'oiseau de proie, se révèlent supérieurs à lui par leur action commune.(20)

Cependant, les effets les plus frappants de la vie commune sur la sécurité de l'individu, sur sa jouissance de la vie et sur le développement de ses capacités intellectuelles, se voient chez deux grandes familles d'oiseaux, les grues et les perroquets. Les grues sont extrêmement sociables et vivent dans d'excellentes relations, non seulement avec leurs congénères, mais aussi avec la plupart des oiseaux aquatiques. Leur prudence est vraiment étonnante, leur intelligence aussi ; ils saisissent les nouvelles conditions en un instant et agissent en conséquence. Leurs sentinelles veillent toujours autour d'un troupeau qui se nourrit ou se repose, et les chasseurs savent bien combien il est difficile de les approcher. Si l'homme a réussi à les surprendre, ils ne reviendront jamais au même endroit sans avoir envoyé d'abord un seul éclaireur, puis un groupe d'éclaireurs ensuite ; et lorsque l' équipe de reconnaissance revient et rapporte qu'il n'y a aucun danger, un deuxième groupe d'éclaireurs est envoyé pour vérifier le premier rapport, avant que toute la bande ne se déplace. Avec des espèces apparentées, les grues contractent une véritable amitié ; et en captivité, il n'existe aucun oiseau, à l'exception du perroquet, également sociable et très intelligent, qui entre dans une si réelle amitié avec l'homme. "Il voit dans l'homme non pas un maître, mais un ami et s'efforce de le manifester", conclut Brehm à partir d'une vaste expérience personnelle. La grue est en activité continue du petit matin jusque tard dans la nuit ; mais il consacre quelques heures seulement le matin à la recherche de sa nourriture, principalement végétale. Tout le reste de la journée est consacré à la vie en société. « Il ramasse des petits morceaux de bois ou des petites pierres, les lance en l'air et essaie de les attraper ; il plie le cou, ouvre les ailes, danse, saute, court et essaie de manifester par tous les moyens sa bonne disposition. esprit, et il reste toujours gracieux et beau. »(21) Comme il vit en société, il n'a presque pas d'ennemis, et bien que Brehm ait parfois vu l'un d'eux capturé par un crocodile, il a écrit qu'à l'exception du crocodile, il ne connaissait aucun ennemi de l'animal. grue. Il les évite tous par sa prudence proverbiale ; et il atteint, en règle générale, un âge très avancé. Il n'est pas étonnant que, pour le maintien de l'espèce, la grue n'ait pas besoin d'élever une progéniture nombreuse ; il n'éclot généralement que deux œufs. Quant à son intelligence supérieure, il suffit de dire que tous les observateurs sont unanimes pour reconnaître que ses capacités intellectuelles rappellent beaucoup celles de l'homme.

L'autre oiseau extrêmement sociable, le perroquet, se situe, comme on le sait, au sommet du monde à plumes pour le développement de son intelligence.

Brehm a si admirablement résumé les manières de vivre du perroquet, que je ne peux mieux faire que de traduire la phrase suivante :

"Sauf pendant la saison des amours, ils vivent en sociétés ou bandes très nombreuses. Ils choisissent un endroit dans la forêt pour y séjourner, et de là ils partent chaque matin pour leurs expéditions de chasse. Les membres de chaque bande restent fidèlement attachés les uns aux autres, et ils partagent en commun la chance ou la malchance. Tous ensemble, ils se rendent le matin dans un champ, ou dans un jardin, ou dans un arbre, pour se nourrir de fruits. Ils postent des sentinelles pour veiller à la sécurité de toute la bande. et sont attentifs à leurs avertissements. En cas de danger, tous prennent la fuite, se soutiennent mutuellement, et tous rentrent simultanément à leur lieu de repos. En un mot, ils vivent toujours étroitement unis.

Ils apprécient également la compagnie d'autres oiseaux. En Inde, les geais et les corbeaux se réunissent à des kilomètres à la ronde pour passer la nuit en compagnie des perroquets dans les bosquets de bambous. Lorsque les perroquets commencent à chasser, ils font preuve d'une intelligence, d'une prudence et d'une capacité à faire face aux circonstances les plus merveilleuses. Prenez, par exemple, une bande de cacados blancs en Australie. Avant de commencer à piller un champ de blé, ils envoient d'abord un groupe de reconnaissance qui occupe les arbres les plus élevés du voisinage du champ, tandis que d'autres éclaireurs se perchent sur les arbres intermédiaires entre le champ et la forêt et transmettent les signaux. Si le message indique « Très bien », une vingtaine de cacados se sépareront du gros de la bande, prendront leur envol dans les airs, puis s'envoleront vers les arbres les plus proches du champ. Eux aussi scruteront longtemps les environs , et alors seulement ils donneront le signal de l'avance générale, après quoi toute la bande se met en route en un rien de temps et pille le champ en un rien de temps. Les colons australiens ont les plus grandes difficultés à tromper la prudence des perroquets ; mais si l'homme, avec tout son art et ses armes, a réussi à en tuer quelques-uns, les cacados deviennent si prudents et si vigilants qu'ils déjouent désormais tous les stratagèmes.(22)

Il ne fait aucun doute que c'est la pratique de la vie en société qui permet aux perroquets d'atteindre ce niveau très élevé d'intelligence presque humaine et de sentiments presque humains que nous connaissons chez eux. Leur grande intelligence a amené les meilleurs naturalistes à décrire certaines espèces, notamment le perroquet gris, comme « l'homme-oiseau ». Quant à leur attachement mutuel, on sait que lorsqu'un perroquet a été tué par un chasseur, les autres survolent le cadavre de leur camarade avec des cris de plainte et « deviennent eux-mêmes victimes de leur amitié », comme disait Audubon ; et lorsque deux perroquets captifs, quoique appartenant à deux espèces différentes, ont contracté une amitié mutuelle, la mort accidentelle de l'un des deux amis a parfois été suivie de la mort par chagrin et chagrin de l'autre ami. Il n'est pas moins évident que dans leurs sociétés ils trouvent infiniment plus de protection que ce qu'ils pourraient trouver dans un développement idéal du bec et des griffes. Très peu d'oiseaux de proie ou de mammifères osent s'attaquer à d'autres espèces que les plus petites espèces de perroquets, et Brehm a absolument raison de dire des perroquets, comme il dit aussi des grues et des singes sociables, qu'ils n'ont guère d'ennemis en dehors des hommes ; et il ajoute : « Il est très probable que les plus gros perroquets succombent principalement à la vieillesse plutôt que de mourir des griffes d'ennemis. » Seul l'homme, grâce à son intelligence encore plus supérieure et à ses armes, également issues de l'association, parvient à les détruire en partie. Leur longévité même apparaîtrait ainsi comme le résultat de leur vie sociale. Ne pourrait-on pas en dire autant de leur merveilleuse mémoire, qui doit elle aussi être favorisée dans son développement par la société : une vie et une longévité accompagnées d'une pleine jouissance des facultés corporelles et mentales jusqu'à un âge très avancé ?

Comme on le voit ci-dessus, la guerre de chacun contre tous n'est pas la loi de la nature. L'entraide est une loi de la nature autant que la lutte mutuelle, et cette loi deviendra encore plus apparente lorsque nous aurons analysé quelques autres associations d'oiseaux et celles des mammifères . Quelques indications sur l'importance de la loi de l'entraide pour l'évolution du règne animal ont déjà été données dans les pages précédentes ; mais leur portée apparaîtra encore mieux lorsque, après avoir donné quelques illustrations supplémentaires, nous pourrons bientôt en tirer nos conclusions.

REMARQUES:

1. Origine des espèces, chap. III, p. 62 de la première édition.

2. Dix-neuvième siècle, février 1888, p. 165.

3. Laissant de côté les écrivains pré-darwiniens, comme Toussenel , Fee et bien d'autres, plusieurs ouvrages contenant de nombreux exemples frappants d'entraide, mais principalement illustrant l'intelligence animale, ont été publiés avant cette date. Je citerai ceux de Houzeau , Les facultés. etales des animaux , 2 vol., Bruxelles, 1872 ; Aus dem Geistesleben der Thiere de L. Buchner , 2e éd. en 1877 ; et Maximilian Perty Ueber das Seelenleben der Thiere , Leipzig, 1876. Espinas publie son ouvrage le plus remarquable, Les Sociétés animales , en 1877, et dans cet ouvrage il souligna l'importance des sociétés animales et leur influence sur la préservation des espèces, et entra dans une discussion des plus précieuses sur l'origine des sociétés. En effet, le livre d'Espinas contient tout ce qui a été écrit depuis sur l'entraide, et bien d'autres bonnes choses encore. Si je fais néanmoins une mention particulière du discours de Kessler, c'est parce qu'il a élevé l'entraide au rang d'une loi bien plus importante dans l'évolution que la loi de la lutte mutuelle. Les mêmes idées furent développées l'année suivante (en avril 1881) par J.

Lanessan dans une conférence publiée en 1882 sous ce titre : La lutte pour l'existence et l'association pour la lutte . L'ouvrage capital de G. Romanes, Animal Intelligence, fut publié en 1882, suivi l'année suivante par Mental Evolution in Animals. Vers la même époque (1883), Buchner publia un autre ouvrage, Liebe und Liebes-Leben in der Thierwelt , dont une deuxième édition parut en 1885. L'idée, comme on le voit, était dans l'air.

4. Mémoires (Trudy) de la Société des naturalistes de Saint-Pétersbourg, vol. XI. 1880.

5. Animal Intelligence de George J. Romanes, 1ère éd. p. 233.

fourmis de Pierre Huber indigènes , Genève, 1861 ; Les Recherches sur les fourmis de la Suisse de Forel, Zurich, 1874, et Harvesting Ants and Trapdoor Spiders de JT Moggridge , Londres, 1873 et 1874, devraient être entre les mains de chaque garçon et de chaque fille. Voir aussi : Métamorphoses des Insectes de Blanchard , Paris, 1868 ; Souvenirs entomologiques de JH Fabre , Paris, 1886 ; les Etudes des moeurs des fourmis d'Ebrard , Genève, 1864 ; Les fourmis, les abeilles et les guêpes de Sir John Lubbock, etc.

Recherches de Forel , pp. 244, 275, 278. La description du processus par Huber est admirable. Il contient également une allusion à l'origine possible de l'instinct (édition populaire, pp. 158, 160). Voir l'Annexe II.

8. L'agriculture des fourmis est si merveilleuse qu'on en a longtemps douté. Le fait est maintenant si bien prouvé par M. Moggridge , le Dr Lincecum, M. MacCook , le colonel Sykes et le Dr Jerdon, qu'il n'y a aucun doute possible. Voir un excellent résumé des preuves dans l'ouvrage de M. Romanes. Voir aussi Die Pilzgaerten un Sud- Américain Ameisen , par Alf. Moeller, dans Schimper's Botan. Mitth . aus den Tropen , vi. 1893.

9. Ce deuxième principe n'a pas été reconnu d'emblée. Les anciens observateurs parlaient souvent de rois, de reines, de gérants, etc. ; mais depuis que Huber et Forel ont publié leurs observations minutieuses, aucun doute n'est possible quant à la liberté d'initiative laissée à chaque individu dans tout ce que font les fourmis, y compris leurs guerres.

10. HW Bates, Le naturaliste sur le fleuve Amazone, ii. 59 suiv.

11. N. Syevertsoff , Phénomènes périodiques dans la vie des mammifères, des oiseaux et des reptiles de Voroneje , Moscou, 1855 (en russe).

12. A. Brehm, La vie des animaux, iii. 477 ; toutes les citations après l'édition française.

13. Bates, p. 151.

14. Catalogue raisonné des oiseaux de la faune pontique , dans le Voyage de Demidoff ; résumés dans Brehm, iii. 360. Au cours de leurs migrations, les

oiseaux de proie s'associent souvent. Un troupeau, que H. Seebohm a vu traverser les Pyrénées, représentait un curieux assemblage de « huit milans, une grue et un faucon pèlerin » (Les Oiseaux de Sibérie, 1901, p. 417).

15. Oiseaux des Comtés du Nord, p. 207.

16. Max. Perty , Ueber das Seelenleben der Thiere (Leipzig, 1876), pp. 87, 103.

17. GH Gurney, The House-Sparrow (Londres, 1885), p. 5.

18. Dr Elliot Coues, Oiseaux de l'île Kerguelen, dans Smithsonian Miscellaneous Collections, vol. XIII. N° 2, p. 11.

19. Brehm, iv. 567.

20. Quant aux moineaux domestiques, un observateur néo-zélandais, MTW Kirk, a décrit ainsi l'attaque de ces oiseaux « impudents » sur un « malheureux » faucon. — « Il entendit un jour un bruit des plus inhabituels, comme si tous les petits oiseaux du pays s'étaient réunis dans une grande querelle. Levant les yeux, il aperçut un grand faucon (C. gouldi — un mangeur de charognes) secoué par une volée de moineaux qui ne cessaient de se précipiter sur lui par dizaines, et de tous. Le malheureux faucon était tout à fait impuissant. Finalement, s'approchant d'un buisson, il s'y précipita et y resta, tandis que les moineaux se rassemblaient en groupes autour du buisson, entretenant un bavardage et un bruit constants. Institut néo-zélandais ; Nature, 10 octobre 1891).

21. Brehm, iv. 671 suiv.

22. R. Lendenfeld , dans Der zoologische Garten, 1889.

CHAPITRE II

Migrations d'oiseaux. Associations d'élevage. Sociétés d'automne. Mammifères : petit nombre d'espèces insociables. Associations de chasse de loups, lions, etc. Sociétés de rongeurs ; des ruminants; de singes. Entraide dans la lutte pour la vie. Les arguments de Darwin pour prouver la lutte pour la vie au sein de l'espèce. Des contrôles naturels à la sur-multiplication. Extermination supposée des maillons intermédiaires. Élimination de la concurrence dans la nature.

Dès que le printemps revient dans la zone tempérée, des myriades et des myriades d'oiseaux dispersés dans les régions les plus chaudes du Sud se rassemblent en bandes innombrables et, pleins de vigueur et de joie, se précipitent vers le nord pour élever leur progéniture. Chacune de nos haies, chaque bosquet, chaque falaise océanique et chacun des lacs et étangs qui parsèment l'Amérique du Nord, l'Europe du Nord et l'Asie du Nord nous racontent à cette époque de l'année ce que signifie l'entraide pour les oiseaux. ; quelle force, quelle énergie et quelle protection il confère à tout être vivant, aussi faible et sans défense qu'il puisse être autrement. Prenons, par exemple, l'un des innombrables lacs des steppes russes et sibériennes. Ses rivages sont peuplés de myriades d'oiseaux aquatiques, appartenant à au moins une vingtaine d'espèces différentes, vivant tous en parfaite paix et se protégeant les uns les autres.

"À plusieurs centaines de mètres du rivage, l'air est rempli de mouettes et de sternes, comme des flocons de neige un jour d'hiver. Des milliers de pluviers et de coursiers des sables courent sur la plage, cherchant leur nourriture, sifflant et profitant simplement de la vie. Plus loin, sur presque chaque vague, un canard se balance, tandis que plus haut on remarque les troupeaux de canards Casarki . Une vie exubérante pullule partout."(1)

Et voici les voleurs, les plus forts, les plus rusés, ceux « idéalement organisés pour le vol ». Et vous entendez leurs cris affamés, colériques et lugubres tandis que, pendant des heures consécutives, ils guettent l'opportunité d'arracher à cette masse d'êtres vivants un seul individu sans protection. Mais dès leur approche, leur présence est signalée par des dizaines de sentinelles volontaires, et des centaines de mouettes et de sternes partent à la poursuite du voleur. Fou de faim, le voleur abandonne bientôt ses précautions habituelles : il se précipite soudain dans la masse vivante ; mais, attaqué de toutes parts, il est de nouveau obligé de battre en retraite. Par pur désespoir, il se jette sur les canards sauvages ; mais les oiseaux intelligents et sociaux se rassemblent rapidement en troupeau et s'envolent si le voleur est un erne ; ils plongent dans le lac si c'est un faucon ; ou bien ils lèvent un nuage de poussière d'eau et déconcertent l'assaillant s'il s'agit d'un cerf-volant. (2) Et pendant que la vie continue de pulluler sur le lac, le voleur s'envole avec des cris de colère et cherche une charogne ou un un jeune oiseau ou un mulot pas encore habitué à obéir à temps aux avertissements de ses camarades. Face à une vie exubérante, le voleur idéalement armé doit se contenter des conséquences de cette vie.

Plus au nord, dans les archipels arctiques,

" On peut naviguer le long de la côte sur plusieurs milles et voir toutes les corniches, toutes les falaises et tous les coins des flancs de montagnes, jusqu'à une hauteur de deux à cinq cents pieds, littéralement couverts d'oiseaux de mer, dont la poitrine blanche montre contre les rochers sombres, comme si les rochers étaient étroitement parsemés de points de craie. L'air, proche et lointain, est, pour ainsi dire, plein d'oiseaux.

Chacune de ces « montagnes d'oiseaux » est une illustration vivante de l'entraide, ainsi que de l'infinie variété de caractères, individuels et spécifiques, issus de la vie sociale. L'huîtrier est réputé pour sa promptitude à attaquer les oiseaux de proie. La barge est connue pour sa vigilance et elle devient facilement le chef d'oiseaux plus placides. Le tourniquet, lorsqu'il est entouré de camarades appartenant à des espèces plus énergiques, est un oiseau plutôt craintif ; mais il s'engage à veiller à la sécurité de la république lorsqu'il est entouré d'oiseaux plus petits. Ici vous avez les cygnes dominants ; là, les mouettes tridactyles, extrêmement sociables, entre lesquelles les querelles sont rares et courtes ; les guillemots polaires avenants, qui se caressent continuellement ; l'oie égoïste, qui a répudié les orphelins d'un camarade tué ; et, à ses côtés, une autre femelle qui adopte les orphelins de chacun, et qui pagaye maintenant entourée de cinquante ou soixante jeunes, qu'elle conduit et soigne comme s'ils étaient tous de sa propre race. A côté des manchots, qui se volent les œufs les uns des autres, se trouvent les dotterels, dont les relations familiales sont si « charmantes et touchantes » que même les chasseurs passionnés répugnent à abattre une femelle entourée de ses petits ; ou les canards eiders, parmi lesquels (comme les canards de velours ou les coroyas des savanes) plusieurs femelles éclosent ensemble dans le même nid, ou les lums , qui siègent tour à tour sur une couvée commune. La nature est la variété elle-même, offrant toutes les variétés possibles de caractères, depuis les plus bas jusqu'aux plus élevés : et c'est pourquoi elle ne peut être représentée par aucune affirmation radicale. Elle peut encore moins être jugée du point de vue du moraliste, car les vues du moraliste sont elles-mêmes le résultat – pour la plupart inconscient – de l'observation de la nature.

Les rassemblements au moment de la nidification sont si courants chez la plupart des oiseaux qu'il n'est guère nécessaire d'en citer davantage d'exemples. Nos arbres sont couronnés de groupes de nids de pie ; nos haies regorgent de nids de petits oiseaux ; nos fermes abritent des colonies d'hirondelles ; nos vieilles tours sont le refuge de centaines d'oiseaux nocturnes ; et les pages pourraient être remplies des descriptions les plus charmantes de la paix et de l'harmonie qui prédominent dans presque toutes ces associations imbriquées. Quant à la protection que les oiseaux les plus faibles tirent de leurs unions, elle est évidente. Cet excellent observateur, le Dr Coues, a aperçu, par exemple, les petites hirondelles des falaises nichant à proximité immédiate du faucon des prairies (Falco polyargus). Le faucon avait son nid au sommet d'un des minarets d'argile si communs dans les canons du Colorado, tandis qu'une colonie d'hirondelles nichait juste en dessous. Les petits oiseaux paisibles n'avaient aucune crainte de leur voisin rapace ; ils ne le laissent jamais s'approcher de leur colonie. Ils l'ont immédiatement encerclé et l'ont poursuivi, de sorte qu'il a dû s'enfuir immédiatement .(4)

La vie en société ne s'arrête pas lorsque la période de nidification est terminée ; il commence alors sous une forme nouvelle. Les jeunes couvées se rassemblent en sociétés de jeunes, comprenant généralement plusieurs espèces. La vie sociale est alors pratiquée principalement pour elle-même, en partie pour la sécurité, mais surtout pour les plaisirs qui en découlent. Ainsi voyons-nous dans nos forêts les sociétés formées par les jeunes sittelles (Sitta caesia), accompagnées de mésanges, de pinsons, de troglodytes, de grimpants ou de quelques pics .(5) En Espagne, l'hirondelle se rencontre en compagnie . avec des crécerelles, des mouches et même des pigeons. Dans l'extrême ouest de l'Amérique, les jeunes alouettes cornues vivent en grandes sociétés, aux côtés d'une autre alouette (celle de Sprague), de l'alouette des champs, du bruant des prés et de plusieurs espèces de bruants et de bruants.(6) En fait, il serait beaucoup plus facile de décrire les espèces qui vivent isolées que de nommer simplement celles qui rejoignent les sociétés automnales de jeunes oiseaux, non pas pour chasser ou nicher, mais simplement pour profiter de la vie en société et passer leur temps à des jeux et à des sports, après avoir donné quelques heures chaque jour pour trouver leur nourriture quotidienne.

Et enfin, nous avons cette immense démonstration d'entraide entre les oiseaux – leurs migrations – que je n'ose même pas aborder ici. Il suffit de dire que les oiseaux qui ont vécu des mois en petites bandes dispersées sur un vaste territoire se rassemblent par milliers ; ils se réunissent en un lieu donné, pendant plusieurs jours de suite, avant de partir, et discutent évidemment des détails du voyage. Certaines espèces s'adonneront chaque après-midi à des vols préparatoires au long passage. Tous attendent leurs congénères tardifs, et finalement ils se lancent dans une certaine direction bien choisie , fruit de l'expérience collective accumulée, les plus forts volant en tête de la bande et se relayant dans cette tâche difficile. Ils traversent les mers en grandes bandes composées d'oiseaux petits et grands, et lorsqu'ils reviennent au printemps prochain, ils se rendent au même endroit et, dans la plupart des cas, chacun d'eux prend possession du nid même qu'il avait construit ou réparé. l'année précédente .(7)

Ce sujet est si vaste et pourtant si imparfaitement étudié ; il offre tant d'illustrations frappantes d'habitudes d'entraide, subsidiaires au fait principal de la migration – dont chacune exigerait cependant une étude particulière – que je dois me garder d'entrer ici dans plus de détails. Je ne peux que brièvement évoquer les rassemblements nombreux et animés d'oiseaux qui ont lieu, toujours au même endroit, avant qu'ils n'entament leurs longs voyages vers le nord ou le sud, ainsi que ceux qu'on voit au nord, après que les oiseaux sont arrivés à leur des gîtes larvaires sur l'Ienisseï ou dans les comtés du nord de l'Angleterre. Pendant plusieurs jours de suite, parfois un mois, ils se réuniront chaque matin pendant une heure, avant de s'envoler à la recherche de nourriture, discutant peut-être de l'endroit où ils vont construire leur nid.(8) Et si, pendant la migration, leurs colonnes sont rattrapées par une tempête, des oiseaux des espèces les plus diverses seront rassemblés par un malheur commun. Les oiseaux qui ne sont pas exactement migrateurs, mais qui se déplacent lentement vers le nord et vers le sud au gré des saisons, effectuent également ces pérégrinations en bandes. Loin de migrer isolément , afin d'assurer à chaque individu les avantages d'une meilleure nourriture ou d'un meilleur abri que l'on peut trouver dans une autre région, ils s'attendent toujours les uns les autres et se rassemblent en troupeaux avant de se déplacer vers le nord ou le sud, dans selon la saison.(9)

Passons maintenant aux mammifères. La première chose qui nous frappe est l'écrasante prédominance numérique des espèces sociales sur les quelques carnivores qui ne s'associent pas. Les plateaux, les étendues alpines et les steppes de l'Ancien et du Nouveau Monde regorgent de troupeaux de cerfs, d'antilopes, de gazelles, de daims, de buffles, de chèvres sauvages et de moutons, tous des animaux sociables. Lorsque les Européens vinrent s'établir en Amérique, ils la trouvèrent si densément peuplée de buffles, que les pionniers durent arrêter leur avance lorsqu'une colonne de buffles migrateurs vint traverser la route qu'ils suivaient ; le défilé de la colonne dense durait parfois deux ou trois jours. Et lorsque les Russes prirent possession de la Sibérie, ils la trouvèrent si densément peuplée de cerfs, d'antilopes, d'écureuils et d'autres animaux sociables, que la conquête même de la Sibérie ne fut qu'une expédition de chasse qui dura deux cents ans ; tandis que les plaines herbeuses de l'Afrique de l'Est sont encore couvertes de troupeaux composés de zèbres, de bubales et d'autres antilopes.

Il n'y a pas si longtemps, les petits cours d'eau de l'Amérique du Nord et de la Sibérie du Nord étaient peuplés de colonies de castors, et jusqu'au XVIIe siècle, des colonies semblables pullulaient dans le nord de la Russie. Les plaines des quatre grands continents sont encore couvertes d'innombrables colonies de souris, d'écureuils terrestres, de marmottes et d'autres rongeurs. Aux basses latitudes de l'Asie et de l'Afrique, les forêts abritent encore de nombreuses familles d'éléphants, de rhinocéros et d'innombrables sociétés de singes. Dans l'extrême nord, les rennes se rassemblent en troupeaux innombrables ; tandis que plus au nord encore, nous trouvons les troupeaux de bœufs musqués et d'innombrables bandes de renards polaires. Les côtes de l'Océan sont animées de troupeaux de phoques et de morses ; ses eaux, par des bancs de cétacés sociables ; et jusque dans les profondeurs du grand plateau de l'Asie centrale, nous trouvons des troupeaux de chevaux sauvages, d'ânes sauvages, de chameaux sauvages et de moutons sauvages. Tous ces mammifères vivent dans des sociétés et des nations comptant parfois des centaines de milliers d'individus, même si aujourd'hui, après trois siècles de civilisation de la poudre à canon, nous ne trouvons que les débris des immenses agrégations d'antan. Comme le nombre des carnivores est insignifiant en comparaison avec eux ! Et combien fausse est donc l'opinion de ceux qui parlent du monde animal comme s'il n'y avait rien d'autre que des lions et des hyènes plongeant leurs dents sanglantes dans la chair de leurs victimes ! Autant imaginer que toute la vie humaine n'est qu'une succession de massacres de guerre.

L'association et l'entraide sont la règle chez les mammifères. Nous trouvons des habitudes sociales même parmi les carnivores, et nous ne pouvons nommer la tribu des chats (lions, tigres, léopards, etc.) que comme une division dont les membres préfèrent résolument l'isolement à la société et ne se rencontrent que rarement, même en petits groupes. . Et pourtant, même chez les lions, « c'est une pratique très courante de chasser en compagnie ».(10) Les deux tribus des civettes (Viverridae) et des belettes (Mustelidae) pourraient aussi se caractériser par leur vie isolée, mais c'est une le fait qu'au siècle dernier la belette commune était plus sociable qu'elle ne l'est aujourd'hui ; on l'a alors observé dans des groupes plus importants en Écosse et dans le canton d'Unterwald en Suisse. Quant à la grande tribu des chiens, elle est éminemment sociable, et l'association pour la chasse peut être considérée comme éminemment caractéristique de ses nombreuses espèces. Il est bien connu, en effet, que les loups se rassemblent en meute pour chasser, et Tschudi a laissé une excellente description de la façon dont ils se forment en demi-cercle, entourent une vache qui paissait sur le versant d'une montagne, puis, apparaissant soudain avec un aboiement fort, le fait rouler dans l' abîme.(11) Audubon, dans les années trente, a également vu les loups du Labrador chasser en meute, et une meute suivait un homme jusqu'à sa cabane et tuait les chiens. Lors des hivers rigoureux, les meutes de loups deviennent si nombreuses qu'elles constituent un danger pour les établissements humains, comme c'était le cas en France il y a quarante-cinq ans environ. Dans les steppes russes, on n'attaque jamais les chevaux autrement qu'en meute ; et pourtant ils doivent soutenir des combats acharnés, au cours desquels les chevaux (selon le témoignage de Kohl) entreprennent parfois une guerre offensive, et dans de tels cas, si les loups ne reculent pas promptement, ils courent le risque d'être encerclés par les chevaux et tués par les chevaux. leurs sabots. Les loups des prairies (Canis latrans) sont connus pour s'associer en bandes de vingt à trente individus lorsqu'ils poursuivent un buffle parfois séparé de son troupeau.(12) Les chacals, qui sont les plus courageux et peuvent être considérés comme l'un des plus intelligents. les représentants de la tribu des chiens chassent toujours en meute ; ainsi unis, ils n'ont pas peur des plus gros carnivores. (13) Quant aux chiens sauvages d'Asie (les Kholzuns , ou Dholes), Williamson a vu leurs grandes meutes attaquer tous les plus gros animaux, à l'exception des éléphants et des rhinocéros, et vaincre les ours et les tigres. Les hyènes vivent toujours en société et chassent en meute, et les organisations de chasse des lycaons peints sont très appréciées par Cumming. Bien plus, même les renards, qui vivent en général isolés dans nos pays civilisés, ont été vus se combiner pour chasser(14). Quant au renard polaire, il est — ou plutôt était à l'époque de Steller — l'un des renards les plus sociables. animaux; et quand on lit la description par Steller de la guerre qui fut menée par le malheureux équipage de Behring contre ces petits animaux intelligents, on ne sait tout au plus de quoi s'étonner : l'intelligence extraordinaire des renards et l'entraide dont ils ont fait preuve pour déterrer la nourriture dissimulée sous des cairns, ou stockés sur un pilier (un renard grimpait sur son sommet et jetait la nourriture à ses camarades en dessous), ou la cruauté de l'homme, poussé au désespoir par les nombreuses meutes de renards. Même certains ours vivent dans des sociétés où ils ne sont pas dérangés par l'homme. Ainsi Steller a vu l'ours noir du Kamtchatka en nombreuses meutes, et les ours polaires se trouvent parfois en petits groupes. Même les insectivores inintelligents ne dédaignent pas toujours les associations.

Cependant, c'est surtout chez les rongeurs, les ongulés et les ruminants que l'on retrouve une pratique d'entraide très développée. Les écureuils sont très individualistes. Chacun d'eux construit son propre nid confortable et accumule sa propre provision. Leurs penchants vont à la vie de famille, et Brehm a découvert qu'une famille d'écureuils n'est jamais aussi heureuse que lorsque les deux couvées de la même année peuvent se réunir avec leurs parents dans un coin reculé d'une forêt. Et pourtant ils entretiennent des relations sociales. Les habitants des nids séparés restent en relations étroites, et lorsque les pommes de pin deviennent rares dans la forêt qu'ils habitent, ils émigrent en bandes. Quant aux écureuils noirs du Far West, ils sont éminemment sociables. Outre les quelques heures consacrées chaque jour à la recherche de nourriture, ils passent leur vie à jouer dans de nombreuses fêtes. Et lorsqu'ils se multiplient trop rapidement dans une région, ils se rassemblent en bandes presque aussi nombreuses que celles des sauterelles, et se déplacent vers le sud, dévastant les forêts, les champs et les jardins ; tandis que les renards, les putois, les faucons et les oiseaux de proie nocturnes suivent leurs épaisses colonnes et vivent des individus restés en arrière. Le spermophile, genre très proche, est encore plus sociable. Il est destiné à la thésaurisation et emmagasine dans ses salles souterraines de grandes quantités de racines et de noix comestibles, généralement pillées par l'homme en automne. Selon certains observateurs, il doit connaître un peu les joies d'un avare. Et pourtant, il reste sociable. Il vit toujours dans les grands villages, et Audubon, qui ouvrait quelques habitations de hackee en hiver, trouva plusieurs individus dans le même appartement ; ils ont dû l'avoir stocké avec des efforts communs.

La grande tribu des marmottes, qui comprend les trois grands genres Arctomys , Cynomys et Spermophilus , est encore plus sociable et encore plus intelligente . Ils préfèrent aussi avoir chacun sa propre demeure ; mais ils vivent dans de grands villages. Ce terrible ennemi des récoltes de la Russie méridionale, le souslik, dont quelques dizaines de millions sont exterminés chaque année par l'homme seul, vit dans d'innombrables colonies ; et tandis que les assemblées provinciales russes discutent gravement des moyens de se débarrasser de cet ennemi de la société, celle-ci profite de la vie par milliers de la manière la plus joyeuse. Leur jeu est si charmant qu'aucun observateur ne pouvait s'empêcher de leur rendre un hommage d'éloge et de mentionner les concerts mélodieux qui naissent des sifflements aigus des mâles et des sifflements mélancoliques des femelles, avant de revenir brusquement à ses devoirs de citoyen. commence à inventer les moyens les plus diaboliques pour l'extermination des petits voleurs. Toutes sortes d'oiseaux rapaces et de bêtes de proie s'étant révélées impuissantes, le dernier mot de la science dans cette guerre est l'inoculation du choléra ! Les villages des chiens de prairie d'Amérique sont l'un des plus beaux spectacles. Aussi loin que l'œil peut embrasser la prairie, il voit des tas de terre, et sur chacun d'eux se tient un chien de prairie, engagé dans une conversation animée avec ses voisins au moyen de brefs aboiements . Dès que l'approche de l'homme est signalée , tous plongent en un instant dans leurs habitations ; tous ont disparu comme par enchantement. Mais si le danger est écarté, les petites créatures réapparaissent bientôt. Des familles entières sortent de leurs galeries et s'adonnent au jeu. Les jeunes se grattent, s'inquiètent et affichent leur grâce debout, pendant que les vieux veillent. Ils se rendent visite, et les sentiers battus qui relient tous leurs tas témoignent de la fréquence des visites. Bref, les meilleurs naturalistes ont écrit quelques-unes de leurs meilleures pages en décrivant les associations des chiens de prairie d'Amérique, des marmottes de l'Ancien Monde et des marmottes polaires des régions alpines. Et pourtant, je dois faire, à propos des marmottes, la même remarque que j'ai faite à propos des abeilles. Ils ont conservé leurs instincts de combat, et ces instincts réapparaissent en captivité. Mais dans leurs grandes associations, face à la nature libre, les instincts insociables n'ont aucune possibilité de se développer, et le résultat général est la paix et l'harmonie.

Même des animaux aussi rudes que les rats, qui se battent continuellement dans nos caves, sont assez intelligents pour ne pas se quereller lorsqu'ils pillent nos garde-manger, mais pour s'entraider dans leurs expéditions de pillage et leurs migrations, et même pour nourrir leurs invalides. Quant aux rats castors ou rats musqués du Canada, ils sont extrêmement sociables. Audubon ne pouvait qu'admirer « leurs communautés paisibles, qui n'ont besoin que d'être laissées en paix pour jouir du bonheur ». Comme tous les animaux sociables, ils sont vifs et joueurs, ils se combinent facilement avec d'autres espèces et ont atteint un très haut degré de développement intellectuel. Dans leurs villages, toujours disposés au bord des lacs et des rivières, ils tiennent compte de l'évolution du niveau de l'eau ; leurs maisons en forme de dôme , construites en argile battue entrelacée de roseaux, ont des coins séparés pour les déchets organiques, et leurs halls sont bien tapissés en hiver ; ils sont chauds et néanmoins bien aérés. Quant aux castors, qui sont dotés, comme on le sait, du caractère le plus sympathique, leurs barrages et leurs villages étonnants, dans lesquels des générations vivent et meurent sans connaître d'autres ennemis que la loutre et l'homme, illustrent si merveilleusement ce que l'entraide peut réaliser pour la sécurité de l'espèce, le développement des habitudes sociales et l'évolution de l'intelligence, qu'ils sont familiers à tous ceux qui s'intéressent à la vie animale. Remarquons seulement que chez les castors, les rats musqués et quelques autres rongeurs, on retrouve déjà ce trait qui sera aussi distinctif des communautés humaines, c'est-à-dire le travail en commun.

Je passe sous silence les deux grandes familles que comprennent la gerboise, le chinchilla, la biscacha et le tushkan , ou lièvre souterrain du sud de la Russie, bien que tous ces petits rongeurs puissent être considérés comme d'excellentes illustrations des plaisirs que les animaux tirent de la vie sociale. .(15) Précisément, les plaisirs; car il est extrêmement difficile de dire ce qui rapproche les animaux : les besoins de protection mutuelle, ou simplement le plaisir de se sentir entourés de leurs congénères. En tout cas, nos lièvres communs , qui ne se rassemblent pas en société pour vivre en commun, et qui ne sont même pas dotés d'intenses sentiments parentaux, ne peuvent vivre sans se réunir pour jouer. Dietrich de Winckell , qui est considéré comme l'un des mieux informés sur les habitudes des lièvres, les décrit comme des joueurs passionnés, devenant tellement enivrés par leur jeu qu'il est connu qu'un lièvre prend pour compagnon de jeu un renard qui s'approche.(16) Comme pour le lapin, il vit en société, et sa vie de famille est entièrement construite sur l'image de la vieille famille patriarcale ; les jeunes étant tenus dans une obéissance absolue au père et même au grand-père. (17) Et nous avons ici l'exemple de deux espèces très étroitement alliées qui ne peuvent se supporter, non pas parce qu'elles vivent à peu près de la même nourriture, comme les cas sont trop souvent expliqués, mais très probablement parce que le lièvre passionné et éminemment individualiste n'arrive pas à se lier d'amitié avec cette créature placide, tranquille et soumise qu'est le lapin. Leurs tempéraments sont trop différents pour ne pas constituer un obstacle à l'amitié.

La vie en société est à nouveau la règle avec la grande famille des chevaux, qui comprend les chevaux et ânes sauvages d'Asie, les zèbres, les mustangs, les cimarrones de la Pampa, et les chevaux semi-sauvages de Mongolie et de Sibérie. Ils vivent tous dans de nombreuses associations composées de nombreux étalons, chacun étant constitué de plusieurs juments sous la houlette d'un mâle. Ces innombrables habitants de l'Ancien et du Nouveau Monde, dans l'ensemble mal organisés pour résister à la fois à leurs nombreux ennemis et aux conditions climatiques défavorables, auraient bientôt disparu de la surface de la terre sans leur esprit sociable. Lorsqu'un animal de proie s'approche d'eux, plusieurs étalons s'unissent à la fois ; ils repoussent la bête et la poursuivent quelquefois : et ni le loup ni l'ours, pas même le lion, ne peuvent capturer un cheval ou même un zèbre tant qu'ils ne sont pas détachés du troupeau. Lorsqu'une sécheresse brûle l'herbe des prairies, ils se rassemblent en troupeaux comptant parfois 10 000 individus et migrent. Et quand une tempête de neige fait rage dans les Steppes, chaque étalon reste serré les uns contre les autres, et se répare vers un ravin protégé. Mais si la confiance disparaît, ou si le groupe est pris de panique et se disperse, les chevaux périssent et les survivants se retrouvent après la tempête à moitié mourants de fatigue. L'union est leur arme principale dans la lutte pour la vie, et l'homme est leur principal ennemi. Devant son nombre croissant, les ancêtres de notre cheval domestique (l'Equus Przewalskii , ainsi nommé par Polyakoff) ont préféré se retirer sur les plateaux les plus sauvages et les moins accessibles de la périphérie du Thibet, où ils continuent de vivre, entourés de carnivores, sous un climat aussi mauvaise que celle des régions arctiques, mais dans une région inaccessible à l'homme.(18)

De nombreuses illustrations frappantes de la vie sociale pourraient être tirées de la vie du renne, et spécialement de cette grande division de ruminants qui pourrait comprendre les chevreuils, les daims, les antilopes, les gazelles, les bouquetins et, en fait, toute la vie sociale. des trois nombreuses familles des Antélopides , des Caprides et des Ovides . Leur vigilance sur la sécurité de leurs troupeaux face aux attaques de carnivores ; l'inquiétude manifestée par tous les individus dans un troupeau de chamois tant que tous n'ont pas franchi un passage difficile au-dessus des falaises rocheuses, l'adoption des orphelins ; le désespoir de la gazelle dont le compagnon, ou même le camarade du même sexe, a été tué ; on pourrait citer les pièces de théâtre des jeunes et bien d'autres encore. Mais l'illustration la plus frappante de ce soutien mutuel nous est peut-être donnée par les migrations occasionnelles de daims, comme celle que j'ai vue une fois sur l'Amour. Lorsque j'ai traversé le haut plateau et sa crête frontalière, le Grand Khingan, sur la route de la Transbaïkalie à Merghen , et que j'ai ensuite traversé les hautes prairies en direction de l'Amour, j'ai pu constater à quel point ces régions, pour la plupart inhabitées, étaient peu peuplées de daims. (19) Deux ans plus tard, je remontais l'Amour et, à la fin du mois d'octobre, j'atteignais l'extrémité inférieure de cette gorge pittoresque que l'Amour perce dans le Dousse-alin (Petit Khingan) avant de pénétrer dans les basses terres où il rejoint les Sungari. J'ai trouvé les Cosaques dans les villages de cette gorge dans la plus grande excitation, car des milliers et des milliers de daims traversaient l'Amour là où il est le plus étroit, pour atteindre les basses terres. Pendant plusieurs jours de suite, sur une longueur d'une quarantaine de milles en amont du fleuve, les Cosaques massacrèrent les cerfs en traversant l'Amour, dans lequel flottaient déjà beaucoup de glace. Des milliers de personnes étaient tuées chaque jour et l'exode se poursuivait néanmoins. De telles migrations n'ont jamais été observées ni avant ni depuis, et celle-ci a dû être provoquée par une chute de neige précoce et importante dans le Grand Khingan, qui a obligé les cerfs à faire une tentative désespérée pour atteindre les basses terres à l'est de la Dousse. montagnes. En effet, quelques jours plus tard, le Dousse-alin était également enseveli sous deux ou trois pieds de neige. Or, lorsqu'on imagine l'immense territoire (presque aussi grand que la Grande-Bretagne) d'où ont dû se rassembler les groupes dispersés de cerfs pour une migration entreprise sous la pression de circonstances exceptionnelles, et qu'on se rend compte des difficultés qu'il a fallu surmonter avant tout Si les cerfs ont eu l'idée commune de traverser l'Amour plus au sud, là où il est le plus étroit, on ne peut qu'admirer profondément la sociabilité dont font preuve ces animaux intelligents. Le fait n'en est pas moins frappant si l'on songe que les buffles de l'Amérique du Nord faisaient preuve des mêmes facultés de combinaison. On les voyait paître en grand nombre dans les plaines, mais ce nombre était constitué d'une infinité de petits groupes qui ne se mélangeaient jamais. Et pourtant, quand la nécessité s'en faisait sentir, tous les groupes, même dispersés sur un immense territoire, se rassemblaient et formaient ces immenses colonnes, comptant des centaines de milliers d'individus, dont j'ai parlé dans une page précédente.

Je devrais aussi dire au moins quelques mots sur les « familles composées » des éléphants, leur attachement mutuel, leur façon délibérée de poster des sentinelles et les sentiments de sympathie développés par une telle vie de soutien mutuel étroit.(20) On pourrait mentionner les sentiments sociables de ces créatures peu recommandables que sont les sangliers, et trouver un mot d'éloge pour leur pouvoir d'association en cas d'attaque par une bête de proie.(21) L'hippopotame et le rhinocéros occuperaient également une place importante. place dans un ouvrage consacré à la sociabilité animale. Plusieurs pages frappantes pourraient être consacrées à la sociabilité et à l'attachement mutuel des phoques et des morses ; et enfin, on pourrait mentionner les sentiments les plus excellents qui existent parmi les cétacés sociables. Mais je dois dire encore quelques mots des sociétés de singes, qui acquièrent un intérêt supplémentaire du fait qu'elles constituent le lien qui nous amènera aux sociétés des hommes primitifs.

Il est à peine besoin de dire que les mammifères, qui se situent tout en haut du monde animal et qui se rapprochent le plus de l'homme par leur structure et leur intelligence, sont éminemment sociables. Évidemment, nous devons être prêts à rencontrer toutes les variétés de caractères et d'habitudes dans une si grande division du règne animal qui comprend des centaines d'espèces. Mais, tout bien considéré, il faut dire que la sociabilité, l'action en commun, la protection mutuelle et un développement élevé des sentiments qui sont le résultat nécessaire de la vie sociale, sont caractéristiques de la plupart des singes. De la plus petite espèce à la plus grande, la sociabilité est une règle à laquelle on ne connaît que quelques exceptions. Les singes nocturnes préfèrent la vie isolée ; les capucins (Cebus capucinus), les monos et les singes hurleurs vivent mais en petites familles ; et les orangs-outans n'ont jamais été vus par AR Wallace autrement que seuls ou en très petits groupes de trois ou quatre individus, tandis que les gorilles ne semblent jamais se joindre à des bandes. Mais tout le reste de la tribu des singes, les chimpanzés, les sajous , les sakis, les mandrills, les babouins, etc., sont sociables au plus haut degré. Ils vivent en grands groupes et s'associent même à d'autres espèces que la leur. La plupart d'entre eux deviennent très malheureux lorsqu'ils sont seuls. Les cris de détresse de chacun des membres de la bande rassemblent immédiatement l'ensemble de la bande, et ils repoussent avec audace les attaques de la plupart des carnivores et des oiseaux de proie. Même les aigles n'osent pas les attaquer. Ils pillent nos champs toujours en bande, les anciens veillant à la sécurité de la république. Les petits tee-shirts, dont les visages enfantins et doux ont tant frappé Humboldt, s'embrassent et se protègent quand il pleut, enroulant leur queue sur le cou de leurs camarades grelottants. Plusieurs espèces manifestent la plus grande sollicitude pour leurs blessés, et n'abandonnent un camarade blessé pendant une retraite qu'après s'être assurées qu'il est mort et qu'elles sont impuissantes à lui rendre la vie. Ainsi James Forbes a raconté dans ses Mémoires orientaux une telle résistance en réclamant à son groupe de chasseurs le cadavre d'une singe femelle qu'on comprend parfaitement pourquoi "les témoins de cette scène extraordinaire ont résolu de ne plus jamais tirer sur un singe de la race". "(22) Chez certaines espèces, plusieurs individus se combinent pour renverser une pierre afin d'y chercher des œufs de fourmis. Les hamadryas non seulement postent des sentinelles, mais ont été vus confectionnant une chaîne pour transporter le butin en un lieu sûr ; et leur courage est bien connu. La description par Brehm du combat régulier que devait soutenir sa caravane avant que les hamadryas ne la laissent reprendre son voyage dans la vallée de la Mensa, en Abyssinie, est devenue classique.(23) Le jeu des singes à queue et l'attachement mutuel qui règne dans les familles de chimpanzés sont également familiers au lecteur général. Et si l'on trouve parmi les grands singes deux espèces, l'orang-outan et le gorille, qui ne sont pas sociables, il faut se rappeler que toutes deux, limitées à de très petits espaces, l'une au cœur de l'Afrique, et l'autre dans les deux îles de Bornéo et de Sumatra ont toutes les apparences d'être les derniers vestiges d'espèces autrefois beaucoup plus nombreuses. Le gorille semble au moins avoir été sociable dans les temps anciens, si les singes mentionnés dans le Périple étaient réellement des gorilles.

Nous voyons donc, même à partir du bref aperçu ci-dessus, que la vie en société ne fait pas exception dans le monde animal ; c'est la règle, la loi de la Nature, et elle atteint son plein développement chez les Vertébrés supérieurs. Les espèces qui vivent solitaires ou en petites familles seulement sont relativement peu nombreuses et leur nombre est limité. Bien plus, il semble très probable que, à quelques exceptions près, les oiseaux et les mammifères qui ne sont plus grégaires aujourd'hui vivaient en sociétés avant que l'homme ne se multiplie sur la terre et ne mène une guerre permanente contre eux, ou ne détruise les sources d'où ils se nourrissaient autrefois. aliments dérivés. « On ne s'associe pas pour mourir », disait Espinas ; et Houzeau , qui connaissait le monde animal de certaines parties de l'Amérique alors qu'il n'était pas encore affecté par l'homme, a écrit dans le même sens.

L'association se retrouve dans le monde animal à tous les degrés d'évolution ; et, selon la grande idée d'Herbert Spencer, si brillamment développée dans les Colonies Animales de Perrier , les colonies sont à l'origine même de l'évolution du règne animal. Mais à mesure que nous montons sur l'échelle de l'évolution, nous voyons l'association devenir de plus en plus consciente. Elle perd son caractère purement physique, elle cesse d'être simplement instinctive, elle devient raisonnée. Chez les vertébrés supérieurs, elle est périodique, ou on y a recours pour la satisfaction d'un besoin donné : propagation de l'espèce, migration, chasse ou défense mutuelle . Cela devient même occasionnel, lorsque les oiseaux s'associent contre un voleur, ou que les mammifères s'associent, sous la pression de circonstances exceptionnelles, pour émigrer. Dans ce dernier cas, cela devient une déviation volontaire des humeurs habituelles de la vie. La combinaison se manifeste parfois à deux ou plusieurs degrés : la famille d'abord, puis le groupe, et enfin l'association de groupes, habituellement dispersés, mais s'unissant en cas de besoin, comme nous l'avons vu avec les bisons et autres ruminants. Elle prend aussi des formes supérieures, garantissant plus d'indépendance à l'individu sans le priver des bienfaits de la vie sociale. Chez la plupart des rongeurs, l'individu possède sa propre habitation, dans laquelle il peut se retirer lorsqu'il préfère rester seul ; mais les habitations sont réparties dans les villages et les villes, de manière à garantir à tous les habitants les bienfaits et les joies de la vie sociale. Enfin, chez plusieurs espèces, comme les rats, les marmottes, les lièvres, etc., la vie sociable se maintient malgré les penchants querelleurs ou autrement égoïstes de l'individu isolé. Elle n'est donc pas imposée, comme c'est le cas pour les fourmis et les abeilles, par la structure physiologique même des individus ; on le cultive pour le bénéfice de l'entraide, ou pour ses plaisirs. Et cela, bien entendu, se manifeste avec toutes les gradations possibles et avec la plus grande variété de caractères individuels et spécifiques, la variété même des aspects que prend la vie sociale étant une conséquence, et pour nous une preuve supplémentaire, de sa généralité.(24)

La sociabilité, c'est-à-dire le besoin de l'animal de s'associer avec ses semblables, l'amour de la société pour le bien de la société, combiné à la « joie de vivre », commence seulement maintenant à recevoir l'attention voulue de la part des zoologistes . à l'heure actuelle, tous les animaux, depuis les fourmis jusqu'aux oiseaux jusqu'aux mammifères les plus élevés, aiment jouer, lutter, courir les uns après les autres, essayer de se capturer, se taquiner, etc. . Et tandis que de nombreuses pièces de théâtre sont pour ainsi dire une école pour le bon comportement des jeunes dans la vie adulte, il en est d'autres qui, outre leur but utilitaire, ne sont, avec la danse et le chant, que de simples manifestations d'un excès de forces. — « la joie de vivre », et le désir de communiquer d'une manière ou d'une autre avec d'autres individus de la même espèce ou d'autres espèces, bref une manifestation de la sociabilité proprement dite, qui est un trait distinctif de tout le monde animal. 26) Qu'il s'agisse d'un sentiment de peur, ressenti à l'apparition d'un oiseau de proie, ou d'un « accès de joie » qui éclate lorsque les animaux sont en bonne santé et surtout lorsqu'ils sont jeunes, ou simplement du désir de laisser jouer un excès. d'impressions et de puissance vitale - la nécessité de communiquer des impressions, de jouer, de bavarder ou simplement de ressentir la proximité d'autres êtres vivants apparentés imprègne la nature et est, autant que toute autre fonction physiologique, un trait distinctif de la vie et impressionnabilité. Ce besoin prend un développement plus élevé et atteint une expression plus belle chez les mammifères, surtout parmi leurs petits, et plus encore chez les oiseaux ; mais il imprègne toute la nature, et a été pleinement observé par les meilleurs naturalistes, y compris Pierre Huber, même parmi les fourmis, et c'est évidemment le même instinct qui rassemble les grandes colonnes de papillons dont nous avons déjà parlé.

L'habitude de se réunir pour danser et de décorer les lieux où les oiseaux exécutent habituellement leurs danses est bien entendu bien connue des pages que Darwin a données à ce sujet dans La Descente de l'Homme (ch. xiii). Les visiteurs des jardins zoologiques de Londres connaissent également le berceau de l'oiseau satiné. Mais cette habitude de danser semble être beaucoup plus répandue qu'on ne le croyait autrefois, et M. W. Hudson donne dans son chef-d'œuvre sur La Plata la description la plus intéressante, qu'il faut lire dans l'original, de danses compliquées, exécutées par un bon nombre d'oiseaux : râles, jacanas, vanneaux, etc.

L'habitude de chanter en concert, qui existe chez plusieurs espèces d'oiseaux, appartient à la même catégorie d'instincts sociaux. Son développement est le plus frappant avec le chakar (Chauna chavarris), auquel les Anglais ont donné le terme le plus impropre à l'imagination de « crieur à crête ». Ces oiseaux se rassemblent quelquefois en immenses bandes, et dans de tels cas ils chantent fréquemment tous de concert. WH Hudson les a trouvés une fois en nombre incalculable, répartis tout autour d'un lac de pampa en groupes bien définis, d'environ 500 oiseaux dans chaque groupe.

«Présentement», écrit-il, «un troupeau près de moi commença à chanter et continua son chant puissant pendant trois ou quatre minutes; quand ils cessèrent, le troupeau suivant reprenait l'accent, et après lui le suivant, et ainsi de suite, jusqu'à ce qu'une fois de plus les notes des troupeaux sur la rive opposée flottaient fortes et claires sur l'eau - puis disparaissaient, devenant de plus en plus faibles, jusqu'à ce qu'une fois de plus le son s'approche de moi, voyageant à nouveau à mes côtés.

À une autre occasion, le même écrivain a vu toute une plaine couverte d'un troupeau sans fin de chakars, non pas en ordre serré, mais dispersés par paires et en petits groupes. Vers neuf heures du soir, « tout à coup, toute la multitude d'oiseaux qui couvraient le marais à des kilomètres à la ronde éclatèrent dans un formidable chant du soir…. C'était un concert qui valait bien la peine de parcourir cent milles pour l'entendre. »(27) Il se peut que ajoutons que comme tous les animaux sociables, le chakar s'apprivoise facilement et s'attache beaucoup à l'homme. « Ce sont des oiseaux au caractère doux et qui se disputent très rarement » — nous dit-on — bien qu'ils soient bien pourvus d'armes redoutables. La vie en société rend ces armes inutiles.

Le fait que la vie en société est l'arme la plus puissante dans la lutte pour la vie, prise dans son sens le plus large, a été illustré par plusieurs exemples dans les pages précédentes, et pourrait être illustré par n'importe quelle quantité de preuves, si d'autres preuves étaient nécessaires. La vie en société permet aux insectes les plus faibles, aux oiseaux les plus faibles et aux mammifères les plus faibles de résister ou de se protéger contre les oiseaux et les bêtes de proie les plus terribles ; cela permet la longévité ; il permet à l'espèce d'élever sa progéniture avec le moins de gaspillage d'énergie et de maintenir ses effectifs malgré une natalité très lente ; il permet aux animaux grégaires de migrer à la recherche de nouvelles demeures. Ainsi, tout en admettant pleinement que la force, la rapidité, les couleurs protectrices , la ruse et l'endurance à la faim et au froid, mentionnées par Darwin et Wallace, sont autant de qualités qui rendent l'individu, ou l'espèce, le plus apte dans certaines circonstances, nous maintenons qu'en toutes circonstances, la sociabilité est le plus grand avantage dans la lutte pour la vie. Les espèces qui l'abandonnent, volontairement ou involontairement, sont vouées à la décadence ; tandis que les animaux qui savent le mieux se combiner ont les plus grandes chances de survie et d'évolution ultérieure, bien qu'ils puissent être inférieurs aux autres dans chacune des facultés énumérées par Darwin et Wallace, à l'exception de la faculté intellectuelle. Les vertébrés les plus élevés, et surtout l'humanité, en sont la meilleure preuve. Quant à la faculté intellectuelle, même si tout darwiniste sera d'accord avec Darwin sur le fait qu'elle constitue l'arme la plus puissante dans la lutte pour la vie et le facteur le plus puissant d'évolution future, il admettra également que l'intelligence est une faculté éminemment sociale. Le langage, l'imitation et l'expérience accumulée sont autant d'éléments d'intelligence croissante dont l'animal insociable est privé. On retrouve donc , au sommet de chaque classe d'animaux, les fourmis, les perroquets et les singes, alliant tous la plus grande sociabilité au plus haut développement de l'intelligence. Les plus aptes sont donc les animaux les plus sociables, et la sociabilité apparaît comme le principal facteur d'évolution, à la fois directement, en assurant le bien-être de l'espèce tout en diminuant le gaspillage d'énergie, et indirectement, en favorisant la croissance de l'intelligence.

En outre, il est évident que la vie en société serait tout à fait impossible sans un développement correspondant des sentiments sociaux et, surtout, d'un certain sens collectif de la justice qui deviendrait une habitude. Si chaque individu abusait constamment de ses avantages personnels sans que les autres interviennent en faveur des lésés, aucune vie en société ne serait possible. Et des sentiments de justice se développent, plus ou moins, chez tous les animaux grégaires. Quelle que soit la distance d'où viennent les hirondelles ou les grues, chacune retourne au nid qu'elle a construit ou réparé l'année dernière. Si un moineau paresseux entend s'approprier le nid qu'un camarade est en train de construire, ou même lui voler quelques brins de paille, le groupe intervient contre le camarade paresseux ; et il est évident que sans une telle interférence étant la règle, aucune association d'oiseaux nicheurs ne pourrait exister. Des groupes distincts de manchots ont des lieux de repos et des lieux de pêche séparés et ne se battent pas pour eux. Les troupeaux de bétail en Australie ont des lieux particuliers où chaque groupe se rend pour se reposer et dont il ne s'écarte jamais ; et ainsi de suite.(28) Nous disposons d'un grand nombre d'observations directes de la paix qui prévaut dans les associations de nidification des oiseaux, les villages des rongeurs et les troupeaux d'herbivores ; tandis que, d'un autre côté, nous connaissons peu d'animaux sociables qui se disputent aussi continuellement que les rats de nos caves, ou que les mors , qui se battent pour la possession d'un endroit ensoleillé sur le rivage. La sociabilité met ainsi une limite à la lutte physique, et laisse place au développement de meilleurs sentiments moraux. Le développement élevé de l'amour parental chez toutes les classes d'animaux, même chez les lions et les tigres, est généralement connu. Quant aux jeunes oiseaux et aux mammifères que nous voyons continuellement s'associer, c'est la sympathie, et non l'amour, qui atteint un développement ultérieur dans leurs associations. Laissant de côté les faits vraiment touchants d'attachement mutuel et de compassion qui ont été enregistrés à l'égard des animaux domestiques et des animaux gardés en captivité, nous disposons d'un certain nombre de faits bien certifiés de compassion entre animaux sauvages en liberté. Max Perty et L. Buchner ont rapporté un certain nombre de faits de ce type(29). Le récit de JC Wood sur une fouine venue ramasser et emporter un camarade blessé jouit d'une popularité bien méritée(30). De même, l'observation de Le capitaine Stansbury lors de son voyage vers l'Utah cité par Darwin ; il vit un pélican aveugle qui était nourri, et bien nourri, par d'autres pélicans, de poissons qu'il fallait amener à une distance de trente milles. (31) Et lorsqu'un troupeau de vigognes fut vivement poursuivi par les chasseurs, HA Weddell vit plus de une fois au cours de son voyage en Bolivie et au Pérou, les mâles forts couvraient la retraite du troupeau et restaient en arrière pour protéger la retraite. Quant aux faits de compassion envers les camarades blessés, ils sont continuellement mentionnés par tous les zoologistes de terrain. De tels faits sont tout à fait naturels. La compassion est un résultat nécessaire de la vie sociale. Mais la compassion signifie aussi un progrès considérable dans l'intelligence et la sensibilité générales. C'est le premier pas vers le développement de sentiments moraux plus élevés. C'est, à son tour, un puissant facteur d'évolution future.

Si les vues développées dans les pages précédentes sont correctes, la question se pose nécessairement de savoir dans quelle mesure sont-elles cohérentes avec la théorie de la lutte pour la vie telle qu'elle a été développée par Darwin, Wallace et leurs disciples ? et je vais maintenant répondre brièvement à cette question importante. Tout d'abord, aucun naturaliste ne doutera que l'idée d'une lutte pour la vie menée à travers la nature organique constitue la plus grande généralisation de notre siècle. La vie est un combat ; et dans cette lutte, les plus forts survivent. Mais les réponses aux questions : « Par quelles armes cette lutte est-elle principalement menée ? et "Qui sont les plus aptes à la lutte ?" seront très différentes selon l'importance accordée aux deux aspects différents de la lutte : la lutte directe, pour la nourriture et la sécurité entre individus séparés, et la lutte que Darwin a qualifiée de « métaphorique » – la lutte, très souvent collective, contre des circonstances adverses. . Personne ne niera qu'il existe, au sein de chaque espèce, une certaine compétition réelle pour la nourriture, du moins à certaines périodes. Mais la question est de savoir si la concurrence se poursuit dans la mesure admise par Darwin, ou même par Wallace ; et si cette compétition a joué, dans l'évolution du règne animal, le rôle qui lui était assigné.

L'idée qui imprègne les travaux de Darwin est certainement celle d'une véritable compétition au sein de chaque groupe animal pour l'alimentation, la sécurité et la possibilité de laisser une progéniture. Il parle souvent de régions riches en vie animale au maximum de leur capacité, et de ce surpeuplement il déduit la nécessité de la concurrence. Mais quand on cherche dans son œuvre des preuves réelles de cette concurrence, il faut avouer qu'elles ne nous paraissent pas suffisamment convaincantes. Si nous nous référons au paragraphe intitulé « Lutte pour la vie la plus sévère entre individus et variétés d'une même espèce », nous n'y trouvons rien de cette richesse de preuves et d'illustrations que nous avons l'habitude de trouver dans tout ce qu'écrit Darwin. La lutte entre individus d'une même espèce n'est pas illustrée sous ce titre par un seul exemple : elle est tenue pour acquise ; et la compétition entre espèces animales très voisines n'est illustrée que par cinq exemples, dont un au moins (relatif aux deux espèces de grives) s'avère aujourd'hui douteux.(32) Mais quand on cherche plus de détails dans Afin de vérifier dans quelle mesure la diminution d'une espèce a été réellement provoquée par l'augmentation des autres espèces, Darwin, avec son équité habituelle, nous dit :

"Nous pouvons vaguement voir pourquoi la compétition devrait être la plus sévère entre des formes alliées qui occupent à peu près la même place dans la nature ; mais probablement en aucun cas nous ne pourrions dire avec précision pourquoi une espèce a été victorieuse sur une autre dans la grande bataille de la vie."

Quant à Wallace, qui cite les mêmes faits sous un titre légèrement modifié (« Lutte pour la vie entre animaux et plantes étroitement liés, souvent la plus sévère »), il fait la remarque suivante (les italiques sont de moi), qui donne un tout autre aspect à la question. les faits cités ci-dessus. Il dit:

"Dans certains cas, sans aucun doute, il y a une véritable guerre entre les deux, le plus fort tuant le plus faible. Mais cela n'est en aucun cas nécessaire, et il peut y avoir des cas dans lesquels l'espèce la plus faible, physiquement, peut l'emporter grâce à son pouvoir de plus multiplication rapide, sa meilleure résistance aux vicissitudes du climat, ou sa plus grande astuce pour échapper aux attaques des ennemis communs.

Dans de tels cas, ce qui est décrit comme de la concurrence peut ne pas être du tout une concurrence. Une espèce succombe, non pas parce qu'elle est exterminée ou affamée par l'autre espèce, mais parce qu'elle ne s'adapte pas bien aux nouvelles conditions, ce que fait l'autre. Le terme « lutte pour la vie » est à nouveau utilisé dans son sens métaphorique et n'en a peut-être pas d'autre. Quant à la compétition réelle entre individus d'une même espèce, illustrée ailleurs par le bétail de l'Amérique du Sud en période de sécheresse, sa valeur est diminuée du fait qu'elle est prélevée parmi les animaux domestiques. Les bisons émigrent dans des circonstances similaires afin d'éviter la concurrence. Quelle que soit l'intensité de la lutte entre les plantes — et cela est amplement prouvé — nous ne pouvons que répéter la remarque de Wallace selon laquelle « les plantes vivent là où elles peuvent », tandis que les animaux ont, dans une large mesure, le pouvoir de choisir leur demeure. Nous nous demandons donc à nouveau : dans quelle mesure la compétition existe-t-elle réellement au sein de chaque espèce animale ? Sur quoi repose cette hypothèse ? La même remarque doit être faite concernant l'argument indirect en faveur d'une compétition et d'une lutte sévères pour la vie au sein de chaque espèce, qui peut découler de « l'extermination des variétés transitionnelles », si souvent évoquée par Darwin. On sait que Darwin s'est longtemps inquiété de la difficulté qu'il voyait dans l'absence d'une longue chaîne de formes intermédiaires entre espèces très voisines, et qu'il a trouvé la solution de cette difficulté dans la prétendue extermination des formes intermédiaires. (33) Cependant, une lecture attentive des différents chapitres dans lesquels Darwin et Wallace parlent de ce sujet amène bientôt à la conclusion que le mot « extermination » ne signifie pas une véritable extermination ; la même remarque que Darwin a faite à propos de son expression : « lutte pour l'existence », s'applique évidemment aussi au mot « extermination ». Il ne peut en aucun cas être compris dans son sens direct, mais doit être pris « dans son sens métaphorique ». Si l'on part de l'hypothèse qu'une région donnée est peuplée d'animaux au maximum de ses capacités, et qu'il y a par conséquent une concurrence acharnée pour les moyens d'existence entre tous les habitants, chaque animal étant obligé de lutter contre tous ses congénères dans afin d'obtenir sa nourriture quotidienne - alors l'apparition d'une variété nouvelle et réussie signifierait certainement dans de nombreux cas (mais pas toujours) l'apparition d'individus capables de s'emparer de plus que leur juste part des moyens d'existence ; et le résultat serait que ces individus affameraient à la fois la forme parentale qui ne possède pas la nouvelle variation et les formes intermédiaires qui ne la possèdent pas au même degré. Il se peut qu'au début Darwin ait compris l'apparition de nouvelles variétés sous cet aspect ; du moins, l'emploi fréquent du mot « extermination » donne une telle impression. Mais lui et Wallace connaissaient trop bien la nature pour ne pas s'apercevoir que ce n'est en aucun cas la seule marche des choses possible et nécessaire.

Si les conditions physiques et biologiques d'une zone donnée, l'extension de la zone occupée par une espèce donnée et les habitudes de tous les membres de cette dernière restaient inchangées, alors l'apparition soudaine d'une nouvelle variété pourrait signifier la mort de faim et l'extermination de tous les individus qui n'étaient pas dotés à un degré suffisant du trait nouveau par lequel se caractérise la nouvelle variété. Mais une telle combinaison de conditions est précisément ce que nous ne voyons pas dans la nature. Chaque espèce tend continuellement à agrandir son habitat ; la migration vers de nouvelles demeures est la règle chez l'escargot lent, comme chez l'oiseau rapide ; des changements physiques se produisent continuellement dans chaque zone donnée ; et les nouvelles variétés parmi les animaux consistent en un nombre immense de cas - peut-être dans la majorité - et non en la croissance de nouvelles armes pour arracher la nourriture de la bouche de leurs congénères - la nourriture n'est qu'une condition d'existence sur cent. mais, comme Wallace lui-même le montre dans un charmant paragraphe sur la « divergence des caractères » (Darwinisme, p. 107), en formant de nouvelles habitudes, en déménageant dans de nouvelles demeures et en adoptant de nouvelles sortes de nourriture. Dans tous ces cas, il n'y aura pas d'extermination, ni même de compétition – la nouvelle adaptation étant un soulagement à la compétition, si elle a jamais existé ; et pourtant il y aura, au bout d'un certain temps, une absence de liens intermédiaires, conséquence de la simple survivance de ceux qui sont les mieux adaptés aux nouvelles conditions — aussi sûrement que dans l'hypothèse d'une extermination de la forme parentale. Il est à peine besoin d'ajouter que si l'on admet, avec Spencer, tous les Lamarckiens et Darwin lui-même, l'influence modificatrice du milieu sur l'espèce, il reste encore moins de nécessité d'exterminer les formes intermédiaires.

L'importance de la migration et de l'isolement consécutif de groupes d'animaux pour l'origine de nouvelles variétés et finalement de nouvelles espèces, indiquée par Moritz Wagner, a été pleinement reconnue par Darwin lui-même. Des recherches ultérieures n'ont fait qu'accentuer l'importance de ce facteur, et elles ont montré comment l'étendue de la superficie occupée par une espèce donnée, que Darwin considérait à juste titre comme si importante pour l'apparition de nouvelles variétés, peut se combiner avec l'isolement de certaines parties. de l'espèce, en conséquence de changements géologiques locaux, ou de barrières locales. Il serait impossible d'entrer ici dans la discussion de cette vaste question, mais quelques remarques suffiront pour illustrer l'action combinée de ces agences. On sait que des portions d'une espèce donnée sont souvent transformées en un nouveau type de nourriture. Les écureuils, par exemple, lorsqu'il y a pénurie de cônes dans les forêts de mélèzes, se déplacent vers les forêts de sapins, et ce changement de nourriture a sur les écureuils certains effets physiologiques bien connus. Si ce changement d'habitudes ne dure pas, si l'année prochaine les cônes sont à nouveau abondants dans les sombres bois de mélèzes, aucune nouvelle variété d'écureuils ne surgira évidemment pour cette cause. Mais si une partie du vaste territoire occupé par les écureuils commence à voir ses caractères physiques altérés, par suite, par exemple, d'un climat plus doux ou d'un dessèchement, qui tous deux entraînent une augmentation des forêts de pins proportionnellement aux bois de mélèzes, et si d'autres conditions concourent à inciter les écureuils à habiter aux abords de la région desséchante, nous aurons alors une nouvelle variété, c'est-à-dire une nouvelle espèce d'écureuils naissante, sans qu'il y ait eu quoi que ce soit qui mérite le nom d'extermination parmi les écureuils. Une plus grande proportion d'écureuils de la nouvelle variété mieux adaptée survivraient chaque année et les maillons intermédiaires mourraient au fil du temps, sans avoir été affamés par des concurrents malthusiens. C'est exactement ce que nous voyons se produire lors des grands changements physiques qui s'accomplissent sur de vastes zones d'Asie centrale, en raison du dessèchement qui s'y produit depuis la période glaciaire.

Pour prendre un autre exemple, il a été prouvé par les géologues que le cheval sauvage actuel (Equus Przewalski) a lentement évolué au cours des dernières parties du Tertiaire et du Quaternaire, mais qu'au cours de cette succession d'âges, ses ancêtres ne se sont pas limités à certains endroits. zone donnée et limitée du globe. Ils erraient à la fois dans l'Ancien et dans le Nouveau Monde, revenant, selon toute vraisemblance, après un certain temps, aux pâturages qu'ils avaient autrefois quittés au cours de leurs migrations.(34) Par conséquent, si nous ne les trouvons pas maintenant, en Asie , tous les maillons intermédiaires entre le cheval sauvage actuel et ses ancêtres asiatiques post-tertiaires, cela ne signifie pas du tout que les maillons intermédiaires ont été exterminés. Aucune extermination de ce type n'a jamais eu lieu. Aucune mortalité exceptionnelle ne peut même s'être produite parmi les espèces ancestrales : les individus appartenant à des variétés et espèces intermédiaires sont morts selon le cours habituel des événements, souvent au milieu d'une nourriture abondante, et leurs restes ont été enterrés partout dans le monde.

En bref, si nous considérons attentivement cette question et relisons attentivement ce que Darwin lui-même a écrit à ce sujet, nous voyons que si le mot « extermination » doit être utilisé en relation avec les variétés transitionnelles, il doit être utilisé dans son sens métaphorique. sens. Quant à la « compétition », cette expression est également continuellement utilisée par Darwin (voir, par exemple, le paragraphe « Sur l'extinction ») comme une image, ou comme une manière de parler, plutôt que dans l'intention de transmettre l'idée. idée d'une véritable compétition entre deux portions d'une même espèce pour les moyens d'existence. En tout cas, l'absence de formes intermédiaires ne constitue pas un argument en sa faveur .

En réalité, le principal argument en faveur d'une concurrence acharnée pour les moyens d'existence qui existe continuellement au sein de chaque espèce animale est, pour reprendre l'expression du professeur Geddes, « l'argument arithmétique » emprunté à Malthus.

Mais cet argument ne le prouve pas du tout. Autant prendre un certain nombre de villages du sud-est de la Russie, dont les habitants jouissent d'une nourriture abondante, mais ne disposent d'aucune installation sanitaire d'aucune sorte ; et vu que depuis quatre-vingts ans le taux de natalité était de soixante pour mille, tandis que la population est aujourd'hui ce qu'elle était il y a quatre-vingts ans, on pourrait conclure qu'il y a eu une compétition terrible entre les habitants. Mais la vérité est que d'année en année la population est restée stationnaire, pour la simple raison qu'un tiers des nouveau-nés mouraient avant d'atteindre leur sixième mois de vie ; la moitié mourut au cours des quatre années suivantes, et sur cent nés, dix-sept seulement environ atteignirent l'âge de vingt ans. Les nouveaux venus s'en vont avant d'être devenus concurrents. Il est évident que si tel est le cas des hommes, cela l'est encore plus des animaux. Dans le monde à plumes, la destruction des œufs est si considérable que les œufs constituent la nourriture principale de plusieurs espèces au début de l'été ; sans parler des tempêtes, des inondations qui détruisent des millions de nids en Amérique, et des brusques changements de temps qui sont fatals aux jeunes mammifères. Chaque tempête, chaque inondation, chaque visite d'un rat dans un nid d'oiseau, chaque brusque changement de température emportent ces concurrents qui paraissent si terribles en théorie.

Quant aux faits d'une augmentation extrêmement rapide des chevaux et du bétail en Amérique, des porcs et des lapins en Nouvelle-Zélande, et même des animaux sauvages importés d'Europe (où leur nombre est réduit par l'homme et non par la concurrence), ils semblent plutôt opposé à la théorie de la surpopulation. Si les chevaux et le bétail pouvaient se multiplier si rapidement en Amérique, cela prouvait simplement que, si nombreux que soient les buffles et autres ruminants à cette époque dans le Nouveau Monde, la population herbivore était bien inférieure à ce que les prairies pouvaient entretenir. Si des millions d'intrus ont trouvé suffisamment de nourriture sans affamer l'ancienne population des prairies, nous devons plutôt conclure que les Européens ont trouvé en Amérique un manque d'herbivores et non un excès. Et nous avons de bonnes raisons de croire que le manque de population animale est l'état naturel des choses partout dans le monde, à quelques exceptions près seulement. Le nombre réel d'animaux dans une région donnée est déterminé non pas par la capacité alimentaire la plus élevée de la région, mais par ce qu'il est chaque année dans les conditions les plus défavorables . De sorte que, pour cette seule raison, la concurrence ne peut guère être une condition normale. Mais d'autres causes interviennent également pour réduire la population animale en dessous même de ce niveau bas. Si nous prenons les chevaux et les bovins qui paissent tout l'hiver dans les steppes de Transbaïkalie, nous les trouvons très maigres et épuisés à la fin de l'hiver. Mais ils s'épuisent, non pas parce qu'il n'y a pas assez de nourriture pour tous – l'herbe enfouie sous une fine couche de neige est partout en abondance – mais à cause de la difficulté de la récupérer sous la neige, et cette difficulté est la même pour tous. tous les chevaux pareils. En outre, les jours de gel verglacé sont fréquents au début du printemps, et si plusieurs de ces jours se succèdent, les chevaux deviennent encore plus épuisés. Mais alors survient une tempête de neige qui oblige les animaux déjà affaiblis à rester sans nourriture pendant plusieurs jours, et un très grand nombre d'entre eux meurent. Les pertes du printemps sont si graves que si la saison a été plus inclémente que d'habitude, elles ne sont même pas réparées par les nouvelles races, d'autant plus que tous les chevaux sont épuisés et que les jeunes poulains naissent dans un état plus faible. Le nombre des chevaux et du bétail reste ainsi toujours inférieur à ce qu'il pourrait être autrement ; toute l'année, il y a de la nourriture pour cinq à dix fois plus d'animaux, et pourtant leur population augmente extrêmement lentement. Mais dès que le propriétaire buriate fait une petite provision de foin dans la steppe et l'ouvre pendant les jours de gel ou de fortes chutes de neige, il voit immédiatement l'augmentation de son troupeau. Presque tous les animaux herbivores libres et de nombreux rongeurs d'Asie et d'Amérique étant à peu près dans les mêmes conditions, nous pouvons affirmer avec certitude que leur nombre n'est pas réduit par la concurrence ; qu'à aucun moment de l'année ils ne peuvent lutter pour se nourrir, et que s'ils n'arrivent jamais à atteindre un niveau proche de la surpopulation, la cause en est le climat et non la compétition.

L'importance des freins naturels dans la surmultiplication, et notamment leur influence sur l'hypothèse de la concurrence, ne semble jamais avoir été suffisamment prise en compte. Les contrôles, ou plutôt certains d'entre eux, sont évoqués, mais leur action est rarement étudiée en détail. Cependant, si l'on compare l'action des freins naturels avec celle de la concurrence, il faut reconnaître d'emblée que cette dernière ne supporte aucune comparaison avec les autres freins. Ainsi, M. Bates mentionne le nombre vraiment stupéfiant de fourmis ailées qui sont détruites lors de leur exode. Les cadavres morts ou à moitié morts de la formica de fuego (Myrmica saevissima) qui avaient été soufflées dans la rivière lors d'un coup de vent "étaient entassés en une ligne d'un ou deux pouces de hauteur et de largeur, la ligne se poursuivant sans interruption sur des kilomètres au bord de l'eau." (35) Des myriades de fourmis sont ainsi détruit au milieu d'une nature qui pourrait abriter cent fois plus de fourmis qu'il y en a réellement. Le Dr Altum, forestier allemand, qui a écrit un livre très intéressant sur les animaux nuisibles à nos forêts, donne également de nombreux faits montrant l'immense importance des contrôles naturels. Il dit qu'une succession de coups de vent ou de temps froid et humide pendant l'exode de la teigne du pin (Bombyx pini) la détruisit en quantités incroyables, et qu'au printemps 1871, toutes ces papillons disparurent d'un coup, probablement tués par une succession de nuits froides .(36) De nombreux exemples similaires relatifs à divers insectes pourraient être cités dans diverses régions d'Europe. Le Dr Altum mentionne également les oiseaux ennemis de la teigne du pin et l'immense quantité de ses œufs détruits par les renards ; mais il ajoute que les champignons parasites qui l'infestent périodiquement sont un ennemi bien plus terrible que n'importe quel oiseau, car ils détruisent le papillon sur de très grandes superficies à la fois. Quant aux diverses espèces de souris (Mus sylvaticus , Arvicola arvalis et A. agrestis), le même auteur donne une longue liste de leurs ennemis, mais il remarque : « Cependant, les ennemis les plus terribles des souris ne sont pas d'autres animaux, mais de tels les changements soudains de temps, comme cela se produit presque chaque année. Les alternances de gel et de chaleur les détruisent en quantités innombrables ; "Un seul changement soudain peut réduire des milliers de souris à quelques individus." D'un autre côté, un hiver chaud, ou un hiver qui s'installe peu à peu, les fait se multiplier dans des proportions menaçantes, malgré tous les ennemis ; ce fut le cas en 1876 et 1877(37). La compétition, dans le cas des souris, apparaît donc comme un facteur assez insignifiant comparé au temps. D'autres faits allant dans le même sens sont également donnés à propos des écureuils.

Quant aux oiseaux, on sait à quel point ils souffrent des changements brusques de temps. Les tempêtes de neige tardives sont aussi destructrices pour les oiseaux dans les landes anglaises qu'en Sibérie ; et Ch. Dixon a vu les tétras-lyre si pressés au cours de certains hivers exceptionnellement rigoureux, qu'ils ont quitté les landes en grand nombre, « et nous avons alors vu qu'ils étaient effectivement capturés dans les rues de Sheffield. Une humidité persistante », ajoute-t-il, « est presque aussi mortelle. pour eux."

D'un autre côté, les maladies contagieuses qui frappent continuellement la plupart des espèces animales les détruisent en si grand nombre que les pertes ne peuvent souvent pas être réparées avant de nombreuses années, même dans le cas des animaux à multiplication la plus rapide. Ainsi, il y a une soixantaine d'années, les sousliks disparurent subitement dans les environs de Sarepta, dans le sud-est de la Russie, à la suite de quelques épidémies ; et pendant des années, aucun souslik n'a été vu dans ce quartier . Il a fallu de nombreuses années avant qu'ils ne deviennent aussi nombreux qu'avant.(38)

Comme les faits, tous tendant à réduire l'importance accordée à la concurrence, pourraient être produits en chiffres. Bien entendu, on pourrait répondre, selon les mots de Darwin, que néanmoins chaque être organique « à une certaine période de sa vie, à une certaine saison de l'année, à chaque génération ou à intervalles réguliers, doit lutter pour la vie et subir de grandes destructions. " et que les plus aptes survivent pendant ces périodes de dure lutte pour la vie. Mais si l'évolution du monde animal reposait exclusivement, ou même principalement, sur la survie des plus aptes pendant les périodes de calamités ; si la sélection naturelle se limitait dans son action à des périodes de sécheresse exceptionnelle, ou à des changements brusques de température, ou à des inondations, la régression serait la règle dans le monde animal. Ceux qui survivent à une famine, ou à une grave épidémie de choléra, ou de variole, ou de diphtérie, comme on les voit dans les pays non civilisés, ne sont ni les plus forts, ni les plus sains, ni les plus intelligents. Aucun progrès ne pouvait reposer sur ces survivances, d'autant plus que tous les survivants sortent généralement de l'épreuve avec une santé affaiblie, comme les chevaux transbaïkaliens que nous venons de mentionner, ou les équipages arctiques, ou la garnison d'une forteresse contrainte de vivre. pendant quelques mois avec des demi-rations, et sort de son expérience avec une santé brisée, et montre par la suite une mortalité tout à fait anormale. Tout ce que la sélection naturelle peut faire, en temps de calamités, c'est d'épargner les individus doués de la plus grande endurance aux privations de toutes sortes. Il en va de même parmi les chevaux et le bétail sibériens. Ils sont durables ; ils peuvent se nourrir du bouleau polaire en cas de besoin ; ils résistent au froid et à la faim. Mais aucun cheval sibérien n'est capable de porter facilement la moitié du poids qu'un cheval européen transporte ; aucune vache sibérienne ne donne la moitié de la quantité de lait donnée par une vache jersiaise, et aucun indigène de pays non civilisés ne peut supporter la comparaison avec les Européens. Ils supportent peut-être mieux la faim et le froid, mais leur force physique est bien inférieure à celle d'un Européen bien nourri, et leurs progrès intellectuels sont désespérément lents. "Le mal ne peut pas produire le bien", comme l'a écrit Tchernyshevsky dans un essai remarquable sur le darwinisme.(39)

Heureusement , la compétition n'est la règle ni dans le monde animal ni chez l'humanité. Elle est limitée chez les animaux à des périodes exceptionnelles, et la sélection naturelle trouve de meilleurs terrains pour son activité. De meilleures conditions sont créées par l'élimination de la concurrence au moyen de l'entraide et du soutien mutuel .(40) Dans la grande lutte pour la vie – pour la plus grande plénitude et intensité de vie possible avec le moins de gaspillage d'énergie – la sélection naturelle recherche continuellement le moyens précisément d'éviter autant que possible la concurrence. Les fourmis se rassemblent en nids et en nations ; ils entassent leurs provisions, ils élèvent leur bétail — et évitent ainsi la concurrence ; et la sélection naturelle sélectionne dans la famille des fourmis les espèces qui savent le mieux éviter la compétition, avec ses conséquences inévitablement délétères. La plupart de nos oiseaux se déplacent lentement vers le sud à mesure que l'hiver arrive, ou se rassemblent en d'innombrables sociétés et entreprennent de longs voyages et évitent ainsi la compétition. De nombreux rongeurs s'endorment lorsque vient le moment où la compétition doit s'installer ; tandis que d'autres rongeurs stockent de la nourriture pour l'hiver et se rassemblent dans les grands villages pour obtenir la protection nécessaire lorsqu'ils sont au travail. Les rennes, lorsque les lichens sont secs à l'intérieur du continent, migrent vers la mer. Les buffles traversent un immense continent pour trouver suffisamment de nourriture. Et les castors, lorsqu'ils deviennent nombreux sur une rivière, se divisent en deux groupes et s'en vont, les vieux vers le bas de la rivière, et les jeunes vers le haut de la rivière et évitent la compétition.

Et quand les animaux ne peuvent ni s'endormir, ni migrer, ni faire des réserves, ni cultiver eux-mêmes leur nourriture comme les fourmis, ils font ce que fait la mésange, et ce que Wallace (Darwinisme, ch. v) a décrit avec tant de charme : ils ont recours à de nouveaux types d'aliments – et ainsi, encore une fois, éviter la concurrence.

"Ne rivalisez pas ! La compétition est toujours préjudiciable à l'espèce, et vous disposez de nombreuses ressources pour l'éviter !" Telle est la tendance de la nature, pas toujours pleinement réalisée, mais toujours présente. C'est le mot d'ordre qui nous vient de la brousse, de la forêt, de la rivière, de l'océan. « Combinez donc, pratiquez l'entraide ! C'est le moyen le plus sûr pour donner à chacun et à tous la plus grande sécurité, la meilleure garantie d'existence et de progrès corporel, intellectuel et moral. C'est ce que la nature nous enseigne ; et c'est ce qu'ont fait tous les animaux qui ont atteint la position la plus élevée dans leurs classes respectives. C'est aussi ce que fait l'homme – l'homme le plus primitif ; et c'est pourquoi l'homme a atteint la position dans laquelle nous nous trouvons aujourd'hui, comme nous le verrons dans les chapitres suivants consacrés à l'entraide dans les sociétés humaines.

REMARQUES:

1. Phénomènes périodiques de Syevettsoff , p. 251.

2. Seyfferlitz , cité par Brehm, iv. 760.

3. Les voyages arctiques d'AE Nordenskjold, Londres, 1879, p. 135. Voir aussi la puissante description des îles St. Kilda par M. Dixon (citée par Seebohm) et presque tous les livres de voyages dans l'Arctique.

4. Elliot Coues, dans Bulletin US Geol. Enquête sur les territoires, iv. N° 7, pp. 556, 579, etc. Parmi les goélands (Larus argentatus), Polyakoff a vu, dans un marais du nord de la Russie, que les aires de nidification d'un très grand nombre de ces oiseaux étaient toujours patrouillées par un mâle, qui prévenait la colonie de l'approche du danger. Tous les oiseaux se levèrent dans ce cas et attaquèrent l'ennemi avec une grande vigueur . Les femelles, qui avaient cinq ou six nids réunis sur chaque butte du marais, gardaient un certain ordre en sortant de leur nid à la recherche de nourriture. Les oisillons, qui autrement sont extrêmement non protégés et deviennent facilement la proie des oiseaux rapaces, n'ont jamais été laissés seuls ("Family Habits Among the Aquatic Birds", dans Proceedings of the Zool. Section of St. Petersburg Soc. of Nat., déc. .17, 1874).

5. Père Brehm, cité par A. Brehm, iv. 34 suiv. Voir aussi l'Histoire naturelle de Selborne de White , Lettre XI.

6. Dr Coues, Birds of Dakota and Montana, dans Bulletin US Survey of Territories, iv. N°7.

7. On a souvent laissé entendre que des oiseaux plus gros pouvaient occasionnellement transporter certains oiseaux plus petits lorsqu'ils traversaient ensemble la Méditerranée, mais le fait reste encore douteux. Par contre, il est certain que certains oiseaux plus petits rejoignent les plus gros pour la migration. Le fait a été constaté à plusieurs reprises, et il a été récemment confirmé par L. Buxbaum à Raunheim . Il vit plusieurs groupes de grues qui faisaient voler des alouettes au milieu et de part et d'autre de leurs colonnes migratoires (Der zoologische Garten, 1886, p. 133).

8. H. Seebohm et Ch. Dixon mentionne tous deux cette habitude.

9. Le fait est bien connu de tout naturaliste de terrain, et en ce qui concerne l'Angleterre, plusieurs exemples peuvent être trouvés dans Among the Birds in Northern Shires de Charles Dixon. Les pinsons arrivent pendant l'hiver en vastes bandes ; et à peu près à la même époque, c'est-à-dire en novembre, arrivent des troupeaux de ronces ; les redwings fréquentent également les mêmes endroits « dans de grandes entreprises similaires », et ainsi de suite (pp. 165, 166).

10. SW Baker, Bêtes sauvages, etc., vol. je . p. 316.

11. Tschudi, Thierleben der Alpenwelt , p. 404.

12. Les études de Houzeau , ii. 463.

13. Pour leurs associations de chasseurs, voir Natural History of Ceylan de Sir E. Tennant, cité dans Romanes's Animal Intelligence, p. 432.

14. Voir la lettre d'Emil Huter dans Liebe de L. Buchner.

15. En ce qui concerne la viscache, il est très intéressant de noter que ces petits animaux très sociables non seulement vivent paisiblement ensemble dans chaque village, mais que des villages entiers se rendent visite la nuit. La sociabilité s'étend ainsi à l'espèce entière, et non seulement à une société donnée, ou à une nation, comme nous l'avons vu avec les fourmis. Lorsque le fermier détruit un terrier de viscaches et enterre les habitants sous un tas de terre, d'autres viscaches — nous dit Hudson — « viennent de loin pour déterrer celles qui sont enterrées vivantes » (lc, p. 311). C'est un fait largement connu à La Plata, vérifié par l'auteur.

16. Handbuch für Jäger und Jagdberechtigte , cité par Brehm, ii. 223.

Histoire naturelle de Buffon .

18. A propos des chevaux, il est à noter que le zèbre quagga, qui ne se rencontre jamais avec le zèbre dauw , vit néanmoins en excellentes relations,

non seulement avec les autruches, qui sont de très bonnes sentinelles, mais aussi avec les gazelles, plusieurs espèces. d'antilopes et de gnous. Nous avons donc un cas d'aversion mutuelle entre le quagga et le dauw qui ne peut s'expliquer par une compétition pour la nourriture. Le fait que le quagga cohabite avec des ruminants se nourrissant de la même herbe que lui exclut cette hypothèse, et il faut chercher une incompatibilité de caractère, comme dans le cas du lièvre et du lapin. Cf., entre autres, Big Game Shooting de Clive Phillips-Wolley (Badminton Library), qui contient d'excellentes illustrations de diverses espèces vivant ensemble en Afrique de l'Est.

19. Notre chasseur Toungouse, qui allait se marier et qui était donc animé par le désir d'obtenir le plus de fourrures possible, parcourait toute la journée les flancs des collines à cheval à la recherche de cerfs. Ses efforts n'ont pas été récompensés par un seul daim tué chaque jour ; et c'était un excellent chasseur.

20. Selon Samuel W. Baker, les éléphants se regroupent en groupes plus grands que la « famille composée ». "J'ai fréquemment observé", écrit-il, "dans la partie de Ceylan connue sous le nom de Park Country, les traces d'éléphants en grand nombre qui étaient évidemment des troupeaux considérables qui se sont rassemblés dans une retraite générale d'un terrain qu'ils considéraient comme peu sûr. " (Les bêtes sauvages et leurs voies, vol. I. p. 102).

21. Les cochons attaqués par les loups font de même (Hudson, lc).

22. L'intelligence animale de Romanes, p. 472.

23. Brehm, je . 82 ; La Descente de l'Homme de Darwin, ch. iii. L'expédition Kozloff de 1899-1901 a également dû soutenir dans le nord du Tibet un combat similaire.

24. Il était d'autant plus étrange de lire dans l'article de Huxley cité précédemment la paraphrase suivante d'une phrase bien connue de Rousseau : « Les premiers hommes qui substituèrent la paix mutuelle à celle de la guerre mutuelle, quel que soit le motif qui les poussa à franchissez ce pas : créez la société » (Nineteenth Century, février 1888, p. 165). La société n'a pas été créée par l'homme ; il est antérieur à l'homme.

25. Des monographies telles que le chapitre sur « La musique et la danse dans la nature » que nous avons dans le Naturalist on the La Plata de Hudson, et Play of Animals de Carl Gross, ont déjà jeté une lumière considérable sur un instinct absolument universel dans la nature.

26. Non seulement de nombreuses espèces d'oiseaux ont l'habitude de se rassembler — dans de nombreux cas toujours au même endroit — pour se livrer à des pitreries et à des spectacles de danse, mais l'expérience de WH

Hudson est que presque tous les mammifères et les oiseaux (« il n'y a probablement en réalité aucun exceptions") se livrent fréquemment à des performances plus ou moins régulières ou figées avec ou sans son, ou composées exclusivement de sons (p. 264).

27. Pour les chœurs de singes, voir Brehm.

28. Haygarth , Bush Life en Australie, p. 58.

29. Pour ne citer que quelques exemples, un blaireau blessé a été emporté par un autre blaireau apparu soudainement sur les lieux ; des rats ont été vus nourrissant un couple d'aveugles (Seelenleben der Thiere , p. 64 suiv.). Brehm lui-même a vu deux corbeaux nourrir dans un arbre creux un troisième corbeau blessé ; sa blessure datait de plusieurs semaines (Hausfreund , 1874, 715 ; Buchner's Liebe, 203). M. Blyth a vu des corbeaux indiens nourrir deux ou trois camarades aveugles ; et ainsi de suite.

30. L'Homme et la Bête, p. 344.

31. LH Morgan, Le castor américain, 1868, p. 272 ; Descente de l'Homme, ch. iv.

32. Une espèce d'hirondelle aurait causé le déclin d'une autre espèce d'hirondelle en Amérique du Nord ; la récente augmentation de la grive missel en Écosse a provoqué la diminution de la grive musicienne ; le rat brun a remplacé le rat noir en Europe ; en Russie, la petite blatte a partout chassé devant elle son plus grand congénère ; et en Australie, l'abeille domestique importée extermine rapidement la petite abeille sans dard. Deux autres cas, mais relatifs aux animaux domestiques, sont mentionnés dans le paragraphe précédent. Tout en rappelant ces mêmes faits, AR Wallace remarque dans une note relative aux grives écossaises : "Le professeur A. Newton m'informe cependant que ces espèces n'interfèrent pas de la manière indiquée ici" (Darwinisme, p. 34). Quant au rat surmulot, on sait qu'en raison de ses habitudes amphibiennes, il séjourne habituellement dans les parties basses des habitations humaines (caves basses, égouts, etc.), ainsi qu'au bord des canaux et des rivières ; il entreprend également des migrations lointaines en bandes innombrables. Le rat noir, au contraire, préfère séjourner dans nos habitations elles-mêmes, sous le plancher, ainsi que dans nos écuries et nos granges. Il est donc beaucoup plus exposé à être exterminé par l'homme ; et nous ne pouvons pas affirmer avec certitude que le rat noir est soit exterminé, soit affamé par le rat surmulot et non par l'homme.

33. « Mais on peut affirmer que lorsque plusieurs espèces étroitement alliées habitent le même territoire, nous devrions sûrement trouver à l'heure actuelle de nombreuses formes de transition…. Selon ma théorie, ces espèces alliées descendent d'un parent commun ; et pendant la période processus de modification, chacun s'est adapté aux conditions de vie de sa propre région,

et a supplanté et exterminé sa forme parentale originale et toutes les variétés de transition entre ses états passé et présent » (Origine des espèces, 6e éd. p. 134); aussi p. 137, 296 (tout le paragraphe "Sur l'extinction").

34. D'après Madame Marie Pavloff, qui a fait une étude spéciale sur ce sujet, ils émigrèrent de l'Asie en Afrique, y restèrent quelque temps, et revinrent ensuite en Asie. Que cette double migration soit confirmée ou non, le fait d'une extension antérieure de l'ancêtre de notre cheval sur l'Asie, l'Afrique et l'Amérique est établi sans aucun doute.

35. Le naturaliste sur le fleuve Amazone, ii. 85, 95.

36. Dr B. Altum, Waldbeschadigungen par Thiere und Gegenmittel (Berlin, 1889), pp. 207 suiv.

37. Dr B. Altum, ut supra, pp. 13 et 187.

38. A. Becker dans le Bulletin de la Société des Naturalistes de Moscou , 1889, p. 625.

39. Russkaïa Mysl , septembre 1888 : « La théorie de la bienfaisance de la lutte pour la vie, étant une préface à divers traités de botanique , de zoologie et de vie humaine », par un vieux transformiste.

40. "L'un des modes les plus fréquents dans lesquels la sélection naturelle agit consiste à adapter certains individus d'une espèce à un mode de vie quelque peu différent, grâce auquel ils sont capables de s'emparer de lieux inappropriés dans la nature" (Origine des espèces, p. 145).), autrement dit pour éviter la concurrence.

CHAPITRE III

ENTRAIDE MUTUELLE ENTRE SAUVAGES

Guerre supposée de chacun contre tous. Origine tribale de la société humaine. Apparition tardive de la famille séparée. Bushmen et Hottentots. Australiens, Papous . Esquimaux, Aléoutes . Caractéristiques de la vie sauvage difficiles à comprendre pour l'Européen. La conception Dayak de la justice. Loi commune.

Le rôle immense joué par l'entraide et le soutien mutuel dans l'évolution du monde animal a été brièvement analysé dans les chapitres précédents. Il nous faut maintenant jeter un coup d'œil sur le rôle joué par ces mêmes agents dans l'évolution de l'humanité. Nous avons vu combien rares sont les espèces animales qui vivent isolées, et combien sont innombrables celles qui vivent en société, soit pour se défendre mutuellement , soit pour chasser et stocker leur nourriture, soit pour élever leur progéniture, soit simplement pour jouir de la vie en commun. . Nous avons également vu que, bien que de nombreuses guerres aient lieu entre différentes classes d'animaux, ou entre différentes espèces, ou même entre différentes tribus de la même espèce, la paix et le soutien mutuel sont la règle au sein de la tribu ou de l'espèce ; et que les espèces qui savent le mieux se combiner et éviter la compétition ont les meilleures chances de survie et de développement progressif. Ils prospèrent, tandis que les espèces insociables dépérissent.

Il est évident qu'il serait tout à fait contraire à tout ce que nous savons de la nature si les hommes faisaient exception à une règle aussi générale : si une créature aussi sans défense que l'était l'homme à ses débuts avait trouvé sa protection et sa voie pour progresser, non pas dans un soutien mutuel, comme les autres animaux, mais dans une compétition effrénée pour des avantages personnels, au mépris des intérêts de l'espèce. Pour un esprit habitué à l'idée de l'unité de la nature, une telle proposition paraît totalement indéfendable. Et pourtant, aussi improbable et peu philosophique soit-il, il n'a jamais manqué de partisans. Il y a toujours eu des écrivains qui ont eu une vision pessimiste de l'humanité. Ils le savaient, plus ou moins superficiellement, grâce à leur propre expérience limitée ; ils savaient de l'histoire ce que les annalistes , toujours attentifs aux guerres, à la cruauté et à l'oppression, en racontaient, et guère plus encore ; et ils conclurent que l'humanité n'est rien d'autre qu'un agrégat lâche d'êtres, toujours prêts à se battre les uns contre les autres, et qui n'en sont empêchés que par l'intervention de quelque autorité.

Hobbes a adopté cette position ; et tandis que certains de ses disciples du XVIIIe siècle s'efforçaient de prouver qu'à aucune époque de son existence, pas même dans sa condition la plus primitive, l'humanité n'a vécu dans un état de guerre perpétuelle ; que les hommes ont été sociables même dans « l'état de nature », et que le manque de connaissance, plutôt que les mauvais penchants naturels de l'homme, a conduit l'humanité à toutes les horreurs de sa première vie historique, — son idée était, au contraire, que le soi-disant « état de nature » n'était qu'un combat permanent entre des individus accidentellement serrés les uns contre les autres par le simple caprice de leur existence bestiale. Il est vrai que la science a fait quelques progrès depuis l'époque de Hobbes et que nous disposons d'un terrain plus sûr sur lequel nous appuyer que les spéculations de Hobbes ou de Rousseau. Mais la philosophie hobbesienne a encore de nombreux admirateurs ; et nous avons eu récemment toute une école d'écrivains qui, s'emparant de la terminologie de Darwin plutôt que de ses idées principales, en ont fait un argument en faveur des vues de Hobbes sur l'homme primitif, et ont même réussi à leur donner une apparence scientifique. Huxley, comme on le sait, a pris la tête de cette école et, dans un article rédigé en 1888, il a représenté les hommes primitifs comme des sortes de tigres ou de lions, privés de toute conception éthique, menant la lutte pour l'existence jusqu'au bout. vivre une vie de « combat libre et continu » ; pour citer ses propres mots : « au-delà des relations familiales limitées et temporaires, la guerre hobbesienne de chacun contre tous était l'état normal de l'existence. »(1)

On a fait remarquer plus d'une fois que la principale erreur de Hobbes, ainsi que des philosophes du XVIIIe siècle, était d'imaginer que l'humanité commençait sa vie sous la forme de petites familles dispersées, quelque chose comme les familles « limitées et temporaires » des temps modernes. carnivores plus gros, alors qu'en réalité, on sait désormais avec certitude que tel n'était pas le cas. Bien entendu, nous n'avons aucune preuve directe des modes de vie des premiers êtres semblables à l'homme. Nous ne sommes pas encore fixés même quant à l'époque de leur première apparition, les géologues étant actuellement enclins à en voir des traces dans les dépôts pliocènes , voire miocènes , de l'époque tertiaire. Mais nous avons la méthode indirecte qui nous permet de jeter quelque lumière même sur cette antiquité lointaine. Une enquête très minutieuse sur les institutions sociales des races les plus inférieures a été menée au cours des quarante dernières années, et elle a révélé parmi les institutions actuelles des peuples primitifs quelques traces d'institutions encore plus anciennes qui ont disparu depuis longtemps, mais qui ont néanmoins laissé des traces indubitables de leur existence antérieure. Toute une science consacrée à l'embryologie des institutions humaines s'est ainsi développée entre les mains de Bachofen, MacLennan, Morgan, Edwin Tylor, Maine, Post, Kovalevsky, Lubbock et bien d'autres. Et cette science a établi sans aucun doute que l'humanité n'a pas commencé sa vie sous la forme de petites familles isolées.

Loin d'être une forme primitive d'organisation, la famille est un produit très tardif de l'évolution humaine. Aussi loin que l'on puisse remonter dans la paléo -ethnologie de l'humanité, on trouve des hommes vivant en sociétés, en tribus semblables à celles des mammifères les plus élevés ; et il a fallu une évolution extrêmement lente et longue pour amener ces sociétés à l'organisation gentilice ou clanique, qui, à son tour, a dû subir une autre évolution, également très longue, avant que puissent apparaître les premiers germes de famille, polygame ou monogame. . Les sociétés, les bandes ou les tribus – et non les familles – constituaient donc la forme primitive d'organisation de l'humanité et de ses premiers ancêtres. C'est à cela qu'est arrivée l'ethnologie après de minutieuses recherches. Et ce faisant, nous sommes simplement parvenus à ce qui aurait pu être prévu par le zoologiste. Aucun des mammifères supérieurs, à l'exception de quelques carnivores et de quelques espèces de singes sans doute en voie de disparition (orangs-outans et gorilles), ne vit en petites familles, isolées dans les bois. Tous les autres vivent en société. Et Darwin avait si bien compris que les singes vivant isolément n'auraient jamais pu se développer pour devenir des êtres semblables à l'homme, qu'il était enclin à considérer l'homme comme le descendant d'une espèce relativement faible mais sociale, comme le chimpanzé, plutôt que d'une espèce plus forte mais insociable. comme le gorille. (2) La zoologie et la paléo -ethnologie s'accordent donc pour considérer que la bande, et non la famille, fut la première forme de vie sociale. Les premières sociétés humaines étaient simplement un développement ultérieur de ces sociétés qui constituent l'essence même de la vie des animaux supérieurs.(3)

Si nous passons maintenant aux preuves positives, nous voyons que les premières traces de l'homme, datant de la période glaciaire ou du début de la période postglaciaire, fournissent des preuves indubitables de la vie de l'homme déjà alors en société. Les découvertes isolées d'outils en pierre, même datant de l'âge de la pierre ancienne, sont très rares ; au contraire, partout où l'on découvre un instrument en silex, on en trouve sûrement d'autres, le plus souvent en très grande quantité. A l'époque où les hommes habitaient dans des grottes, ou sous des rochers parfois saillants, en compagnie de mammifères aujourd'hui disparus, et où ils parvenaient à peine à fabriquer les haches de silex les plus grossières, ils connaissaient déjà les avantages de la vie en société. Dans les vallées des affluents de la Dordogne, la surface des roches est par endroits entièrement recouverte de grottes qui furent habitées par des civilisations paléolithiques. hommes.(4) Parfois les habitations troglodytes sont superposées en étages , et elles rappellent certainement beaucoup plus les colonies nicheuses d'hirondelles que les tanières des carnivores. Quant aux instruments en silex découverts dans ces grottes, pour reprendre les mots de Lubbock, « on peut dire sans exagération qu'ils sont innombrables ». Il en va de même pour d'autres stations paléolithiques . Il ressort également des enquêtes de Lartet que les habitants de la région d'Aurignac dans le sud de la France prenaient des repas tribaux à l'occasion de l'enterrement de leurs morts. De sorte que les hommes vivaient en sociétés et portaient les germes d'un culte tribal, même à cette époque extrêmement reculée.

La même chose est encore mieux prouvée en ce qui concerne la dernière partie de l'âge de pierre. Les traces de l'homme néolithique ont été retrouvées en quantités innombrables, de sorte que nous pouvons reconstituer dans une large mesure son mode de vie. Lorsque la calotte glaciaire (qui devait s'étendre des régions polaires jusqu'au centre de la France, du centre de l'Allemagne et du centre de la Russie, et qui couvrait le Canada ainsi qu'une bonne partie de ce qui est aujourd'hui les États-Unis) commença à fondre, les surfaces libérées des glaces furent couvertes d'abord de marécages et de marécages, puis d'innombrables lacs.(5) Les lacs remplissaient toutes les dépressions des vallées avant que leurs eaux ne creusent ces canaux permanents qui, à une époque ultérieure, devinrent nos rivières. . Et partout où nous explorons, en Europe, en Asie ou en Amérique, les rives des lacs littéralement innombrables de cette époque, dont le nom propre serait la période lacustre, nous trouvons des traces de l'homme néolithique. Ils sont si nombreux qu'on ne peut que s'interroger sur la densité relative de population à cette époque. Les « stations » de l'homme néolithique se succèdent étroitement sur les terrasses qui jalonnent désormais les rives des anciens lacs. Et à chacune de ces stations, les instruments de pierre apparaissent en si grand nombre qu'il n'est pas possible de douter de la durée pendant laquelle ils furent habités par des tribus assez nombreuses. Des ateliers entiers d' outils en silex , témoignant du nombre d'ouvriers qui s'y réunissaient, ont été découverts par les archéologues.

Des traces d'une époque plus avancée, déjà caractérisée par l'usage de quelques poteries, se retrouvent dans les tas de coquillages du Danemark. Ils apparaissent, comme on le sait, sous la forme de tas de cinq à dix pieds d'épaisseur, de 100 à 200 pieds de large et 1 000 pieds ou plus de longueur, et ils sont si communs le long de certaines parties de la côte que pour ils ont longtemps été considérés comme des excroissances naturelles. Et pourtant, ils « ne contiennent rien d'autre que ce qui a été d'une manière ou d'une autre soumis à l'usage de l'homme », et ils sont si densément remplis de produits de l'industrie humaine que, pendant un séjour de deux jours à Milgaard , Lubbock n'en a pas moins déterré. plus de 191 pièces d'outils en pierre et quatre fragments de poterie.(6) La taille et l'extension mêmes des tas de coquillages prouvent que pendant des générations et des générations, les côtes du Danemark ont été habitées par des centaines de petites tribus qui vivaient certainement ensemble aussi paisiblement que les autres. Les tribus fuégiennes, qui s'accumulent elles aussi comme des tas d'obus , vivent de nos jours.

Quant aux habitats lacustres de la Suisse, qui représentent un progrès encore plus avancé dans la civilisation, ils fournissent des témoignages encore meilleurs de la vie et du travail en société. On sait que même à l'âge de pierre, les rives des lacs suisses étaient parsemées d'une succession de villages, chacun constitué de plusieurs cabanes et construit sur une plate-forme soutenue par d'innombrables piliers dans le lac. Pas moins de vingt-quatre villages, pour la plupart de l'âge de pierre, ont été découverts sur les rives du lac Léman, trente-deux dans le lac de Constance, quarante-six dans le lac de Neuchâtel, etc. et chacun d'eux témoigne de l'immense quantité de travail qui était dépensé en commun par la tribu et non par la famille. On a même affirmé que la vie des habitants des lacs devait être remarquablement exempte de guerre. Et c'était probablement le cas, surtout si l'on se réfère à la vie des peuples primitifs qui vivent jusqu'à nos jours dans des villages similaires construits sur des piliers sur les côtes de la mer.

On voit donc, même à partir des indications rapides ci-dessus, que notre connaissance de l'homme primitif n'est finalement pas si maigre et que, dans la mesure où elle va, elle est plutôt opposée que favorable aux spéculations hobbesiennes. En outre, elle peut être complétée, dans une large mesure, par l'observation directe de tribus primitives qui se trouvent aujourd'hui au même niveau de civilisation que les habitants de l'Europe à l'époque préhistorique.

Edwin Tylor et Lubbock ont suffisamment prouvé que ces tribus primitives que nous trouvons aujourd'hui ne sont pas des spécimens dégénérés de l'humanité ayant connu autrefois une civilisation supérieure, comme on l'a parfois soutenu. Cependant, aux arguments déjà opposés à la théorie de la dégénérescence, on peut ajouter les suivants. Hormis quelques tribus regroupées dans les hauts plateaux les moins accessibles, les « sauvages » représentent une ceinture qui encercle les nations plus ou moins civilisées, et ils occupent les extrémités de nos continents, dont la plupart ont conservé encore, ou portaient récemment, une caractère postglaciaire précoce. Tels sont les Esquimaux et leurs congénères du Groenland, de l'Amérique arctique et de la Sibérie du Nord ; et, dans l'hémisphère sud, les Australiens, les Papous , les Fuégiens et, en partie, les Bushmen ; tandis que dans la zone civilisée, les peuples primitifs ne se trouvent que dans l'Himalaya, les hauts plateaux d'Australasie et les plateaux du Brésil. Or, il faut garder à l'esprit que l'ère glaciaire n'a pas pris fin d'un seul coup sur toute la surface de la terre. Cela continue toujours au Groenland. Ainsi, à une époque où les régions littorales de l'océan Indien, de la Méditerranée ou du golfe du Mexique jouissaient déjà d'un climat plus chaud et devenaient les sièges de civilisations supérieures, d'immenses territoires en Europe centrale, en Sibérie et en Amérique du Nord, ainsi que comme en Patagonie, en Afrique australe et en Australasie méridionale, sont restés dans des conditions postglaciaires précoces qui les ont rendus inaccessibles aux nations civilisées des zones torrides et subtorrides. Ils étaient à cette époque ce que sont aujourd'hui les terribles ourmans du nord-ouest de la Sibérie, et leur population, inaccessible et épargnée par la civilisation, a conservé les caractères des premiers hommes postglaciaires. Plus tard, lorsque la dessiccation rendit ces territoires plus propices à l'agriculture, ils furent peuplés d'immigrants plus civilisés ; et tandis qu'une partie de leurs anciens habitants était assimilée par les nouveaux colons, une autre partie migrait plus loin et s'installait là où nous les trouvons. Les territoires qu'ils habitent aujourd'hui sont encore, ou étaient récemment, sous-glaciaires, quant à leurs caractéristiques physiques ; leurs arts et instruments sont ceux de l'âge néolithique ; et, malgré leurs différences raciales et les distances qui les séparent, leurs modes de vie et leurs institutions sociales présentent une ressemblance frappante. Nous ne pouvons donc que les considérer comme des fragments de la première population postglaciaire de la région désormais civilisée.

La première chose qui nous frappe dès que l'on commence à étudier les peuples primitifs est la complexité de l'organisation des relations matrimoniales dans lesquelles ils vivent. Chez la plupart d'entre eux, la famille, au sens que nous lui attribuons, se retrouve à peine dans ses germes. Mais il ne s'agit en aucun cas d'agrégations lâches d'hommes et de femmes s'assemblant de manière désordonnée au gré de leurs caprices du moment. Tous sont soumis à une certaine organisation, qui a été décrite par Morgan dans ses aspects généraux comme l'organisation « gentille » ou clanique .(7)

Pour dire les choses aussi brièvement que possible, il ne fait guère de doute que l'humanité a traversé à ses débuts une étape que l'on peut décrire comme celle du « mariage communautaire » ; c'est-à-dire que toute la tribu avait des maris et des femmes en commun sans se soucier de la consanguinité. Mais il est également certain que certaines restrictions à cette liberté de relations sexuelles ont été imposées très tôt. Les mariages mixtes furent bientôt interdits entre les fils d'une mère et ses sœurs, petites-filles et tantes. Plus tard , cela fut interdit entre les fils et les filles d'une même mère, et d'autres limitations ne manquèrent pas de suivre. L'idée d'une gens, ou clan, incarnant tous les descendants présumés d'une même souche (ou plutôt tous ceux qui se rassemblaient en un seul groupe) fut développée, et le mariage au sein du clan fut totalement interdit. Elle reste toujours « communautaire », mais il faut que la femme ou le mari soit issu d'un autre clan. Et quand une gens devenait trop nombreuse et se subdivisait en plusieurs gentes, chacune d'elles était divisée en classes (généralement quatre), et le mariage n'était permis qu'entre certaines classes bien définies. C'est le stade que nous trouvons aujourd'hui parmi les Australiens parlant le Kamilaroi . Quant à la famille, ses premiers germes apparaissent au sein de l'organisation clanique. Une femme capturée à la guerre dans un autre clan, et qui autrefois aurait appartenu à la gens entière, pouvait être gardée plus tard par le ravisseur, sous certaines obligations envers la tribu. Il peut la conduire dans une hutte séparée, après avoir payé un certain tribut au clan, et constituer ainsi au sein de la gens une famille à part, dont l'apparition ouvrait évidemment une phase toute nouvelle de civilisation.

Or, si l'on considère que cette organisation compliquée s'est développée parmi des hommes qui se trouvaient au plus bas degré de développement connu, et qu'elle s'est maintenue dans des sociétés ne connaissant aucune sorte d'autorité en dehors de celle de l'opinion publique, nous voyons immédiatement combien profondément enracinée les instincts sociaux doivent avoir été dans la nature humaine, même à ses stades les plus bas. Un sauvage capable de vivre sous une telle organisation et de se soumettre librement à des règles qui entrent continuellement en conflit avec ses désirs personnels n'est certainement pas une bête dépourvue de principes éthiques et ne connaissant aucun contrôle sur ses passions. Mais le fait devient encore plus frappant si l'on considère l'immense antiquité de l'organisation clanique. On sait maintenant que les Sémites primitifs, les Grecs d'Homère, les Romains préhistoriques, les Germains de Tacite, les premiers Celtes et les premiers Slaves, ont tous connu leur propre période d'organisation clanique, étroitement analogue à celle des Australiens, la Les Peaux-Rouges, les Esquimaux et autres habitants de la « ceinture sauvage »(9). Il faut donc admettre que soit l'évolution des lois sur le mariage s'est déroulée de la même manière parmi toutes les races humaines, soit les rudiments des règles du clan se sont développés chez quelques ancêtres communs des Sémites, les Aryens, les Polynésiens, etc., avant que leur différenciation en races distinctes ait eu lieu, et que ces règles ont été maintenues, jusqu'à présent, entre des races depuis longtemps séparées de la souche commune. Les deux alternatives impliquent cependant une ténacité tout aussi frappante de l'institution – une telle ténacité qu'aucune agression de l'individu ne pourrait la briser au cours des dizaines de milliers d'années qu'elle a existé. La persistance même de l'organisation clanique montre combien il est totalement faux de représenter l'humanité primitive comme un agglomération désordonnée d'individus, qui n'obéissent qu'à leurs passions individuelles et profitent de leur force personnelle et de leur ruse contre tous les autres représentants de l'espèce. L'individualisme débridé est une évolution moderne, mais il n'est pas caractéristique de l'humanité primitive.(10)

Passant maintenant aux sauvages actuels, nous pouvons commencer par les Bushmen, qui se situent à un niveau de développement très bas, si bas qu'ils n'ont pas d'habitation et dorment dans des trous creusés dans le sol, parfois protégés par quelques écrans. On sait que lorsque les Européens se sont installés sur leur territoire et ont détruit les cerfs, les Bushmen ont commencé à voler le bétail des colons, après quoi une guerre d'extermination, trop horrible pour être racontée ici, a été menée contre eux. Cinq cents Bushmen furent massacrés en 1774, trois mille en 1808 et 1809 par l'Alliance des Fermiers, etc. Ils ont été empoisonnés comme des rats, tués par des chasseurs en embuscade devant la carcasse de quelque animal, tués partout où ils se trouvaient .(11) De sorte que notre connaissance des Bushmen, étant principalement empruntée à ces mêmes personnes qui les ont exterminés, est nécessairement limitée. Mais nous savons néanmoins qu'à l'arrivée des Européens, les Bushmen vivaient en petites tribus (ou clans), parfois fédérées entre elles ; qu'ils chassaient en commun et partageaient le butin sans se disputer ; qu'ils n'abandonnaient jamais leurs blessés et témoignaient une grande affection à leurs camarades. Lichtenstein raconte l'histoire la plus touchante d'un Bushman, presque noyé dans une rivière, qui fut secouru par ses compagnons. Ils ôtèrent leurs fourrures pour le couvrir et frissonnèrent ; ils l'ont séché, l'ont frotté devant le feu et ont enduit son corps de graisse chaude jusqu'à ce qu'ils le ramènent à la vie. Et lorsque les Bushmen trouvèrent, en la personne de Johan van der Walt, un homme qui les traitait bien, ils exprimèrent leur gratitude par un attachement des plus touchants envers cet homme.(12) Burchell et Moffat les représentent tous deux comme étant bons, désintéressés, fidèles à leurs promesses. , et reconnaissant(13), toutes qualités qui ne pouvaient se développer qu'en étant pratiquées au sein de la tribu. Quant à leur amour pour les enfants, il suffit de dire que lorsqu'un Européen souhaitait faire d'une femme Bushman une esclave, il lui vola son enfant : la mère était sûre de devenir esclave pour partager le sort de son enfant.(14)

Les mêmes mœurs sociales caractérisent les Hottentots, qui sont à peine plus développés que les Bushmen. Lubbock les décrit comme « les animaux les plus sales », et ils le sont vraiment. Une fourrure suspendue au cou et portée jusqu'à ce qu'elle tombe en morceaux, c'est tout leur habillement ; leurs huttes sont constituées de quelques bâtons assemblés et recouverts de nattes, sans aucun meuble à l'intérieur. Et bien qu'ils élevaient des bœufs et des moutons, et semblent avoir connu l'usage du fer avant de faire la connaissance des Européens, ils occupent encore l'un des degrés les plus bas de l'échelle humaine. Et pourtant, ceux qui les ont connus ont hautement loué leur sociabilité et leur volonté d'entraide. Si quelque chose est donné à un Hottentot, il le partage immédiatement entre toutes les personnes présentes, habitude qui, comme on le sait, a tant frappé Darwin parmi les Fuégiens. Il ne peut pas manger seul et, même s'il a faim, il appelle ceux qui passent par là pour partager sa nourriture. Et lorsque Kolben en exprima son étonnement, il reçut la réponse. "C'est la manière Hottentote." Mais ce n'est pas seulement une manière de faire des Hottentots : c'est une habitude presque universelle parmi les « sauvages ». Kolben, qui connaissait bien les

Hottentots et ne passait pas sous silence leurs défauts, ne pouvait que vanter assez haut leur moralité tribale.

"Leur parole est sacrée", écrit-il. Ils ne connaissent « rien de la corruption et des arts infidèles de l'Europe ». "Ils vivent dans une grande tranquillité et sont rarement en guerre avec leurs voisins ." Ils sont « tous gentils et bienveillants les uns envers les autres. L'un des plus grands plaisirs des Hottentots réside certainement dans leurs cadeaux et leurs bons offices les uns envers les autres ». "L'intégrité des Hottentots, leur rigueur et leur célérité dans l'exercice de la justice, ainsi que leur chasteté, sont des choses dans lesquelles ils surpassent toutes ou la plupart des nations du monde."(15)

Tachart , Barrow et Moodie(16) confirment pleinement le témoignage de Kolben. Permettez-moi seulement de remarquer que lorsque Kolben écrivait que « ce sont certainement les peuples les plus amicaux , les plus libéraux et les plus bienveillants les uns envers les autres qui soient jamais apparus sur la terre » (i . 332), il a écrit une phrase qui est continuellement apparue depuis dans la description des sauvages. Lors de leur première rencontre avec des races primitives, les Européens font généralement une caricature de leur vie ; mais lorsqu'un homme intelligent est resté parmi eux pendant une période plus longue, il les décrit généralement comme la race « la plus gentille » ou « la plus douce » de la terre. Ces mêmes mots ont été appliqués aux Ostiaks , aux Samoyèdes , aux Esquimaux, aux Dayaks, aux Aléoutes , aux Papous , etc., par les plus hautes autorités. Je me souviens aussi de les avoir lus appliqués aux Toungouses, aux Tchouktchis , aux Sioux et à plusieurs autres. La fréquence même de ces éloges en dit long en soi.

Les natifs d'Australie n'ont pas un niveau de développement plus élevé que leurs frères sud-africains. Leurs cabanes ont le même caractère : bien souvent de simples écrans constituent la seule protection contre les vents froids. Dans leur nourriture, ils sont des plus indifférents : ils dévorent des cadavres horriblement putréfiés, et on a recours au cannibalisme en période de disette. Lorsqu'ils furent découverts pour la première fois par les Européens, ils n'avaient d'autre instrument qu'en pierre ou en os, et ceux-ci étaient de la description la plus grossière. Certaines tribus n'avaient même pas de pirogues et ne connaissaient pas le troc. Et pourtant, lorsque leurs mœurs et leurs coutumes furent soigneusement étudiées, ils se révélèrent vivre selon cette organisation clanique élaborée que j'ai mentionnée à la page précédente.(17)

Le territoire qu'ils habitent est généralement réparti entre les différentes gentes ou clans ; mais les territoires de chasse et de pêche de chaque clan sont tenus en commun, et les produits de la pêche et de la chasse appartiennent à tout le clan ; de même les instruments de pêche et de chasse.(18) Les repas sont pris en commun. Comme beaucoup d'autres sauvages, ils respectent certaines réglementations quant aux saisons où certaines gommes et herbes peuvent être récoltées.(19) Quant à leur moralité dans son ensemble, nous ne pouvons mieux faire que de transcrire les réponses suivantes données aux questions de la Société Anthropologique de Paris par Lumholtz, un missionnaire qui a séjourné dans le nord du Queensland :(20)—

"Le sentiment d'amitié est connu entre eux ; il est fort. Les personnes faibles sont généralement soutenues ; les malades sont très bien soignés ; ils ne sont jamais abandonnés ni tués. Ces tribus sont cannibales, mais elles mangent très rarement les membres de leur propre tribu. (lorsqu'ils sont immolés sur des principes religieux, je suppose) ; ils ne mangent que des étrangers. Les parents aiment leurs enfants, jouent avec eux et les caressent. Les personnes âgées sont très bien traitées, sans aucune religion. , pas d'idoles, seulement la peur de la mort. Mariage polygame, les querelles survenant au sein de la tribu se règlent au moyen de duels combattus avec des épées et des boucliers en bois ; pas d'esclaves, pas de culture d'aucune sorte, pas de vêtements, sauf parfois un tablier ; porté par les femmes. Le clan se compose de deux cents individus, répartis en quatre classes d'hommes et quatre de femmes ; le mariage n'étant autorisé qu'au sein des classes habituelles, et jamais au sein de la gens.

Pour les Papous , nous avons, très proche de celui-ci, le témoignage de GL Bink, qui séjourna en Nouvelle-Guinée, principalement dans la baie de Geelwink , de 1871 à 1883. Voici l'essentiel de ses réponses au même questionneur : (21) :

"Ils sont sociables et joyeux; ils rient beaucoup. Plutôt timides que courageux. L'amitié est relativement forte entre les personnes appartenant à des tribus différentes, et encore plus forte au sein de la tribu. Un ami paiera souvent la dette de son ami, la stipulation étant que ceux-ci la rembourseront sans intérêts aux enfants du prêteur. Ils soignent les malades et les vieillards ne sont jamais abandonnés, et en aucun cas ils ne sont tués — à moins qu'il ne s'agisse d'un esclave longtemps malade ; Les prisonniers de guerre sont parfois mangés. Les enfants sont très choyés et aimés. Les prisonniers de guerre vieux et faibles sont tués, les autres sont vendus comme esclaves. Ils n'ont ni religion, ni idoles, ni autorité d'aucune sorte ; l'homme de la famille est le juge. En cas d'adultère, une amende est payée et une partie revient à la negoria (la communauté). La terre est conservée en commun, mais la récolte appartient à ceux qui l'ont cultivée. ils connaissent la poterie et le troc, la coutume étant que le marchand leur donne les marchandises, après quoi ils retournent chez eux et apportent les marchandises indigènes demandées par le marchand ; si ces dernières ne peuvent être obtenues, les marchandises européennes sont restituées.(22) Ce sont des chasseurs de têtes et, ce faisant, ils poursuivent une vengeance sanglante. "Parfois", dit Finsch , "l'affaire est portée devant le Rajah de Namototte , qui y met fin en infligeant une amende."

Bien traités , les Papous sont très gentils. Miklukho -Maclay débarqua sur la côte orientale de la Nouvelle-Guinée, suivi d'un seul homme, resta deux ans parmi des tribus réputées cannibales, et les quitta à regret ; il revint pour rester encore un an parmi eux, et n'eut jamais à se plaindre d'aucun conflit. Il est vrai que sa règle n'était jamais, sous aucun prétexte, de dire quoi que ce soit qui ne soit pas la vérité, ni de faire une promesse qu'il ne pouvait tenir. Ces pauvres êtres, qui ne savent même pas se procurer du feu et l'entretenir soigneusement dans leurs cases, vivent sous leur communisme primitif, sans chefs ; et dans leurs villages, ils n'ont pas de querelles dignes d'être évoquées. Ils travaillent en commun, juste assez pour subvenir à la nourriture de la journée ; ils élèvent leurs enfants en commun ; et le soir, ils s'habillent aussi coquettement qu'ils le peuvent et dansent. Comme tous les sauvages, ils aiment danser. Chaque village a son barla , ou balai , la « maison longue », la « longue maison » ou la « grande " maison " - pour les hommes célibataires, pour les réunions sociales et pour la discussion des affaires communes - encore une caractéristique qui est commune à la plupart des habitants des îles du Pacifique, les Esquimaux, les Peaux-Rouges, etc. en termes amicaux et se rendent visite en bloc.

Malheureusement, les querelles ne sont pas rares, non pas à cause d'un « surpeuplement de la région » ou d'une « vive concurrence » et comme des inventions d'un siècle marchand, mais principalement à cause de la superstition. Dès qu'une personne tombe malade, ses amis et ses proches se réunissent et discutent délibérément de la cause possible de la maladie. Tous les ennemis possibles sont examinés, chacun avoue ses petites querelles et enfin la véritable cause est découverte. Un ennemi du village voisin l'a appelé et un raid sur ce village est décidé. C'est pourquoi les querelles sont assez fréquentes, même entre les villages côtiers, sans parler des montagnards cannibales qui sont considérés comme de véritables sorcières et ennemis, même si, en les connaissant de plus près, ils se révèlent être exactement le même genre de personnes que leurs habitants. voisins au bord de la mer.(23)

De nombreuses pages marquantes pourraient être écrites sur l'harmonie qui règne dans les villages des habitants polynésiens des îles du Pacifique. Mais ils appartiennent à un stade de civilisation plus avancé. Nous allons donc maintenant prendre nos illustrations du Grand Nord. Je dois dire cependant, avant de quitter l'hémisphère sud, que même les Fuégiens, dont la réputation a été si mauvaise, apparaissent sous un bien meilleur jour depuis qu'ils commencent à être mieux connus. Quelques missionnaires français qui séjournent parmi eux « ne connaissent aucun acte de malveillance dont il puisse se plaindre ». Dans leurs clans, composés de 120 à 150 âmes, ils pratiquent le même communisme primitif que les Papous ; ils partagent tout en commun et traitent très bien leurs personnes âgées. La paix règne entre ces tribus (24). Avec les Esquimaux et leurs plus proches congénères, les

Thlinkets , les Koloshes et les Aleoutes , nous trouvons l'une des illustrations les plus proches de ce qu'a pu être l'homme à l'époque glaciaire. Leurs instruments ne diffèrent guère de ceux des hommes du Paléolithique , et certaines de leurs tribus ne savent pas encore pêcher : ils harponnent simplement les poissons avec une sorte de harpon.(25) Ils connaissent l'usage du fer, mais ils le reçoivent des Européens, ou trouvez-le sur des navires naufragés. Leur organisation sociale est d'un type très primitif, bien qu'ils soient déjà sortis du stade du « mariage communautaire », même sous les restrictions gentilices. Ils vivent en famille, mais les liens familiaux sont souvent rompus ; les maris et les femmes sont souvent échangés(26). Les familles restent cependant unies en clans, et comment pourrait-il en être autrement ? Comment pourraient-ils soutenir la dure lutte pour la vie sans une étroite combinaison de leurs forces ? C'est ce qu'ils font, et les liens tribaux sont les plus étroits là où la lutte pour la vie est la plus dure, à savoir dans le nord-est du Groenland. La « maison longue » est leur habitation habituelle, et plusieurs familles y logent, séparées les unes des autres par de petites cloisons de fourrures en lambeaux, avec un passage commun en façade. Parfois, la maison a la forme d'une croix et, dans ce cas, un feu commun est maintenu au centre . L'expédition allemande qui passa un hiver à proximité d'une de ces « longues maisons » put constater qu'« aucune querelle ne troubla la paix, aucune dispute ne surgit au sujet de l'usage de cet espace étroit » tout au long de l'hiver. "Les réprimandes, voire les paroles désobligeantes, sont considérées comme un délit , si elles ne sont pas produites sous la forme légale du procès, à savoir le niième chant."(27) Une cohabitation étroite et une interdépendance étroite suffisent pour maintenir siècle après siècle ce profond respect. pour les intérêts de la communauté qui caractérisent la vie esquimau. Même dans les plus grandes communautés d'Esquimaux, « l'opinion publique constituait le véritable tribunal, la punition générale consistant à couvrir de honte les contrevenants aux yeux du peuple. »(28)

La vie des Esquimaux est basée sur le communisme. Ce qui est obtenu par la chasse et la pêche appartient au clan. Mais dans plusieurs tribus, notamment à l'Ouest, sous l'influence des Danois, la propriété privée pénètre dans leurs institutions. Ils disposent cependant d'un moyen original pour parer aux inconvénients résultant d'une accumulation personnelle de richesses qui détruirait bientôt leur unité tribale. Lorsqu'un homme est devenu riche, il convoque les gens de son clan à une grande fête et, après avoir beaucoup mangé, distribue entre eux toute sa fortune. Sur le fleuve Yukon , Dall vit une famille Aleonte distribuer ainsi dix fusils, dix robes pleines de fourrure, 200 colliers de perles, de nombreuses couvertures, dix fourrures de loups, 200 castors et 500 zibelines . Après cela, ils ôtèrent leurs robes de fête, les donnèrent et, revêtant de vieilles fourrures en lambeaux, adressèrent quelques mots à leurs parents, leur disant que, bien qu'ils soient maintenant plus pauvres qu'aucun d'eux, ils ont gagné leur amitié.(29)) De même, les distributions de richesses semblent être une habitude régulière chez les Esquimaux, et avoir lieu à une certaine saison, après une exposition de tout ce qui a été obtenu pendant l'année.(30) Ces distributions révèlent à mon avis une institution très ancienne. , contemporaine de la première apparition de la richesse personnelle ; ils devaient être un moyen de rétablir l'égalité entre les membres du clan, après que celui-ci eut été troublé par l'enrichissement d'une minorité. La redistribution périodique des terres et l'abandon périodique de toutes les dettes qui ont eu lieu dans les temps historiques avec tant de races différentes (Sémites, Aryens, etc.), doivent avoir été une survivance de cette vieille coutume. Et l'habitude soit d'enterrer avec les morts, soit de détruire sur sa tombe tout ce qui lui appartenait personnellement, habitude que l'on retrouve chez toutes les races primitives, doit avoir la même origine. En effet, si tout ce qui appartient personnellement au mort est brûlé ou brisé sur sa tombe, rien n'est détruit de ce qui lui appartenait en commun avec la tribu, comme les bateaux ou les instruments de pêche communaux. La destruction porte uniquement sur les biens personnels. Plus tard, cet habit devient une cérémonie religieuse. Elle reçoit une interprétation mystique et est imposée par la religion, lorsque l'opinion publique seule se révèle incapable d'imposer son observance générale. Enfin, elle est remplacée soit par le brûlage de modèles simples des biens du défunt (comme en Chine), soit par le simple transport de ses biens jusqu'à la tombe et les rapportant à sa maison une fois la cérémonie funéraire terminée - une habitude qui perdure encore. prévaut chez les Européens en ce qui concerne les épées, les croix et autres marques de distinction publique.(31)

Le haut niveau de moralité tribale des Esquimaux a souvent été mentionné dans la littérature générale. Néanmoins les remarques suivantes sur les mœurs des Aléoutes — presque apparentées aux Esquimaux — illustreront mieux la moralité sauvage dans son ensemble. Ils ont été écrits, après un séjour de dix ans parmi les Aléoutes , par un homme des plus remarquables : le missionnaire russe Veniaminoff . Je les résume, principalement dans ses propres mots : -

La durabilité (écrit-il) est leur principale caractéristique. C'est tout simplement colossal. Non seulement ils se baignent chaque matin dans la mer gelée et se tiennent nus sur la plage, respirant le vent glacial, mais leur endurance, même lorsqu'ils travaillent dur avec une nourriture insuffisante, dépasse tout ce qu'on peut imaginer. Lors d'une pénurie prolongée de nourriture, les Aléoutes s'occupent d'abord de leurs enfants ; il leur donne tout ce qu'il a et jeûne lui-même. Ils ne sont pas enclins au vol ; cela a été remarqué même par les premiers immigrants russes. Non pas qu'ils ne volent jamais ; tout Aléoute avouerait avoir parfois volé quelque chose, mais c'est toujours une bagatelle ; l'ensemble est tellement lient enfantin. L'attachement des parents à leurs enfants est touchant, même s'il ne s'exprime jamais par des mots ou des caresses. L' Aléoute est difficilement amené à faire une promesse, mais une fois qu'il l' a faite, il la tiendra quoi qu'il arrive. (Un Aléoute fit cadeau à Veniaminoff de poisson séché, mais celui-ci fut oublié sur la plage dans la précipitation du départ. Il le rapporta chez lui. La prochaine occasion de l'envoyer au missionnaire fut en janvier ; et en novembre et décembre il y eut grande pénurie de nourriture dans le campement des Aléoutes . Mais le poisson n'a jamais été touché par les affamés et, en janvier, il a été envoyé à destination.) Leur morale est à la fois variée et sévère. Il est considéré comme honteux d'avoir peur d'une mort inévitable ; demander pardon à un ennemi; mourir sans jamais avoir tué un ennemi ; être reconnu coupable de vol; faire chavirer un bateau dans le port ; avoir peur de prendre la mer par temps orageux ; être le premier d'un groupe à effectuer un long voyage pour devenir invalide en cas de pénurie de nourriture ; faire preuve d'avidité lors du partage du butin, auquel cas chacun donne sa part à l'homme avare pour lui faire honte ; divulguer un secret public à sa femme ; être deux personnes en expédition de chasse, ne pas offrir le meilleur gibier au partenaire ; se vanter de ses propres actes, surtout de ceux inventés ; gronder quelqu'un avec mépris. Aussi pour mendier; caresser sa femme en présence d'autrui et danser avec elle pour négocier personnellement : la vente doit toujours se faire par l'intermédiaire d'un tiers, qui fixe le prix. Pour une femme, c'est une honte de ne pas connaître la couture, la danse et toutes sortes de travaux féminins ; caresser son mari et ses enfants, ou même parler à son mari en présence d'un étranger.(32)

Telle est la moralité des Aléoutes , qui pourrait également être davantage illustrée par leurs contes et légendes. J'ajouterai aussi que lorsque Veniaminoff écrivait (en 1840), un seul meurtre avait été commis depuis le siècle dernier sur une population de 60 000 habitants, et que parmi 1 800 Aléoutes, aucun délit de droit commun n'avait été connu depuis quarante ans. Cela ne paraîtra pas étrange si l'on remarque que la réprimande, le mépris et l'emploi de mots grossiers sont absolument inconnus dans la vie des Aléoutes . Même leurs enfants ne se battent jamais et ne s'insultent jamais en paroles. Tout ce qu'ils peuvent dire, c'est : « Ta mère ne sait pas coudre » ou « Ton père est borgne. »(33)

De nombreux aspects de la vie sauvage restent cependant une énigme pour les Européens. Le haut développement de la solidarité tribale et les bons sentiments qui animent les peuples primitifs les uns envers les autres pourraient être illustrés par de nombreux témoignages fiables. Et pourtant il n'en est pas moins certain que ces mêmes sauvages pratiquent l'infanticide ; que dans certains cas ils abandonnent leurs vieillards et qu'ils obéissent aveuglément aux règles de la vengeance sanglante. Il faut alors expliquer la coexistence de faits qui, à l'esprit européen, semblent à première vue si contradictoires. Je viens de raconter comment le père Aléoute meurt de faim pendant des jours et des semaines et donne tout ce qui est mangeable à son enfant ; et comment la mère Bushman devient esclave pour suivre son enfant ; et je pourrais remplir des pages d'illustrations des relations vraiment tendres qui existent entre les sauvages et leurs enfants. Les voyageurs en parlent continuellement par hasard. Ici, vous découvrez l'amour affectueux d'une mère ; on y voit un père courir sauvagement à travers la forêt et portant sur ses épaules son enfant mordu par un serpent ; ou qu'un missionnaire vous raconte le désespoir des parents devant la perte d'un enfant qu'il avait sauvé, quelques années auparavant, de l'immolation à sa naissance, vous apprenez que les mères « sauvages » allaitent habituellement leurs enfants jusqu'à l'âge de quatre ans. , et que, aux Nouvelles-Hébrides, à la perte d'un enfant particulièrement aimé, sa mère, ou sa tante, se suicidera pour s'en occuper dans l'autre monde.(34) Et ainsi de suite.

Des faits semblables sont rencontrés par la partition ; de sorte que, quand on voit que ces mêmes parents aimants pratiquent l'infanticide, on est obligé de reconnaître que l'habitude (quelles que soient ses transformations ultérieures) a pris son origine sous la seule pression de la nécessité, comme une obligation envers la tribu et un moyen pour élever des enfants déjà en pleine croissance. Les sauvages, en règle générale, ne « se multiplient pas sans compter », comme le disent certains écrivains anglais. Au contraire, ils prennent toutes sortes de mesures pour diminuer la natalité. Toute une série de restrictions, que les Européens trouveraient certainement extravagantes, sont imposées à cet effet et sont strictement respectées. Mais malgré cela, les peuples primitifs ne peuvent pas élever tous leurs enfants. Cependant, on a remarqué que dès qu'ils parviennent à augmenter leurs moyens de subsistance réguliers, ils commencent aussitôt à abandonner la pratique de l'infanticide. Dans l'ensemble, les parents obéissent à contrecœur à cette obligation et, dès qu'ils en ont les moyens, ils recourent à toutes sortes de compromis pour sauver la vie de leur nouveau-né. Comme l'a si bien souligné mon ami Elie Reclus(35), ils inventent les jours heureux et malheureux des naissances, et épargnent les enfants nés les jours heureux ; ils essaient de différer la sentence de quelques heures, puis disent que si le bébé a vécu un jour, il doit vivre toute sa vie naturelle.(36) Ils entendent les cris des petits venant de la forêt et soutiennent que, s'ils sont entendus, ils présagent un malheur pour la tribu ; et comme ils n'ont pas de baby-farming ni de crèches pour se débarrasser des enfants, chacun d'eux recule devant la nécessité d'exécuter la sentence cruelle ; ils préfèrent exposer le bébé dans le bois plutôt que de lui ôter la vie par la violence. C'est l'ignorance, et non la cruauté, qui entretient l'infanticide ; et, au lieu de moraliser les sauvages par des sermons, les missionnaires feraient mieux de suivre l'exemple de Veniaminoff , qui, chaque année jusqu'à sa vieillesse, traversait la mer d'Okhotsk sur un misérable bateau, ou voyageait à chiens parmi ses Tchouktchis , approvisionnant avec du pain et des instruments de pêche. Il avait ainsi véritablement stoppé l'infanticide.

Il en va de même pour ce que des observateurs superficiels qualifient de parricide. Nous venons de voir que l'habitude d'abandonner les personnes âgées n'est pas aussi répandue que certains auteurs le prétendent. Cela a été extrêmement exagéré, mais on le rencontre parfois chez presque tous les sauvages ; et dans de tels cas, elle a la même origine que l'exposition des enfants. Lorsqu'un « sauvage » se sent à charge pour sa tribu ; quand chaque matin sa part de nourriture est retirée de la bouche des enfants — et les petits ne sont pas aussi stoïques que leurs pères : ils pleurent quand ils ont faim ; quand chaque jour il doit être transporté à travers la plage de pierre ou la forêt vierge, sur les épaules de jeunes gens, il n'y a pas de voitures invalides, ni d'indigents pour les faire rouler dans des terres sauvages - il commence à répéter ce que disent les vieux paysans russes jusqu'à ce que maintenant un jour. " Tchujoi vek zayedayu , Pora na pokoi !" (« Je vis la vie des autres : il est temps de prendre ma retraite ! ») Et il se retire. Il fait ce que fait le soldat dans un cas similaire. Lorsque le salut de son détachement dépend de sa progression ultérieure, et qu'il peut se déplacer plus, et sait qu'il doit mourir s'il est laissé derrière lui, le soldat implore son meilleur ami de lui rendre le dernier service avant de quitter le campement et l'ami, les mains tremblantes, décharge son fusil sur le corps mourant . Le vieillard demande à mourir ; il insiste lui-même sur ce dernier devoir envers la communauté, et obtient le consentement de la tribu ; il invite ses proches au dernier repas d'adieu que son père a fait. c'est maintenant son tour ; et il se sépare de ses parents avec des marques d'affection. Le sauvage considère tellement la mort comme faisant partie de ses devoirs envers sa communauté, qu'il refuse non seulement d'être secouru (comme l'a dit Moffat), mais quand un La femme qui devait être immolée sur la tombe de son mari fut secourue par des missionnaires, et emmenée sur une île, elle s'enfuit dans la nuit, traversa un large bras de mer, nagea et rejoignit sa tribu, pour mourir sur la tombe.(37) C'est devenu chez eux une question de religion. Mais les sauvages, en général, sont si réticents à ôter la vie à quelqu'un autrement que dans le combat, qu'aucun d'eux ne se charge de verser du sang humain, et ils recourent à toutes sortes de stratagèmes qui ont été si faussement interprétés. Dans la plupart des cas, ils abandonnent le vieil homme dans le bois, après lui avoir donné plus que sa part de la nourriture commune. Les expéditions arctiques ont fait de même lorsqu'elles ne pouvaient plus transporter leurs camarades invalides. "Vivez encore quelques jours, peut-être qu'il y aura un sauvetage inattendu !" Les hommes de science d'Europe occidentale, confrontés à ces faits, sont absolument incapables de les supporter ; ils ne peuvent les concilier avec un haut développement de la moralité tribale, et ils préfèrent mettre en doute l'exactitude d'observateurs absolument fiables, au lieu d'essayer d'expliquer l'existence parallèle des deux ensembles de faits : une haute moralité tribale et la abandon des parents et infanticide. Mais si ces mêmes Européens disaient à un sauvage que des gens extrêmement aimables, attachés à leurs propres enfants et si impressionnables qu'ils pleurent en voyant un malheur simulé sur scène, vivent en Europe à deux pas de tanières où les enfants meurent par manque de nourriture, les sauvages non plus ne les comprendraient pas. Je me souviens combien j'ai essayé en vain de faire comprendre à certains de mes amis toungouses notre civilisation de l'individualisme : ils n'y sont pas parvenus et ont eu recours aux suggestions les plus fantastiques. Le fait est qu'un sauvage, élevé dans les idées d'une solidarité tribale en tout, pour le meilleur et pour le meilleur, est aussi incapable de comprendre un Européen « moral », qui ne connaît rien de cette solidarité, tout comme l'Européen moyen est incapable de comprendre la sauvage. Mais si notre scientifique avait vécu au milieu d'une tribu à moitié affamée qui ne possède pas tous la nourriture d'un seul homme pendant quelques jours, il aurait probablement compris leurs motivations. De même , le sauvage, s'il était resté parmi nous et avait reçu notre éducation, comprendrait peut-être notre indifférence européenne envers nos voisins et nos commissions royales pour la prévention du « babyfarming ». « Les maisons en pierre font les cœurs en pierre », disent les paysans russes. Mais il devrait d'abord vivre dans une maison en pierre.

Des remarques similaires doivent être faites à propos du cannibalisme. Compte tenu de tous les faits mis en lumière lors d'une récente controverse à ce sujet à la Société anthropologique de Paris, et de nombreuses remarques incidentes disséminées dans la littérature « sauvage », nous sommes obligés de reconnaître que cette pratique a été créée par la simple nécessité. Mais qu'elle s'est encore développée par la superstition et la religion jusqu'aux proportions qu'elle a atteintes aux Fidji ou au Mexique. C'est un fait que jusqu'à nos jours beaucoup de sauvages sont obligés de dévorer des cadavres dans l'état de putréfaction le plus avancé, et qu'en cas de disette absolue certains d'entre eux ont dû déterrer et se nourrir de cadavres humains, même pendant une épidémie. Ce sont des faits avérés. Mais si l'on se transporte maintenant dans les conditions auxquelles l'homme a dû faire face pendant la période glaciaire, dans un climat humide et froid, avec très peu de nourriture végétale à sa disposition ; si l'on considère les terribles ravages que le scorbut fait encore chez les indigènes sous-alimentés, et si l'on se souvient que la viande et le sang frais sont les seuls reconstituants qu'ils connaissent, il faut admettre que l'homme, autrefois un animal granivore, est devenu carnivore au cours de cette période. la période glaciaire. Il a trouvé beaucoup de cerfs à cette époque, mais les cerfs migrent souvent dans les régions arctiques et abandonnent parfois complètement un territoire pendant plusieurs années. Dans de tels cas, ses dernières ressources disparaissaient. Au cours d'épreuves aussi dures, même les Européens ont eu recours au cannibalisme, et les sauvages y ont eu recours. Jusqu'à présent, ils dévorent parfois les cadavres de leurs propres morts : ils ont dû alors dévorer les cadavres de ceux qui devaient mourir. Des vieillards mouraient, convaincus que par leur mort ils rendaient un dernier service à la tribu. C'est pourquoi le cannibalisme est représenté par certains sauvages comme d'origine divine, comme quelque chose qui aurait été ordonné par un messager venu du ciel. Mais plus tard , elle a perdu son caractère de nécessité et a survécu comme superstition. Les ennemis devaient être mangés pour hériter de leur courage ; et, à une époque encore plus tardive, l'œil ou le cœur de l'ennemi était mangé dans le même but ; tandis que parmi d'autres tribus, possédant déjà un sacerdoce nombreux et une mythologie développée, furent inventés des dieux maléfiques, assoiffés de sang humain, et des sacrifices humains exigés par les prêtres pour apaiser les dieux. Dans cette phase religieuse de son existence, le cannibalisme atteint ses caractères les plus révoltants. Le Mexique est un exemple bien connu ; et aux Fidji, où le roi pouvait manger n'importe lequel de ses sujets, nous trouvons également une puissante troupe de prêtres, une théologie compliquée (38) et un plein développement de l'autocratie. Né par nécessité, le cannibalisme est devenu plus tard une institution religieuse, et sous cette forme il a survécu longtemps après avoir disparu parmi les tribus qui, certes, le pratiquaient autrefois, mais n'avaient pas atteint le stade théocratique de l'évolution. La même remarque doit être faite à propos de l'infanticide et de l'abandon des parents. Dans certains cas, ils ont également été maintenus comme une survivance des temps anciens, comme une tradition religieuse du passé.

Je terminerai mes remarques en mentionnant une autre coutume qui est également source des conclusions les plus erronées. Je veux dire la pratique de la vengeance sanglante. Tous les sauvages ont l'impression que le sang versé doit être vengé par le sang. Si quelqu'un a été tué, le meurtrier doit mourir ; si quelqu'un est blessé, le sang de l'agresseur doit être versé. Il n'y a aucune exception à la règle, pas même pour les animaux ; ainsi le sang du chasseur est versé à son retour au village lorsqu'il a versé le sang d'un animal. Telle est la conception sauvage de la justice, conception qui prévaut encore en Europe occidentale en matière de meurtre. Or, lorsque le délinquant et l'offensé appartiennent à la même tribu, la tribu et l'offensé règlent l' affaire.(39) Mais lorsque le délinquant appartient à une autre tribu et que cette tribu, pour une raison ou une autre, refuse une compensation , alors la tribu offensée décide de se venger elle-même. Les gens primitifs considèrent tellement les actes de chacun comme une affaire tribale, dépendant de l'approbation tribale, qu'ils pensent facilement que le clan est responsable des actes de chacun. Par conséquent, la vengeance qui s'impose peut être exercée sur n'importe quel membre du clan ou des proches du coupable .(40) Il arrive cependant souvent que les représailles aillent plus loin que l'offense. En essayant d'infliger une blessure, ils peuvent tuer le délinquant, ou le blesser plus qu'ils n'avaient l'intention de le faire, et cela devient une cause de nouvelle querelle, de sorte que les législateurs primitifs prenaient soin d'exiger que les représailles se limitent à un œil. pour œil, dent pour dent, et sang pour sang.(41)

Il est cependant remarquable que, chez la plupart des peuples primitifs, les querelles soient infiniment plus rares qu'on pourrait s'y attendre ; bien que chez certains d'entre eux, ils puissent atteindre des proportions anormales, en particulier chez les montagnards qui ont été chassés vers les hautes terres par des envahisseurs étrangers, tels que les montagnards du Caucase et surtout ceux de Bornéo, les Dayaks. Chez les Dayaks, nous a-t-on dit récemment, les querelles étaient allées si loin qu'un jeune homme ne pouvait ni se marier ni être déclaré majeur avant d'avoir conquis la tête d'un ennemi. Cette horrible pratique a été décrite en détail dans un ouvrage anglais moderne (42). Il semble cependant que cette affirmation était une grossière exagération. De plus, la « chasse de têtes » Dayak prend un tout autre aspect lorsqu'on apprend que le prétendu « chasseur de têtes » n'est pas du tout mû par une passion personnelle. Il agit sous ce qu'il considère comme une obligation morale envers sa tribu, tout comme le juge européen qui, obéissant au même principe évidemment erroné du «sang pour sang», livre le meurtrier condamné au bourreau. Les Dayak et le juge éprouveraient même des remords s'ils étaient poussés par la sympathie à épargner le meurtrier. C'est pourquoi les Dayaks, outre les meurtres qu'ils commettent lorsqu'ils sont motivés par leur conception de la justice, sont dépeints, par tous ceux qui les connaissent, comme un peuple des plus sympathiques. Ainsi Carl Bock, le même auteur qui a dressé un tableau si terrible de la chasse aux têtes, écrit :

> « En ce qui concerne la moralité, je me dois d'attribuer aux
> Dayaks une place élevée dans l'échelle de la civilisation….
> Les vols et les vols sont totalement inconnus parmi eux. Ils
> sont également très véridiques…. Si je n'ai pas toujours
> compris « toute la vérité », "Je n'ai toujours obtenu d'eux, au
> moins, que la vérité. J'aimerais pouvoir dire la même chose
> des Malais" (pp. 209 et 210).

Le témoignage de Bock est pleinement corroboré par celui d'Ida Pfeiffer. "J'ai pleinement reconnu", écrit-elle, "que je serais heureuse de voyager plus longtemps parmi eux. Je les trouvais généralement honnêtes, bons et réservés… bien plus que n'importe quelle autre nation que je connais."(43) Stoltze a utilisé presque le terme même langage quand on en parle. Les Dayaks n'ont généralement qu'une seule femme et la traitent bien. Ils sont très sociables et chaque matin tout le clan sort pour pêcher, chasser ou jardiner, en grands groupes. Leurs villages sont constitués de grandes cases dont chacune est habitée par une douzaine de familles, et parfois par plusieurs centaines de personnes, vivant paisiblement ensemble. Ils montrent un grand respect pour leurs femmes et aiment leurs enfants ; et quand l'un d'eux tombe malade, les femmes le soignent à leur tour. En règle générale, ils mangent et boivent avec modération. Tel est le Dayak dans sa vraie vie quotidienne.

Ce serait une répétition fastidieuse si l'on donnait davantage d'illustrations de la vie sauvage. Partout où nous allons, nous retrouvons les mêmes manières de vivre, le même esprit de solidarité. Et quand on s'efforce de pénétrer dans les ténèbres des âges passés, on retrouve la même vie tribale, les mêmes associations d'hommes, si primitives soient-elles, pour un soutien mutuel. Par conséquent, Darwin avait tout à fait raison lorsqu'il voyait dans les qualités sociales de l'homme le facteur principal de son évolution ultérieure, et les vulgarisateurs de Darwin ont entièrement tort lorsqu'ils soutiennent le contraire.

La petite force et la rapidité de l'homme (écrit-il), son manque d'armes naturelles, etc., sont plus que contrebalancés, premièrement, par ses facultés intellectuelles (qui, remarqua-t-il sur une autre page, ont été principalement ou même exclusivement acquises pour le plaisir). bénéfice de la communauté). et deuxièmement, par ses qualités sociales, qui l'ont amené à donner et à recevoir de l'aide de ses semblables .(44)

Au siècle dernier, le « sauvage » et sa « vie à l'état de nature » étaient idéalisés. Mais maintenant les hommes de science sont allés à l'extrême opposé, d'autant plus que certains d'entre eux, soucieux de prouver l'origine animale de l'homme, mais peu au courant des aspects sociaux de la vie animale, ont commencé à accuser le sauvage de tous les traits « bestiaux » imaginables. . Il est évident, cependant, que cette exagération est encore moins scientifique que l'idéalisation de Rousseau. Le sauvage n'est pas un idéal de vertu, ni un idéal de « sauvagerie ». Mais l'homme primitif a une qualité, élaborée et entretenue par les nécessités mêmes de sa dure lutte pour la vie : il identifie sa propre existence avec celle de sa tribu ; et sans cette qualité, l'humanité n'aurait jamais atteint le niveau qu'elle a atteint aujourd'hui.

Les peuples primitifs, comme nous l'avons déjà dit, identifient tellement leur vie à celle de la tribu, que chacun de leurs actes, si insignifiant soit-il, est considéré comme une affaire tribale. Tout leur comportement est régi par une série infinie de règles de convenance non écrites qui sont le fruit de leur expérience commune quant à ce qui est bon ou mauvais, c'est-à-dire bénéfique ou nuisible pour leur propre tribu. Bien entendu, les raisonnements sur lesquels reposent leurs règles de convenance sont parfois absurdes à l'extrême. Beaucoup d'entre eux trouvent leur origine dans la superstition ; et en somme, dans tout ce que fait le sauvage, il ne voit que les conséquences immédiates de ses actes ; il ne peut en prévoir les conséquences indirectes et ultérieures, exagérant ainsi simplement un défaut que Bentham reprochait aux législateurs civilisés. Mais, absurdes ou non, le sauvage obéit aux prescriptions du droit commun, si incommodes soient-elles. Il leur obéit encore plus aveuglément que l'homme civilisé n'obéit aux prescriptions de la loi écrite. Sa loi commune est sa religion ; c'est sa véritable habitude de vivre. L'idée du clan est toujours présente à son esprit, et l'auto-restriction et l'abnégation dans l'intérêt du clan sont monnaie courante. Si le sauvage a enfreint une des plus petites règles tribales, il est poursuivi par les moqueries des femmes. Si l'infraction est grave, il est torturé jour et nuit par la crainte d'avoir appelé un malheur sur sa tribu. S'il a blessé par accident quelqu'un de son clan, et qu'il a ainsi commis le plus grand de tous les crimes, il devient tout à fait malheureux : il s'enfuit dans les bois et est prêt à se suicider, à moins que la tribu ne l'absout en lui infligeant des blessures. lui une douleur physique et verse un peu de son propre sang.(45) Au sein de la tribu, tout est partagé en commun ; chaque morceau de nourriture est partagé entre toutes les personnes présentes ; et si le sauvage est seul dans les bois, il ne commence pas à manger avant d'avoir crié trois fois haut et fort une invitation à quiconque entendrait sa voix à partager son repas.(46)

Bref, au sein de la tribu, la règle du « chacun pour tous » est suprême, aussi longtemps que la famille séparée n'a pas encore brisé l'unité tribale. Mais cette règle ne s'étend pas aux clans ou tribus voisins , même lorsqu'ils sont fédérés pour une protection mutuelle. Chaque tribu, ou clan, constitue une unité distincte. Tout comme pour les mammifères et les oiseaux, le territoire est réparti grossièrement entre tribus distinctes et, sauf en temps de guerre, les frontières sont respectées. En entrant sur le territoire de ses voisins, il faut montrer qu'il n'a pas de mauvaises intentions. Plus on annonce sa venue avec force, plus il gagne en confiance ; et s'il entre dans une maison, il doit déposer sa hachette à l'entrée. Mais aucune tribu n'est tenue de partager sa nourriture avec les autres : elle peut le faire ou non. La vie du sauvage se divise donc en deux ensembles d'actions, et se présente sous deux aspects éthiques différents : les relations au sein de la tribu et les relations avec les étrangers ; et (comme notre droit international) le droit « inter-tribal » diffère considérablement de la common law. Ainsi, lorsqu'il s'agit d'une guerre, les cruautés les plus révoltantes peuvent être considérées comme autant de prétentions à l'admiration de la tribu. Cette double conception de la morale traverse toute l'évolution de l'humanité et se maintient jusqu'à présent. Nous, Européens, avons réalisé des progrès – pas immenses en tout cas – dans l'éradication de cette double conception de l'éthique ; mais il faut aussi dire que, même si nous avons dans une certaine mesure étendu nos idées de solidarité – en théorie du moins – à l'ensemble de la nation, et en partie également à d'autres nations, nous avons affaibli les liens de solidarité au sein de nos propres nations, et même au sein de nos propres familles.

L'apparition d'une famille séparée au sein du clan perturbe nécessairement l'unité établie. Une famille séparée signifie une propriété séparée et une accumulation de richesse. Nous avons vu comment les Esquimaux évitent ses inconvénients ; et c'est une des études les plus intéressantes que de suivre au cours des âges les différentes institutions (communautés villageoises, corporations, etc.) au moyen desquelles les masses s'efforçaient de maintenir l'unité tribale, malgré les agents qui étaient à l'œuvre pour maintenir l'unité tribale. décomposez-le. D'autre part, les premiers rudiments de connaissance apparus à une époque extrêmement reculée, lorsqu'ils se confondaient avec la sorcellerie, devinrent aussi un pouvoir entre les mains de l'individu pouvant être utilisé contre la tribu. Ils étaient soigneusement gardés secrets et transmis aux seuls initiés, dans les sociétés secrètes de sorcières, de chamanes et de prêtres, que l'on retrouve chez tous les sauvages. Dans le même temps, les guerres et les invasions créent une autorité militaire, ainsi que des castes de guerriers, dont les associations ou clubs acquièrent de grands pouvoirs. Cependant, à aucune époque de la vie de l'homme, les guerres n'ont été l'état normal de l'existence. Tandis que les guerriers s'exterminaient les uns les autres et que les prêtres célébraient leurs massacres, les masses continuaient à vivre leur vie quotidienne, elles poursuivaient leur labeur quotidien. Et c'est une des études les plus intéressantes que de suivre cette vie des masses ; étudier les moyens par lesquels ils entretenaient leur propre organisation sociale, fondée sur leurs propres conceptions de l'équité, de l'entraide et du soutien mutuel, du droit commun, en un mot, même lorsqu'ils étaient soumis à la théocratie ou à l'autocratie la plus féroce dans l'état.

REMARQUES:

1. Dix-neuvième siècle, février 1888, p. 165.

2. La Descente de l'Homme, fin du ch. ii. pp. 63 et 64 de la 2e édition.

3. Les anthropologues qui souscrivent pleinement aux vues ci-dessus concernant l'homme laissent néanmoins entendre, parfois, que les singes vivent dans des familles polygames, sous la direction d'un « mâle fort et jaloux ». Je ne sais pas dans quelle mesure cette affirmation est fondée sur des observations concluantes. Mais le passage de la Vie des animaux de Brehm, auquel on fait parfois référence, ne peut guère être considéré comme très concluant. Cela apparaît dans sa description générale des singes ; mais ses descriptions plus détaillées d'espèces distinctes le contredisent ou ne le confirment pas. Même en ce qui concerne les cercopithèques , Brehm est affirmatif en disant qu'elles « vivent presque toujours en bandes, et très rarement en familles » (édition française, p. 59). Quant aux autres espèces, le nombre même de leurs bandes, contenant toujours de nombreux mâles, rend la « famille polygame » plus que douteuse. Des observations plus approfondies sont évidemment nécessaires.

4. Lubbock, Prehistoric Times, cinquième édition, 1890.

5. Cette extension de la calotte glaciaire est admise par la plupart des géologues qui ont spécialement étudié l'âge glaciaire. Le Service géologique russe a déjà adopté ce point de vue à l'égard de la Russie, et la plupart des spécialistes allemands soutiennent ce point de vue à l'égard de l'Allemagne. La glaciation de la majeure partie du plateau central de France ne manquera pas d'être reconnue par les géologues français, lorsqu'ils accorderont plus d'attention à l'ensemble des dépôts glaciaires.

6. Temps préhistoriques, pp. 232 et 242.

7. Bachofen, Das Mutterrecht , Stuttgart, 1861 ; Lewis H. Morgan, Ancient Society, ou Recherches sur les lignes du progrès humain, de la sauvagerie à la barbarie jusqu'à la civilisation, New York, 1877 ; JF MacLennan, Studies in Ancient History, 1re série, nouvelle édition, 1886 ; 2e série, 1896 ; L. Fison et AW Howitt, Kamilaroi et Kurnai, Melbourne. Ces quatre écrivains, comme l'a très justement remarqué Giraud Teulon , partant de faits différents et d'idées générales différentes, et suivant des méthodes différentes, sont arrivés à la même conclusion. On doit à Bachofen la notion de famille maternelle et de succession maternelle ; à Morgan – le système de parenté, malais et touranien , et une esquisse très talentueuse des principales phases de l'évolution humaine ; à MacLennan : la loi de l'exogène ; et à Fison et Howitt : le cuadro , ou schéma, des sociétés conjugales en Australie. Tous les quatre aboutissent à établir le même fait de l'origine tribale de la famille. Lorsque Bachofen a pour la première fois attiré l'attention sur la famille maternelle, dans son ouvrage qui a fait époque, et que Morgan a décrit l' organisation clanique, tous deux concourant à l'extension presque générale de ces formes et soutenant que les lois du mariage sont à la base même des relations consécutives. étapes de l'évolution humaine, ils ont été accusés d'exagération. Cependant, les recherches les plus minutieuses menées depuis par une phalange d'étudiants en droit ancien ont prouvé que toutes les races de l'humanité portent la trace d'avoir passé par des stades similaires de développement des lois sur le mariage, telles que celles que nous voyons aujourd'hui en vigueur chez certains sauvages. Voir les travaux de Post, Dargun , Kovalevsky, Lubbock et de leurs nombreux disciples : Lippert, Mucke , etc.

8. Aucun

9. Pour les Sémites et les Aryens, voir notamment Primitive Law du Professeur Maxim Kovalevsky (en russe), Moscou, 1886 et 1887. Aussi ses Conférences prononcées à Stockholm (Tableau des origines et de l'évolution de la famille et de la propriété , Stockholm, 1890), qui représente un admirable aperçu de toute la question. Cf. aussi A. Post, Die Geschlechtsgenossenschaft der Urzeit , Oldenburg 1875.

10. Il serait impossible d'entrer ici dans une discussion sur l'origine des restrictions au mariage. Permettez-moi seulement de remarquer qu'une division en groupes, semblable à celle des hawaïens de Morgan , existe parmi les oiseaux ; les jeunes couvées vivent ensemble séparément de leurs parents. Une division similaire pourrait probablement également être observée chez certains mammifères. Quant à l'interdiction des relations entre frères et sœurs, elle est plutôt née, non de spéculations sur les mauvais effets de la consanguinité, spéculations qui ne semblent en réalité pas probables, mais pour éviter la précocité trop facile des mariages semblables. En étroite cohabitation, cela devait devenir une nécessité impérieuse. Je dois aussi remarquer qu'en discutant de l'origine des coutumes nouvelles, nous devons garder à l'esprit que les sauvages, comme nous, ont leurs « penseurs » et leurs savants — sorciers, médecins, prophètes, etc. — dont les connaissances et les idées sont d'avance. sur ceux des masses. Unis comme ils le sont dans leurs unions secrètes (autre trait presque universel), ils sont certainement capables d'exercer une puissante influence et d'imposer des coutumes dont l'utilité n'est peut-être pas encore reconnue par la majorité de la tribu.

11. Colonel Collins, dans Philips' Researches in South Africa, Londres, 1828. Cité par Waitz, ii. 334.

12. Reisen im de Lichtenstein sudlichen Afrika, ii. Pp. 92, 97. Berlin, 1811.

13. Waitz, Anthropologie der Naturvölker , ii. pp. 335 suiv. Voir aussi Die Eingeboren Süd-Afrika's de Fritsch, Breslau, 1872, pp. 386 suiv.; et Drei Jahre en Afrique du Sud. Également W. Bleck, A Brief Account of BushmenFolklore, Capetown , 1875.

14. Élisée Reclus, Géographie Universelle , XIII. 475.

15. P. Kolben, The Present State of the Cape of Good Hope, traduit de l'allemand par M. Medley, Londres, 1731, vol. je . pages 59, 71, 333, 336, etc.

16. Cité dans Waitz's Anthropologie, ii. 335 suiv.

17. Les indigènes vivant au nord de Sidney et parlant la langue Kamilaroi sont mieux connus sous cet aspect, grâce à l'ouvrage capital de Lorimer Fison et AW Howitt, Kamilaroi and Kurnaii , Melbourne, 1880. Voir aussi "Further Note" d'AW Howitt. sur les systèmes de classes australiens », dans Journal of the Anthropological Institute, 1889, vol. XVIII. p. 31, montrant la large extension de la même organisation en Australie.

18. Le folklore, les manières, etc. des aborigènes australiens, Adélaïde, 1879, p. 11.

19. Grey's Journals of Two Expeditions of Discovery in North-West and Western Australia, Londres, 1841, vol. ii. pages 237, 298.

20. Bulletin de la Société d'Anthropologie , 1888, vol. XI. p. 652. J'abrége les réponses.

21. Bulletin de la Société d'Anthropologie , 1888, vol. XI. p. 386.

22. Il en va de même chez les Papous de la baie de Kaimani, qui jouissent d'une grande réputation d'honnêteté. "Il n'arrive jamais que la Papouasie trahisse sa promesse", dit Finsch dans Neuguinea und seine Bewohner , Brême, 1865, p. 829.

23. Izvestia de la Société géographique russe, 1880, pp. 161 suiv. Peu de livres de voyage donnent un meilleur aperçu des petits détails de la vie quotidienne des sauvages que ces fragments des carnets de Maklay .

24. LF Martial, dans Mission Scientifique au Cap Horn, Paris, 1883, vol. je . pages 183 à 201.

25. Expédition du capitaine Holm dans l'est du Groenland.

26. En Australie, on a vu des clans entiers échanger toutes leurs femmes afin de provoquer une calamité (Post, Studien zur Entwicklungsgeschichte des Familienrechts , 1890, p. 342). Plus de fraternité est leur spécificité contre les calamités.

27. Dr H. Rink, Les tribus esquimaudes, p. 26 (Meddelelser om Gronland , vol. xi. 1887).

28. Dr Rink, loc. cit. p. 24. Les Européens, cultivés dans le respect du droit romain, sont rarement capables de comprendre cette force de l'autorité tribale. « En fait, écrit le Dr Rink, ce n'est pas l'exception, mais la règle, que les hommes blancs qui sont restés dix ou vingt ans parmi les Esquimaux reviennent sans avoir apporté de véritables connaissances sur les idées traditionnelles sur lesquelles reposent les Esquimaux. leur état social est fondé. L'homme blanc, qu'il soit missionnaire ou commerçant, est ferme dans son opinion dogmatique selon laquelle l'Européen le plus vulgaire est meilleur que l'indigène le plus distingué. "-The Eskimo Tribes, p. 31.

29. Dall, Alaska et ses ressources, Cambridge, États-Unis, 1870.

30. Dall l'a vu en Alaska, Jacobsen à Ignitok, à proximité du détroit de Béring. Gilbert Sproat en parle chez les Indiens de Vancouver ; et le Dr Rink, qui décrit les expositions périodiques que nous venons de mentionner, ajoute : « L'usage principal de l'accumulation de la richesse personnelle est de la distribuer périodiquement. Il mentionne également (loc. cit. p. 31) « la destruction des biens dans le même but » (le maintien de l'égalité).

31. Voir l'Annexe VIII.

32. Veniaminoff , Mémoires relatifs au district d' Unalashka (russe), 3 vol. Saint-Pétersbourg, 1840. Des extraits, en anglais, de ce qui précède sont donnés dans Dall's Alaska. Une description similaire de la moralité des Australiens est donnée dans Nature, XLII. p. 639.

33. Il est très remarquable que plusieurs auteurs (Middendorff , Schrenk, O. Finsch) aient décrit les Ostiaks et les Samoyèdes presque dans les mêmes termes. Même ivres, leurs querelles sont insignifiantes. « Depuis cent ans, un seul meurtre a été commis dans la toundra ; » « leurs enfants ne se battent jamais » ; "Tout peut rester des années dans la toundra, même la nourriture et le gin, et personne n'y touchera" ; et ainsi de suite. Gilbert Sproat « n'a jamais été témoin d'une bagarre entre deux autochtones sobres » des Indiens Aht de l'île de Vancouver. "Les querelles sont également rares parmi leurs enfants." (Patinoire, loc. cit.) Et ainsi de suite.

34. Gill, cité dans Gerland et Waitz's Anthropologie, v. 641. Voir également pp. 636-640, où de nombreux faits sur l'amour parental et filial sont cités.

35. Primitive Folk, Londres, 1891.

36. Gerland, loc. cit. v.636.

37. Erskine, cité dans Anthropologie de Gerland et Waitz, v. 640.

38. WT Pritchard, Polynesian Reminiscences, Londres, 1866, p. 363.

39. Il est cependant remarquable qu'en cas de condamnation à mort, personne ne se charge d'être le bourreau. Chacun jette sa pierre, ou donne son coup de hache, en évitant soigneusement de porter un coup mortel. Plus tard, le prêtre poignardera la victime avec un couteau sacré. Plus tard encore, ce sera le roi, jusqu'à ce que la civilisation invente le bourreau à gages. Voir les profondes remarques de Bastian sur ce sujet dans Der Mensch in der Geschichte , iii. Die Blutrache , p. 1-36. Un reste de cette habitude tribale, me dit le professeur E. Nys, a survécu dans les exécutions militaires jusqu'à nos jours. Au milieu du XIXe siècle , on avait l'habitude de charger les fusils des douze soldats appelés pour tirer sur le condamné, de onze cartouches à billes et d'une cartouche à blanc. Comme les soldats ne savaient jamais qui d'entre eux possédait ce dernier, chacun pouvait consoler sa conscience troublée en pensant qu'il n'était pas un des meurtriers.

40. En Afrique, et ailleurs aussi, c'est une habitude très répandue que si un vol a été commis, le clan suivant doit restituer l'équivalent de la chose volée, puis rechercher lui-même le voleur. AH Post, Afrikanische Jurisprudence , Leipzig, 1887, vol. je . p. 77.

41. Voir Modern Customs and Ancient Law (russe) du professeur M. Kovalevsky, Moscou, 1886, vol. ii., qui contient de nombreuses considérations importantes sur ce sujet.

42. Voir Carl Bock, The Head Hunters of Borneo, Londres, 1881. Cependant, Sir Hugh Law, qui fut longtemps gouverneur de Bornéo, me dit que la « chasse aux têtes » décrite dans ce livre est grossièrement exagéré. Dans l'ensemble, mon informateur parle des Dayaks exactement dans les mêmes termes sympathiques qu'Ida Pfeiffer. Permettez-moi d'ajouter que Mary Kingsley parle dans son livre sur l'Afrique de l'Ouest dans les mêmes termes sympathiques à l'égard des Fans, qui étaient autrefois représentés comme les « plus terribles cannibales ».

43. Ida Pfeiffer, Meine zweite Weltriese , Vienne, 1856, vol. je . p. 116 suiv. Voir aussi Dutch Possessions in Archipelagic India de Muller et Temminch , cité par Elisee Reclus, dans Géographie. Universelle , XIII.

44. Descent of Man, deuxième éd., pp. 63, 64.

45. Voir Mensch in der Geschichte de Bastian , iii. p. 7. Aussi Grey, loc. cit. ii. p. 238.

46. Miklukho -Maclay, loc. cit. Même habitude chez les Hottentots.

CHAPITRE IV

AIDE MUTUELLE ENTRE LES BARBARES

Les grandes migrations. Une nouvelle organisation rendue nécessaire. La communauté villageoise. Travaux communaux. Procédure judiciaire. Droit inter-tribal.Illustrations de la vie de nos contemporains. Les Bouriates . Kabyles .
Alpinistes du Caucase. Tiges africaines.

Il n'est pas possible d'étudier l'humanité primitive sans être profondément impressionné par la sociabilité dont elle fait preuve depuis ses tous premiers pas dans la vie. Des traces de sociétés humaines se trouvent dans les reliques de l'âge de pierre le plus ancien et le plus récent ; et, quand on en vient à observer les sauvages dont les manières de vivre sont encore celles de l'homme néolithique, on les trouve étroitement liés entre eux par une organisation clanique extrêmement ancienne qui leur permet de combiner leurs forces individuelles faibles, de jouir de la vie en commun et de progrès. L'homme ne fait pas exception dans la nature. Il est également soumis au grand principe d'entraide qui accorde les meilleures chances de survie à ceux qui se soutiennent le mieux dans la lutte pour la vie. Telles sont les conclusions auxquelles nous sommes parvenus dans les chapitres précédents.

Cependant, dès que nous arrivons à un stade supérieur de civilisation et que nous nous référons à l'histoire qui a déjà quelque chose à dire sur ce stade, nous sommes déconcertés par les luttes et les conflits qu'elle révèle. Les anciens liens semblent entièrement rompus. On voit des tiges lutter contre des tiges, des tribus contre des tribus, des individus contre des individus ; et de cette lutte chaotique de forces hostiles, l'humanité sort divisée en castes, asservie aux despotes, séparée en États toujours prêts à se faire la guerre. Et, avec cette histoire de l'humanité entre ses mains, le philosophe pessimiste conclut triomphalement que la guerre et l'oppression sont l'essence même de la nature humaine ; que les instincts guerriers et prédateurs de l'homme ne peuvent être maîtrisés que dans certaines limites par une autorité forte qui impose la paix et donne ainsi l'occasion aux quelques individus les plus nobles de préparer une vie meilleure pour l'humanité dans les temps à venir.

Et pourtant, dès que la vie quotidienne de l'homme au cours de la période historique est soumise à une analyse plus approfondie, comme elle l'a été récemment par de nombreux étudiants patients des toutes premières institutions, elle apparaît immédiatement sous un aspect tout à fait différent. . Laissant de côté les idées préconçues de la plupart des historiens et leur prédilection prononcée pour les aspects dramatiques de l'histoire, nous constatons que les documents mêmes qu'ils parcourent habituellement sont de nature à exagérer la part de la vie humaine consacrée aux luttes et à sous-estimer ses humeurs pacifiques. Les journées lumineuses et ensoleillées sont perdues de vue dans les coups de vent et les tempêtes. Même à notre époque, les documents encombrants que nous préparons pour le futur historien, dans notre presse, nos tribunaux, nos bureaux gouvernementaux et même dans nos romans et notre poésie, souffrent du même caractère unilatéral. Ils transmettent à la postérité les descriptions les plus minutieuses de chaque guerre, de chaque bataille et escarmouche, de chaque lutte et acte de violence, de chaque sorte de souffrance individuelle ; mais ils ne portent presque aucune trace des innombrables actes d'entraide et de dévouement que chacun de nous connaît par sa propre expérience ; ils ne prêtent guère attention à ce qui constitue l'essence même de notre vie quotidienne : nos instincts et nos manières sociales. Il n'est donc pas étonnant que les archives du passé aient été si imparfaites. Les annalistes d'autrefois ne manquaient jamais de raconter les petites guerres et les calamités qui harcelaient leurs contemporains ; mais ils ne prêtaient aucune attention à la vie des masses, bien que les masses travaillaient principalement paisiblement tandis que quelques-uns se livraient au combat. Les poèmes épiques, les inscriptions sur les monuments, les traités de paix, presque tous les documents historiques portent le même caractère ; ils traitent des ruptures de la paix, et non de la paix elle-même. De sorte que l'historien le mieux intentionné dresse inconsciemment une image déformée de l'époque qu'il s'efforce de décrire ; et, pour rétablir la proportion réelle entre le conflit et l'union, nous sommes obligés maintenant d'entrer dans une analyse minutieuse de milliers de petits faits et de faibles indices conservés accidentellement dans les reliques du passé ; les interpréter à l'aide de l'ethnologie comparée ; et, après avoir tant entendu parler de ce qui divisait les hommes, reconstruire pierre par pierre les institutions qui les unissaient.

D'ici peu, l'histoire devra être réécrite selon des lignes nouvelles, afin de prendre en compte ces deux courants de la vie humaine et d'apprécier le rôle joué par chacun d'eux dans l'évolution. Mais en attendant, nous pouvons profiter de l'immense travail préparatoire accompli récemment pour restaurer les traits dominants du second courant, si négligé. Des périodes les plus connues de l'histoire, nous pouvons tirer quelques illustrations de la vie des masses, afin d'indiquer le rôle joué par l'entraide pendant ces périodes ; et, ce faisant, nous pouvons nous dispenser (par souci de concision) de remonter aussi loin que l'antiquité égyptienne, voire même grecque et romaine. Car, en réalité, l'évolution de l'humanité n'a pas eu le caractère d'une série ininterrompue. Plusieurs fois, la civilisation a pris fin dans une région donnée, avec une race donnée, et a recommencé ailleurs, parmi d'autres races. Mais à chaque nouveau départ, cela recommençait avec les mêmes institutions claniques que nous avons vues chez les sauvages. De sorte que si nous prenons le dernier renouveau de notre propre civilisation, lorsqu'elle recommença dans les premiers siècles de notre ère, parmi ceux que les Romains appelaient les « barbares », nous aurons toute l'échelle de l'évolution, à commencer par les gentes et les barbares. aboutissant aux institutions de notre époque. C'est à ces illustrations que seront consacrées les pages suivantes.

Les hommes de science n'ont pas encore déterminé les causes qui, il y a environ deux mille ans, ont poussé des nations entières de l'Asie vers l'Europe et ont entraîné les grandes migrations de barbares qui ont mis fin à l'Empire romain d'Occident. Une cause, cependant, est naturellement suggérée au géographe lorsqu'il contemple les ruines de villes peuplées dans les déserts de l'Asie centrale, ou qu'il suit les anciens lits de rivières aujourd'hui disparus et les larges contours des lacs réduits à la taille de simples étangs. C'est une dessiccation : une dessiccation toute récente, qui s'est poursuivie encore à une vitesse que nous n'étions pas prêts à admettre autrefois. (1) Contre elle, l'homme était impuissant. Lorsque les habitants du nord-ouest de la Mongolie et du Turkestan oriental virent que l'eau les abandonnait, ils n'eurent d'autre choix que de descendre les larges vallées menant aux basses terres et de pousser vers l'ouest les habitants des plaines.(2) Des tiges après tiges furent ainsi jetées en Europe, obligeant d'autres tiges à se déplacer et à s'éloigner pendant des siècles successifs, vers l'ouest et vers l'est, à la recherche de nouvelles demeures plus ou moins permanentes. Les races se mêlaient aux races lors de ces migrations, les aborigènes avec les immigrants, les Aryens avec les Oural- Altaïens ; et il n'aurait pas été étonnant que les institutions sociales qui les maintenaient ensemble dans leur mère patrie aient été totalement détruites lors de la stratification des races qui s'est produite en Europe et en Asie. Mais ils n'ont pas fait naufrage ; ils subissaient simplement la modification qu'exigeaient les nouvelles conditions de vie.

Les Teutons, les Celtes, les Scandinaves, les Slaves et d'autres, lorsqu'ils entrèrent en contact avec les Romains, se trouvaient dans un état transitoire d'organisation sociale. Les unions claniques, fondées sur une origine commune réelle ou supposée, les avaient maintenus ensemble pendant plusieurs milliers d'années successives. Mais ces unions ne pouvaient répondre à leur objectif que tant qu'il n'y avait pas de familles séparées au sein de la gens ou du clan lui-même. Cependant, pour les raisons déjà mentionnées, la famille patriarcale séparée s'était développée lentement mais sûrement au sein des clans et, à long terme, elle signifiait évidemment l'accumulation individuelle de richesse et de pouvoir, ainsi que la transmission héréditaire des deux. Les fréquentes migrations des barbares et les guerres qui s'ensuivirent ne firent qu'accélérer la division des gentes en familles séparées, tandis que la dispersion des souches et leur mélange avec des étrangers offraient des facilités singulières pour la désintégration définitive des unions fondées sur la parenté. Les barbares se trouvaient ainsi en situation soit de voir leurs clans se dissoudre en agrégations lâches de familles, dont les plus riches, surtout si elles combinaient des fonctions sacerdotales ou une réputation militaire avec la richesse, auraient réussi à imposer leur autorité aux autres ; ou de découvrir une nouvelle forme d'organisation basée sur un nouveau principe.

De nombreuses tiges n'avaient aucune force pour résister à la désintégration : elles se brisèrent et furent perdues pour l'histoire. Mais les plus vigoureux ne se désintégrèrent pas. Ils sortirent de cette épreuve avec une nouvelle organisation – la communauté villageoise – qui les maintint ensemble pendant quinze siècles, voire plus. La conception d'un territoire commun, approprié ou protégé par des efforts communs, s'est élaborée et a remplacé les conceptions en voie de disparition de descendance commune. Les dieux communs perdirent peu à peu leur caractère d'ancêtres et se virent dotés d'un caractère territorial local. Ils devenaient les dieux ou les saints d'une localité donnée ; « la terre » était identifiée à ses habitants. Les unions territoriales se sont développées à la place des anciennes unions consanguines, et cette nouvelle organisation offrait évidemment de nombreux avantages dans les circonstances données. Elle reconnaît l'indépendance de la famille et la souligne même, la communauté villageoise se désavouant de tout droit d'ingérence dans ce qui se passe à l'intérieur de l'enceinte familiale ; cela donnait beaucoup plus de liberté à l'initiative personnelle ; elle n'était pas hostile en principe à l'union entre hommes d'origine différente, et elle maintenait en même temps la nécessaire cohésion de l'action et de la pensée, tout en étant assez forte pour s'opposer aux tendances dominatrices des minorités de sorciers, de prêtres et de professionnels ou de prêtres. guerriers distingués. Elle devint par conséquent la cellule première de l'organisation future et, chez de nombreuses nations, la communauté villageoise a conservé ce caractère jusqu'à présent.

Il est désormais connu, et peu contesté, que la communauté villageoise n'était pas une particularité des Slaves, ni même des anciens Germains. Il prévalait en Angleterre à la fois à l'époque saxonne et normande, et survécut en partie jusqu'au siècle dernier (3) ; il était à la base de l'organisation sociale de la vieille Écosse, de la vieille Irlande et du vieux Pays de Galles. En France, la possession communale et l'attribution communale des terres arables par le folkmote du village ont persisté depuis les premiers siècles de notre ère jusqu'à l'époque de Turgot, qui trouva les folkmotes « trop bruyants » et les abolit donc. Il a survécu à la domination romaine en Italie et a repris vie après la chute de l'Empire romain. C'était la règle chez les Scandinaves, les Slaves, les Finlandais (dans le pittaya , comme aussi, probablement, le kihla-kunta), les Coures et les vies. La communauté villageoise en Inde – passée et présente, aryenne et non aryenne – est bien connue grâce aux œuvres marquantes de Sir Henry Maine ; et Elphinstone l'a décrit parmi les Afghans. On le retrouve aussi dans l' oulous mongol , le thaddart kabyle , le dessa javanais, le kota ou tofa malais , et sous des noms variés en Abyssinie, au

Soudan, à l'intérieur de l'Afrique, chez les indigènes des deux Amériques, avec tous les petites et grandes tribus des archipels du Pacifique. Bref, nous ne connaissons pas une seule race humaine ni une seule nation qui n'ait pas connu son époque de communautés villageoises. Ce seul fait élimine la théorie selon laquelle la communauté villageoise en Europe aurait été une croissance servile. Il est antérieur au servage, et même la soumission servile était impuissante à le briser. Ce fut une phase universelle d'évolution, une conséquence naturelle de l'organisation clanique, avec toutes ces souches, du moins, qui ont joué, ou jouent encore, un certain rôle dans l'histoire.(4)

Il s'agissait d'une croissance naturelle et une uniformité absolue dans sa structure n'était donc pas possible. En règle générale, il s'agissait d'une union entre des familles considérées comme de descendance commune et possédant en commun un certain territoire. Mais avec quelques tiges, et dans certaines circonstances, les familles devenaient très nombreuses avant de jeter de nouveaux bourgeons sous forme de nouvelles familles ; cinq, six ou sept générations continuèrent à vivre sous le même toit ou dans le même enclos, possédant en commun leur maison commune et leur bétail, et prenant leurs repas au foyer commun. Ils s'en sont tenus à ce que l'ethnologie appelle la « famille commune », ou la « maison indivise », que l'on voit encore partout en Chine, en Inde, dans la zadruga de Slavonie méridionale, et que l'on retrouve occasionnellement en Afrique, en Amérique, en Afrique du Sud. Le Danemark, le nord de la Russie et l'ouest de la France(5). Avec d'autres souches, ou dans d'autres circonstances, mal précisées encore, les familles n'atteignaient pas les mêmes proportions ; les petits-fils, et parfois les fils, quittaient la maison dès leur mariage, et chacun d'eux fondait sa propre cellule. Mais, réunies ou non, regroupées ou dispersées dans les bois, les familles restaient unies en communautés villageoises ; plusieurs villages étaient regroupés en tribus ; et les tribus se joignirent en confédérations. Telle fut l'organisation sociale qui se développpa chez les soi-disant « barbares », lorsqu'ils commencèrent à s'établir plus ou moins définitivement en Europe.

Il a fallu une très longue évolution avant que les gentes, ou clans, reconnaissent l'existence séparée d'une famille patriarcale dans une case séparée ; mais même après que cela ait été reconnu, le clan, en règle générale, ne connaissait aucun héritage personnel de propriété. Les quelques objets qui auraient pu appartenir personnellement à l'individu ont été soit détruits sur sa tombe, soit enterrés avec lui. La communauté villageoise, au contraire, reconnaissait pleinement l'accumulation privée des richesses au sein de la famille et sa transmission héréditaire. Mais la richesse était conçue exclusivement sous la forme de biens meubles, y compris le bétail, les outils, les armes et la maison d'habitation qui, « comme tout ce qui peut être détruit par le feu », appartenaient à la même catégorie (6). Quant à la propriété foncière privée, la communauté villageoise ne reconnaissait et ne pouvait rien reconnaître de tel et, en règle générale, elle ne la reconnaît pas maintenant. La terre était la propriété commune de la tribu, ou de tout le tronc, et la communauté villageoise elle-même possédait sa part du territoire tribal tant que la tribu ne réclamait pas une redistribution des parcelles villageoises. Le défrichement des bois et le défrichement des prairies étant effectués en grande partie par les communautés ou, du moins, par le travail conjoint de plusieurs familles - toujours avec le consentement de la communauté - les parcelles défrichées étaient détenues par chaque famille pour une durée de quatre, douze ou vingt ans, après quoi ils étaient traités comme des parties des terres arables possédées en commun. La propriété privée, ou possession « pour toujours », était aussi incompatible avec les principes mêmes et les conceptions religieuses de la communauté villageoise qu'avec les principes de la gens ; de sorte qu'il fallut une longue influence du droit romain et de l'Église chrétienne, qui accepta bientôt les principes romains, pour accoutumer les barbares à l'idée que la propriété privée des terres était possible.(7) Et pourtant, même lorsque cette propriété, ou la possession pour une durée illimitée était reconnue, le propriétaire d'un domaine séparé restait copropriétaire des friches, des forêts et des pâturages. D'ailleurs, on voit continuellement, surtout dans l'histoire de la Russie, que lorsque quelques familles, agissant séparément, eurent pris possession de quelques terres appartenant à des tribus traitées en étrangères, elles s'unirent très vite et constituèrent une communauté villageoise qui, en la troisième ou quatrième génération commença à professer une communauté d'origine.

Toute une série d'institutions, en partie héritées de l'époque clanique, se sont développées à partir de cette base de propriété commune de la terre au cours de la longue succession de siècles qui a été nécessaire pour amener les barbares sous la domination d'États organisés sur le modèle romain ou byzantin. La communauté villageoise n'était pas seulement une union destinée à garantir à chacun sa juste part de la terre commune, mais aussi une union pour une culture commune, pour un soutien mutuel sous toutes les formes possibles, pour une protection contre la violence et pour un développement ultérieur des connaissances. les liens nationaux et les conceptions morales ; et tout changement dans les méthodes judiciaires, militaires, éducatives ou économiques devait être décidé au niveau des folkmotes du village, de la tribu ou de la confédération. La communauté étant la continuation de la gens, elle héritait de toutes ses fonctions. C'était l'universitas, le mir, un monde en soi.

La chasse commune, la pêche commune et la culture commune des vergers ou des plantations d'arbres fruitiers étaient la règle chez les anciennes gentes. L'agriculture commune devint la règle dans les communautés villageoises barbares. Il est vrai que les témoignages directs de cet effet sont rares, et dans la littérature de l'Antiquité nous n'avons que les passages de Diodore et de

Jules César relatifs aux habitants des îles Lipari, une des tribus celtes-ibères, et aux Suèves . Mais les preuves ne manquent pas pour prouver que l'agriculture commune était pratiquée par certaines tribus germaniques, les Francs et les anciens Écossais, Irlandais et Gallois.(8) Quant aux survivances ultérieures de la même pratique, elles sont tout simplement innombrables. Même dans la France parfaitement romanisée, la culture commune était habituelle il y a vingt-cinq ans dans le Morbihan (Bretagne).(9) Le vieux cyvar gallois , ou équipe commune, ainsi que la culture commune des terres affectées à l'usage des Les sanctuaires villageois sont assez courants parmi les tribus du Caucase les moins touchées par la civilisation (10) et des faits analogues se produisent quotidiennement parmi les paysans russes. En outre, il est bien connu que de nombreuses tribus du Brésil, de l'Amérique centrale et du Mexique cultivaient leurs champs en commun, et que la même habitude est largement répandue chez certains Malais, en Nouvelle-Calédonie, avec plusieurs souches nègres, etc. (11) En bref, la culture communautaire est si habituelle avec de nombreuses souches aryennes, oural- altaïennes , mongoles, nègres, indiennes, malaises et mélanésiennes que nous devons la considérer comme une forme universelle – mais pas la seule possible – de culture primitive. agricole.(12)

La culture communautaire n'implique cependant pas nécessairement la consommation communautaire. Déjà sous l'organisation clanique, on voit souvent que lorsque les bateaux chargés de fruits ou de poissons reviennent au village, la nourriture qu'ils apportent est répartie entre les cases et les « maisons longues » habitées soit par plusieurs familles, soit par les jeunes, et est cuisinée. séparément à chaque foyer séparé. L'habitude de prendre ses repas dans un cercle plus restreint de parents ou d'associés prévaut ainsi très tôt dans la vie du clan. C'est devenu la règle dans la communauté villageoise. Même la nourriture cultivée en commun était généralement partagée entre les ménages après qu'une partie ait été mise en réserve pour l'usage commun. Cependant, la tradition des repas communs était pieusement maintenue ; toutes les occasions disponibles, telles que la commémoration des ancêtres, les fêtes religieuses, le début et la fin des travaux des champs, les naissances, les mariages et les funérailles, étant saisies pour amener la communauté à un repas commun. Aujourd'hui encore, cette habitude, bien connue dans ce pays sous le nom de « souper des moissons », est la dernière à disparaître. D'un autre côté, même lorsque les champs avaient depuis longtemps cessé d'être labourés et semés en commun, divers travaux agricoles continuaient et continuent encore d'être accomplis par la communauté. Une partie des terres communales est encore souvent cultivée en commun, soit pour l'usage des indigents, soit pour réapprovisionner les magasins communaux, soit pour utiliser les produits lors des fêtes religieuses. Les canaux d'irrigation sont creusés et réparés en commun. Les prairies communales sont fauchées par la communauté ; et la vue d'une commune russe fauchant un pré, les hommes rivalisant d'avance avec la faux, tandis que les femmes retournent l'herbe et la jettent en tas, est l'un des spectacles les plus inspirants ; il montre ce que pourrait et devrait être le travail humain. Le foin, dans ce cas, est partagé entre les ménages séparés, et il est évident que personne n'a le droit de prendre le foin de la meule d'un voisin sans sa permission ; mais la limitation de cette dernière règle chez les Ossètes du Caucase est des plus remarquables. Quand le coucou crie et annonce que le printemps arrive et que les prairies seront bientôt recouvertes d'herbe, quiconque dans le besoin a le droit de prendre dans la meule du voisin le foin qu'il veut pour son bétail.(13) L'ancienne commune les droits sont ainsi réaffirmés, comme pour prouver à quel point l'individualisme débridé est contraire à la nature humaine.

voyageur européen débarque dans quelque petite île du Pacifique et, apercevant de loin un bosquet de palmiers, se dirige dans cette direction, il est étonné de découvrir que les petits villages sont reliés par des routes pavées de grosses pierres, tout à fait confortables. pour les indigènes non ferrés, et très semblables aux "vieilles routes" des montagnes suisses. De telles routes ont été tracées par les « barbares » dans toute l'Europe, et il faut avoir voyagé dans des pays sauvages et peu peuplés, loin des principales voies de communication, pour se rendre pleinement compte de l'immense œuvre qui a dû être accomplie par les barbares. communautés afin de conquérir la nature sauvage boisée et marécageuse qu'était l'Europe il y a environ deux mille ans. Des familles isolées, dépourvues d'outils et si faibles qu'elles étaient, n'auraient pu la conquérir ; le désert les aurait maîtrisés. Les communautés villageoises, travaillant en commun, pouvaient seules maîtriser les forêts sauvages, les marais en ruine et les steppes sans fin. Les routes cahoteuses, les bacs, les ponts de bois enlevés en hiver et reconstruits après la crue printanière, les clôtures et les murs palissadés des villages, les forts en terre et les petites tours dont le territoire était parsemé, tout cela était le travail des communautés barbares. Et quand une communauté s'agrandissait, elle faisait germer un nouveau bourgeon. Une nouvelle communauté s'est formée à distance, amenant ainsi peu à peu les bois et les steppes sous la domination de l'homme. L'ensemble de la construction des nations européennes était le fruit d'un bourgeonnement de communautés villageoises. Aujourd'hui encore, les paysans russes, s'ils ne sont pas tout à fait abattus par la misère, émigrent en communautés, et ils labourent la terre et construisent les maisons en commun lorsqu'ils s'installent sur les bords de l'Amour ou au Manitoba. Et même les Anglais, lorsqu'ils commencèrent à coloniser l'Amérique, avaient l'habitude de revenir à l'ancien système ; ils se sont regroupés en communautés villageoises.(14)

La communauté villageoise était l'arme principale des barbares dans leur dure lutte contre une nature hostile. C'était aussi le lien qu'ils opposaient à l'oppression des plus rusés et des plus forts, qui aurait si facilement pu se développer en ces temps troublés. Le barbare imaginaire, l'homme qui combat et tue selon son simple caprice, n'existait pas plus que le sauvage « assoiffé de sang ». Le véritable barbare vivait, au contraire, sous une large série d'institutions, imprégnées de considérations sur ce qui pouvait être utile ou nuisible à sa tribu ou à sa confédération, et ces institutions étaient pieusement transmises de génération en génération en vers et en chants. dans les proverbes ou les triades, dans les phrases et les instructions. Plus nous les étudions, plus nous reconnaissons les liens étroits qui unissaient les hommes dans leurs villages. Toute querelle survenant entre deux individus était traitée comme une affaire communautaire, même les paroles offensantes qui auraient pu être prononcées lors d'une dispute étaient considérées comme une offense à la communauté et à ses ancêtres. Ils devaient être réparés par des réparations faites à la fois à l'individu et à la communauté ; (15) et si une querelle se terminait par une bagarre et des blessures, l'homme qui se tenait là et ne s'interposait pas était traité comme s'il avait lui-même infligé les blessures. (16) La procédure judiciaire était empreinte du même esprit. Chaque différend était d'abord porté devant des médiateurs ou des arbitres, et la plupart du temps, ils se terminaient par eux, les arbitres jouant un rôle très important dans la société barbare. Mais si l'affaire était trop grave pour être réglée de cette manière, elle était soumise au folkmote, qui devait « trouver la sentence », et la prononçait sous une forme conditionnelle ; c'est-à-dire « une telle compensation était due, si le tort était prouvé », et le tort devait être prouvé ou nié par six ou douze personnes confirmant ou niant le fait par serment ; épreuve à laquelle on a recours en cas de contradiction entre les deux jurys. Une telle procédure, qui est restée en vigueur pendant plus de deux mille ans de suite, en dit long sur elle-même ; cela montre à quel point les liens étaient étroits entre tous les membres de la communauté. De plus, il n'existait aucune autre autorité pour faire appliquer les décisions du folkmote que sa propre autorité morale. La seule menace possible était que la communauté déclare le rebelle hors-la-loi, mais même cette menace était réciproque. Un homme mécontent du folkmote pouvait déclarer qu'il abandonnerait la tribu et passerait à une autre tribu – une menace des plus terribles, car cela était sûr d'apporter à une tribu toutes sortes de malheurs qui auraient pu être injustes envers l'un de ses membres. (17) Une rébellion contre une bonne décision du droit coutumier était tout simplement « inconcevable », comme l'a si bien dit Henry Maine, parce que « le droit, la moralité et les faits » ne pouvaient être séparés les uns des autres à cette époque.(18) L'autorité morale de la commune était si grande que même à une époque beaucoup plus tardive, lorsque les communautés villageoises tombèrent soumises au seigneur féodal, elles maintinrent leurs pouvoirs judiciaires ; ils permettaient seulement au seigneur, ou à son adjoint, de « trouver » le sursis ci-dessus conformément au droit coutumier qu'il avait juré de suivre, et de prélever pour lui-même l'amende (la fred) due à la commune.

Mais longtemps, le seigneur lui-même, s'il restait copropriétaire des friches de la commune, se soumettait dans les affaires communales à ses décisions. Noble ou ecclésiastique, il devait se soumettre au folkmote— Wer daselbst Wasser und Weidgenest , muss gehorsam sein – « Qui jouit ici du droit à l'eau et au pâturage doit obéir » – tel était le vieil adage. Même lorsque les paysans devenaient serfs sous le seigneur, celui-ci était tenu de se présenter devant le folkmote lorsqu'ils le convoquaient.(19)

Dans leurs conceptions de la justice, les barbares ne différaient évidemment pas beaucoup des sauvages. Ils maintenaient également l'idée qu'un meurtre devait être suivi de la mise à mort du meurtrier ; que les blessures devaient être punies par des blessures égales et que la famille lésée était tenue d'exécuter la sentence du droit coutumier. C'était un devoir sacré, un devoir envers les ancêtres, qui devait être accompli au grand jour, jamais dans le secret, et largement connu. C'est pourquoi les passages les plus inspirés des sagas et de la poésie épique sont ceux qui glorifient ce qui était censé être la justice. Les dieux eux-mêmes se joignirent à cette initiative. Cependant, le trait prédominant de la justice barbare est, d'une part, de limiter le nombre des personnes susceptibles d'être impliquées dans une querelle, et, d'autre part, d'extirper l'idée brutale du sang pour le sang et des blessures pour les blessures. en lui substituant le système de compensation. Les codes barbares qui étaient des recueils de règles de droit commun écrites à l'usage des juges – « d'abord permis, puis encouragés, et enfin imposés », la compensation au lieu de la vengeance.(20) La compensation a cependant été totalement mal comprise par ceux-ci . qui la représentait comme une amende et comme une sorte de carte blanche donnée au riche pour faire ce qu'il voulait. L'indemnité (wergeld), qui était tout à fait différente de l'amende ou du fred (21), était habituellement si élevée pour toutes sortes d'infractions actives qu'elle ne constituait certainement pas un encouragement à de telles infractions. En cas de meurtre, elle dépassait généralement toute la fortune possible de l'assassin. "Dix-huit fois dix-huit vaches" est la compensation chez les Ossètes qui ne savent pas compter au-dessus de dix-huit, tandis que chez les tribus africaines elle atteint 800 vaches ou 100 chameaux avec leurs petits, soit 416 moutons dans les tribus les plus pauvres.(22) Dans la grande majorité des cas, l'argent de l'indemnisation ne pouvait pas être payé du tout, de sorte que le meurtrier n'avait d'autre issue que d'inciter la famille lésée, par le repentir, à adopter lui. Aujourd'hui encore, dans le Caucase, lorsque les querelles prennent fin, le délinquant touche de ses lèvres le sein de la femme la plus âgée de la tribu et devient le « frère de lait » de tous les hommes de la famille lésée.(23) Avec dans plusieurs tribus africaines, il doit donner sa fille ou sa sœur en mariage à quelqu'un de la famille ; avec les autres tribus, il est tenu d'épouser la femme qu'il a rendue veuve ; et dans tous les cas, il devient un membre de la famille, dont l'opinion est prise en compte dans toutes les affaires familiales importantes.(24)

Loin d'agir au mépris de la vie humaine, les barbares, d'ailleurs, ignoraient les horribles châtiments introduits plus tard par les lois laïques et canoniques sous l'influence romaine et byzantine. Car, si le code saxon admettait assez librement la peine de mort même en cas d'incendie et de vol à main armée, les autres codes barbares la prononçaient exclusivement en cas de trahison des proches et de sacrilège contre les dieux de la communauté, comme seul moyen d'apaiser les esprits. dieux.

Tout cela, comme on le voit, est très loin de la prétendue « dissolution morale » des barbares. Au contraire, nous ne pouvons qu'admirer les principes profondément moraux élaborés au sein des premières communautés villageoises qui trouvèrent leur expression dans les triades galloises, dans les légendes du roi Arthur, dans les commentaires de Brehon(25), dans les vieilles légendes allemandes, etc., ou que l'on trouve encore aujourd'hui. leur expression dans les paroles des barbares modernes. Dans son introduction à L'Histoire de Burnt Njal, George Dasent résume très justement ainsi les qualités d'un Nordique, telles qu'elles apparaissent dans les sagas :

> Faire ce qui l'attendait ouvertement et comme un homme, sans craindre ni les ennemis, ni les démons, ni le destin ; ... être libre et audacieux dans toutes ses actions ; être doux et généreux envers ses amis et parents; être sévère et sinistre envers ses ennemis [ceux qui sont soumis à la lex talionis], mais même envers eux, remplir tous les devoirs qui nous sont imposés…. Ne pas être un briseur de trêve, ni un conteur, ni un médisant. Ne rien dire contre un homme qu'il n'oserait lui dire en face. Ne détourner de sa porte aucun homme qui cherchait de la nourriture ou un abri, même s'il était un ennemi. (26)

Les mêmes principes, voire meilleurs, imprègnent la poésie épique et les triades galloises. Agir « selon la nature de la douceur et les principes de l'équité », sans égard aux ennemis ou aux amis, et « réparer le tort », sont les devoirs les plus élevés de l'homme ; « Le mal c'est la mort, le bien c'est la vie », s'exclame le poète législateur.(27) « Le monde serait fou si les accords conclus de bouche n'étaient pas honorables » — dit la loi Bréhon. Et l'humble chamaniste mordovien, après avoir vanté les mêmes qualités, ajoutera d'ailleurs dans ses principes de droit coutumier, que « entre voisins la vache et le pot à traite sont en commun » ; que « la vache doit être traite pour vous et pour celui qui demande du lait » ; que « le corps de l'enfant rougit à cause du coup, mais le visage de celui qui frappe rougit de honte » (28) ; et ainsi de suite. De nombreuses pages pourraient être remplies de principes similaires exprimés et suivis par les « barbares ».

Une caractéristique supplémentaire des anciennes communautés villageoises mérite une mention spéciale. C'est l'extension progressive du cercle des hommes embrassés par les sentiments de solidarité. Non seulement les tribus se fédèrent en souches, mais aussi les souches, même si elles sont d'origine différente, se réunissent en confédérations. Certaines unions étaient si étroites que, par exemple, les Vandales, après qu'une partie de leur confédération fut partie vers le Rhin et de là vers l'Espagne et l'Afrique, respectèrent pendant quarante années consécutives les bornes et les villages abandonnés de leurs confédérés, et ne ils n'en prendront possession qu'après s'être assurés par des envoyés que leurs confédérés n'avaient pas l'intention de revenir. Chez les autres barbares, le sol était cultivé par une partie de la tige, tandis que l'autre partie combattait sur ou au-delà des frontières du territoire commun. Quant aux lieues entre plusieurs tiges, elles étaient assez habituelles. Les Sicambers s'unirent aux Chérusques et aux Suèves , les Quades aux Sarmates ; les Sarmates avec les Alains, les Carpes et les Huns. Plus tard, nous voyons également se développer progressivement en Europe la conception des nations, bien avant qu'un quelconque État ne se soit développé dans une partie du continent occupée par les barbares. Ces nations, car il est impossible de refuser le nom de nation à la France mérovingienne ou à la Russie des XIe et XIIe siècles, n'étaient pourtant tenues ensemble que par une communauté de langue et un accord tacite du petit peuple. les républiques ne devaient prendre leurs ducs que dans une seule famille spéciale.

Les guerres étaient certainement inévitables ; la migration signifie la guerre ; mais Sir Henry Maine a déjà pleinement prouvé dans sa remarquable étude de l'origine tribale du droit international que « l'homme n'a jamais été assez féroce ou assez stupide pour se soumettre à un mal tel que la guerre sans faire un effort quelconque pour l'empêcher ». et il a montré combien est extrêmement grand « le nombre d'institutions anciennes qui portent la marque d'un dessein de faire obstacle à la guerre, ou de lui fournir une alternative ».(29) En réalité, l'homme est si loin du étant guerrier, il est censé l'être, que, une fois installés, les barbares perdirent si rapidement les habitudes de la guerre qu'ils furent bientôt obligés d'avoir des ducs spéciaux suivis de scholae ou de bandes de guerriers spéciaux, afin de les protéger d'éventuelles attaques. les intrus. Ils préférèrent le travail pacifique à la guerre, la tranquillité même de l'homme étant la cause de la spécialisation du métier de guerrier, spécialisation qui aboutit plus tard au servage et à toutes les guerres de la « période des États » de l'histoire humaine.

L'histoire trouve de grandes difficultés à redonner vie aux institutions des barbares. A chaque pas, l'historien rencontre quelque vague indice qu'il ne peut expliquer à l'aide de ses seuls documents. Mais une large lumière est jetée sur le passé dès qu'on se réfère aux institutions des tribus très nombreuses qui vivent encore sous une organisation sociale presque identique à celle de nos ancêtres barbares. Nous avons ici simplement la difficulté de choisir, car les îles du Pacifique, les steppes d'Asie et les plateaux d'Afrique sont de véritables musées historiques contenant des spécimens de toutes les étapes intermédiaires possibles par lesquelles l'humanité a vécu, en passant des gentes sauvages jusqu'aux gentes sauvages. à l'organisation des États. Examinons donc quelques-uns de ces spécimens.

Si l'on prend les communautés villageoises des Bouriates mongols , notamment celles de la steppe de Koudinsk sur la haute Léna, qui ont mieux échappé à l'influence russe, nous avons de bons représentants des barbares dans un état de transition, entre l'élevage et l'agriculture.(30) Les Bouriates vivent toujours dans des « familles communes » ; c'est-à-dire que, bien que chaque fils, une fois marié, aille vivre dans une hutte séparée, les huttes d'au moins trois générations restent dans la même enceinte, et la famille commune travaille en commun dans ses champs et possède en commun sa propriété commune. les ménages et leur bétail, ainsi que leurs « terrains à veaux » (petites parcelles de terre clôturées et gardées sous de l'herbe tendre pour l'élevage des veaux). En règle générale, les repas sont pris séparément dans chaque cabane ; mais lorsque la viande est rôtie, tous les vingt à soixante membres de la maison commune se régalent ensemble. Plusieurs ménages communs qui vivent en groupe, ainsi que plusieurs petites familles installées dans le même village - pour la plupart des débris de ménages communs brisés accidentellement - forment l' oulous , ou la communauté villageoise ; plusieurs oulous font une tribu ; et les quarante-six tribus, ou clans, de la steppe de Kudinsk sont réunies en une seule confédération. Des confédérations plus petites et plus étroites sont formées, lorsque la nécessité s'en fait sentir pour des besoins particuliers, par plusieurs tribus. Ils ne connaissent pas de propriété privée sur la terre, la terre étant détenue en commun par les oulous , ou plutôt par la confédération, et si cela s'avère nécessaire, le territoire est réattribué entre les différents oulous lors d'un folkmote de la tribu, et entre les différents oulous. quarante-six tribus lors d'un folkmote de la confédération. Il convient de noter que la même organisation prévaut parmi les 250 000 Bouriates de Sibérie orientale, bien qu'ils soient sous domination russe depuis trois siècles et qu'ils connaissent bien les institutions russes.

Avec tout cela, les inégalités de fortune se développent rapidement parmi les Bouriates , d'autant plus que le gouvernement russe accorde une importance exagérée à leurs taishas (princes) élus, qu'il considère comme des collecteurs d'impôts responsables et des représentants des confédérations dans leurs activités administratives et même commerciales. relations avec les Russes. Les voies d' enrichissement d'un petit nombre sont donc nombreuses, tandis que l'appauvrissement du grand nombre va de pair, à travers l'appropriation des terres bouriate par les Russes. Mais c'est une habitude chez les Bouriates , surtout ceux de Koudinsk — et l'habitude est plus que la loi — que si une famille a perdu son bétail, les familles les plus riches lui donnent des vaches et des chevaux pour qu'elle puisse se rétablir. Quant au démuni qui n'a pas de famille, il prend ses repas dans les cases de ses congénères ; il entre dans une cabane, prend — de droit, non par charité — sa place près du feu et partage le repas qui est toujours scrupuleusement partagé en parts égales ; il dort là où il a pris son repas du soir. Dans l'ensemble, les conquérants russes de la Sibérie furent tellement frappés par les pratiques communistes des Bouriates qu'ils leur donnèrent le nom de Bratskiye — « les Frères » — et en rendirent compte à Moscou. "Avec eux, tout est en commun ; tout ce qu'ils ont est partagé en commun." Aujourd'hui encore, lorsque les Léna Bouriate vendent leur blé, ou envoient une partie de leur bétail pour la vendre à un boucher russe, les familles des oulous , ou tribu, rassemblent leur blé et leur bétail et le vendent en tout. Chaque oulous possède en outre son magasin à grains pour les prêts en cas de besoin, son four communal (les quatre banals des anciennes communautés françaises), et son forgeron qui, comme le forgeron des communautés indiennes(31), étant un membre de la communauté, n'est jamais rémunéré pour son travail au sein de la communauté. Il doit le fabriquer pour rien, et s'il utilise son temps libre à fabriquer les petites plaques de fer ciselé et argenté qui servent en pays bouriate à la décoration des vêtements, il peut occasionnellement les vendre à une femme d'un autre clan, mais pour aux femmes de son propre clan, la tenue est offerte en cadeau. La vente et l'achat ne peuvent avoir lieu au sein de la communauté, et la règle est si sévère que lorsqu'une famille plus riche embauche un ouvrier , celui -ci doit être choisi dans un autre clan ou parmi les Russes. Cette habitude n'est évidemment pas spécifique aux Bouriates ; il est si largement répandu parmi les barbares modernes, aryens et oural-altaïens , qu'il a dû être universel parmi nos ancêtres.

Le sentiment d'union au sein de la confédération est entretenu par les intérêts communs des tribus, leurs folkmotes et les festivités qui sont habituellement organisées en relation avec les folkmotes. Le même sentiment est cependant entretenu par une autre institution, l'aba, ou chasse commune, qui est une réminiscence d'un passé très lointain. Chaque automne, les quarante-six clans de Koudinsk se réunissent pour une telle chasse dont les produits sont répartis entre toutes les familles. De plus, des abas nationaux, pour affirmer l'unité de toute la nation bouriate , sont convoqués de temps en temps. Dans de tels cas, tous les clans bouriate , dispersés sur des centaines de kilomètres à l'ouest et à l'est du lac Baïkal, sont obligés d'envoyer leurs délégués chasseurs. Des milliers d'hommes se rassemblent, chacun apportant des provisions pour un mois entier. La part de chacun doit être égale à celle de toutes les autres, c'est pourquoi, avant d'être rassemblées, elles sont pesées par un ancien élu (toujours « avec la main » : une balance serait une profanation de l'ancienne coutume). Ensuite, les chasseurs se divisent en bandes de vingt et les groupes partent à la chasse selon un plan bien établi. C'est ainsi que la nation bouriate tout entière renoue avec ses traditions épiques du temps où elle était unie en une ligue puissante. Ajoutons que de telles chasses communautaires sont assez habituelles chez les Peaux-Rouges et les Chinois sur les rives de l' Usuri (le kada).(32)

Avec les Kabyles , dont les manières de vivre ont été si bien décrites par deux explorateurs français (33), nous avons des barbares encore plus avancés en agriculture. Leurs champs, irrigués et fumés, sont bien entretenus, et dans les régions vallonnées, chaque parcelle de terre disponible est cultivée à la bêche. Les Kabyles ont connu bien des vicissitudes dans leur histoire ; ils ont suivi pendant quelque temps la loi musulmane sur l'héritage, mais, s'y étant opposés , ils sont revenus, il y a 150 ans, à l'ancienne loi tribale coutumière. Leur régime foncier est donc mixte et la propriété privée des terres coexiste avec la possession communale. Pourtant, la base de leur organisation actuelle est la communauté villageoise, les thaddart , qui se compose généralement de plusieurs familles communes (kharoubas), revendiquant une communauté d'origine, ainsi que de familles plus petites d'étrangers. Plusieurs villages sont regroupés en clans ou tribus (arche) ; plusieurs tribus composent la confédération (thak'ebilt) ; et plusieurs confédérations peuvent occasionnellement entrer dans une ligue, principalement à des fins de défense armée .

Les Kabyles ne connaissent aucune autorité autre que celle de la djemmaa , ou folkmote de la communauté villageoise. Tous les hommes majeurs y participent, en plein air ou dans un bâtiment spécial muni de sièges en pierre. Et les décisions de la djemmaa sont évidemment prises à l'unanimité : c'est-à-dire que les discussions se poursuivent jusqu'à ce que toutes les personnes présentes soient d'accord pour accepter ou se soumettre à une décision. En l'absence d'autorité dans une communauté villageoise pour imposer une décision, ce système a été pratiqué par l'humanité partout où il y a eu des communautés villageoises, et il l'est encore partout où elles continuent d'exister, c'est-à-dire par plusieurs centaines de millions d'hommes dans le monde entier. La djemmaa nomme son exécutif : l'ancien, le scribe et le trésorier ; il évalue ses propres impôts ; et il gère la répartition des terres communes, ainsi que toutes sortes de travaux d'utilité publique. De nombreux travaux sont réalisés en commun : les routes, les mosquées, les fontaines, les canaux d'irrigation, les tours érigées pour se protéger des voleurs, les clôtures, etc., sont construits par la communauté villageoise ; tandis que les grandes routes, les plus grandes mosquées et les grands marchés sont l'ouvrage de la tribu. De nombreuses traces de culture commune subsistent et les maisons continuent d'être construites par ou avec l'aide de tous les hommes et femmes du village. Au total, les « aides » sont quotidiennes et sont continuellement sollicitées pour la culture des champs, pour les récoltes, etc. Quant au travail qualifié, chaque communauté a son forgeron, qui jouit de sa part du terrain communal et travaille pour la communauté ; lorsque la saison des labours approche, il visite chaque maison et répare les outils et les charrues, sans espérer aucun salaire, tandis que la fabrication de nouvelles charrues est considérée comme un travail pieux qui ne peut en aucun cas être récompensé en argent, ou par toute autre forme. de salaire.

Comme les Kabyles possèdent déjà des propriétés privées, ils comptent évidemment parmi eux des riches et des pauvres. Mais comme tous les gens qui vivent ensemble et savent comment commence la pauvreté, ils la considèrent comme un accident qui peut frapper tout le monde . « Ne dites pas que vous ne porterez jamais le sac du mendiant et que vous n'irez jamais en prison », est un proverbe des paysans russes ; les Kabyles pratiquez -le, et aucune différence ne peut être détectée dans le comportement extérieur entre riches et pauvres ; lorsque le pauvre convoque une « aide », le riche travaille dans son champ, de même que le pauvre le fait réciproquement à son tour(34). De plus, les djemmaas réservent certains jardins et champs, parfois cultivés en commun, pour le recours aux membres les plus pauvres. De nombreuses coutumes similaires continuent d'exister. Comme les familles les plus pauvres ne pourraient pas acheter de viande, la viande est régulièrement achetée avec l'argent des amendes, ou des cadeaux aux djemmaa , ou des paiements pour l'utilisation des bassins communaux d'huile d'olive, et elle est distribuée à parts égales. une partie parmi ceux qui n'ont pas les moyens d'acheter eux-mêmes de la viande. Et lorsqu'un mouton ou un bœuf est tué par une famille pour son propre usage un jour qui n'est pas un jour de marché, le fait est annoncé dans les rues par le crieur du village, afin que les malades et les femmes enceintes en prennent soin. ce qu'ils veulent. L'entraide imprègne la vie des Kabyles , et si l'un d'eux, au cours d'un voyage à l'étranger, rencontre un autre Kabyle dans le besoin, il est tenu de lui venir en aide, même au péril de sa fortune et de sa vie ; si cela n'a pas été fait, la djemmaa de l'homme qui a souffert d'une telle négligence peut porter plainte, et la djemmaa de l'homme égoïste compensera immédiatement la perte. On retrouve ainsi une coutume familière aux étudiants des corporations marchandes médiévales. Tout étranger qui entre dans un village kabyle a droit à un logement en hiver, et ses chevaux peuvent toujours paître vingt-quatre heures sur les terres communales. Mais en cas de besoin, il peut compter sur un soutien quasi illimité. Ainsi, lors de la famine de 1867-68, les Kabyles reçurent et nourrirent tous ceux qui cherchaient refuge dans leurs villages, sans distinction d'origine. Dans le district de Dellys, pas moins de 12 000 personnes venues de toutes les régions d'Algérie, et même du Maroc, ont été ainsi nourries. Alors que des gens mouraient de faim partout en Algérie, il n'y a pas eu un seul cas de décès dû à cette cause sur le sol kabyle . Les djemmaas

, se privant du nécessaire, organisèrent des secours, sans jamais demander aucune aide au gouvernement, ni émettre la moindre plainte ; ils considéraient cela comme un devoir naturel. Et tandis que parmi les colons européens toutes sortes de mesures de police étaient prises pour prévenir les vols et les désordres résultant d'un tel afflux d'étrangers, rien de tel n'était requis sur le territoire des Kabyles : les djemmaas n'avaient besoin ni d'aide ni de protection de l'extérieur.(35)

Je ne peux que mentionner brièvement deux autres aspects très intéressants de la vie kabyle : à savoir, l' anaya , ou protection accordée aux puits, aux canaux, aux mosquées, aux marchés, à certaines routes, etc., en cas de guerre, et les cofs . Dans l' Anaya, nous disposons d'une série d'institutions destinées à la fois à diminuer les maux de la guerre et à prévenir les conflits. Ainsi le marché est anaya , surtout s'il se situe sur une frontière et rapproche les Kabyles et les étrangers ; personne n'ose troubler la paix sur le marché, et si un trouble survient, il est immédiatement réprimé par les étrangers rassemblés dans le bourg. La route par laquelle les femmes vont du village à la fontaine est également anaya en cas de guerre ; et ainsi de suite. Quant au COF, il s'agit d'une forme d'association largement répandue, présentant certains caractères des Burgschaften ou Gegilden médiévaux , ainsi que de sociétés à la fois de protection mutuelle et à des fins diverses - intellectuelles, politiques et émotionnelles - qui ne peuvent être satisfaites par le organisation territoriale du village, du clan et de la confédération. Le cof ne connaît pas de limites territoriales ; elle recrute ses membres dans divers villages, même parmi des étrangers ; et il les protège dans toutes les éventualités possibles de la vie. Au total, il s'agit d'une tentative de compléter le groupement territorial par un groupement extra-territorial destiné à exprimer des affinités mutuelles de toutes sortes par-delà les frontières. La libre association internationale des goûts et des idées individuels, que nous considérons comme l'un des meilleurs traits de notre propre vie, trouve donc son origine dans l'antiquité barbare.

Les montagnards du Caucase offrent un autre champ extrêmement instructif d'illustrations du même genre. En étudiant les coutumes actuelles des Ossètes , leurs familles et communes communes et leurs conceptions judiciaires, le professeur Kovalevsky, dans un ouvrage remarquable sur la coutume moderne et le droit ancien, a pu, étape par étape, retracer les dispositions similaires des anciens codes barbares et même étudier les origines de la féodalité. Avec d'autres souches caucasiennes, on entrevoit parfois l'origine de la communauté villageoise dans les cas où elle n'était pas tribale mais issue d'une union volontaire entre familles d'origine distincte. Tel a été récemment le cas de certains villages de Khevsoure , dont les habitants prêtaient le serment de « communauté et fraternité ».(36) Dans une autre partie du Caucase, le Daghestan , on voit se développer des relations féodales entre deux tribus, chacune entretenant à la fois en même temps leurs communautés villageoises (et même des traces des « classes » gentiles), donnant ainsi une illustration vivante des formes prises par la conquête de l'Italie et de la Gaule par les barbares. La race victorieuse, les Lezghines , qui ont conquis plusieurs villages géorgiens et tartares du district de Zakataly , ne les a pas mis sous la domination de familles séparées ; ils constituaient un clan féodal qui comprend aujourd'hui 12 000 ménages répartis dans trois villages, et possède en commun pas moins de vingt villages géorgiens et tartares. Les conquérants partagèrent leur propre pays entre leurs clans, et les clans le partagèrent en parts égales entre les familles ; mais ils n'ont pas gêné les djemmaas de leurs affluents qui pratiquent encore l'habitude mentionnée par Jules César ; à savoir, la djemmaa décide chaque année quelle partie du territoire communal doit être cultivée, et cette terre est divisée en autant de parts qu'il y a de familles, et les parts sont réparties par tirage au sort. Il convient de noter que si les prolétaires sont courants chez les Lezghins (qui vivent sous un système de propriété privée des terres et de propriété commune des serfs (37)), ils sont rares parmi leurs serfs géorgiens, qui continuent de détenir leurs terres. en commun. Quant au droit coutumier des montagnards du Caucase, il est à peu près le même que celui des Lombards ou des Francs saliques, et plusieurs de ses dispositions expliquent en grande partie la procédure judiciaire des barbares d'autrefois. Étant d'un caractère très impressionnable, ils font de leur mieux pour éviter que les querelles ne prennent une issue fatale ; ainsi, chez les Khevsoures , les épées sont très vite tirées lorsqu'une querelle éclate ; mais si une femme se précipite et jette parmi eux le morceau de linge qu'elle porte sur la tête, les épées rentrent aussitôt dans leur fourreau, et la querelle s'apaise. La coiffure des femmes est anaya . Si une querelle n'a pas été arrêtée à temps et s'est terminée par un meurtre, l'argent de l'indemnisation est si considérable que l'agresseur est entièrement ruiné pour sa vie, à moins qu'il ne soit adopté par la famille lésée ; et s'il a eu recours à son épée dans une querelle insignifiante et a infligé des blessures, il perd à jamais la considération de ses proches. Dans tous les litiges, les médiateurs prennent l'affaire en main ; ils choisissent parmi les membres du clan les juges — six pour les petites affaires, et de dix à quinze pour les affaires plus graves — et les observateurs russes témoignent de l'incorruptibilité absolue des juges. Un serment a une telle portée que les hommes jouissant de l'estime générale sont dispensés de le prêter : une simple affirmation suffit amplement, d'autant plus que dans les affaires graves le Khevsoure n'hésite jamais à reconnaître sa culpabilité (je veux dire, bien sûr, le Khevsoure intact encore). par civilisation). Le serment est principalement réservé à de tels cas, comme les litiges de propriété, qui nécessitent une sorte d'appréciation en plus d'un simple exposé des faits ; et dans de tels cas, les hommes dont l'affirmation tranchera dans le différend agissent avec la plus grande circonspection. Au total, ce n'est certainement pas un manque d'honnêteté ou de respect des droits de leurs congénères qui caractérise les sociétés barbares du Caucase.

Les racines de l'Afrique offrent une telle diversité de sociétés extrêmement intéressantes, à tous les stades intermédiaires, depuis les premières communautés villageoises jusqu'aux monarchies barbares et despotiques, que je dois abandonner l'idée de donner ici ne serait-ce que les principaux résultats d'une étude comparative de leurs institutions. 38) Il suffit de dire que, même sous le despotisme le plus horrible des rois, les folkmotes des communautés villageoises et leur droit coutumier restent souverains dans un large cercle d'affaires. La loi de l'État permet au roi de donner la vie à n'importe qui pour un simple caprice, ou même pour simplement satisfaire sa gourmandise ; mais le droit coutumier du peuple continue d'entretenir le même réseau d'institutions d'entraide qui existe chez d'autres barbares ou a existé chez nos ancêtres. Et avec quelques souches plus favorisées (au Bornu, en Ouganda, en Abyssinie), et surtout chez les Bogos, certaines dispositions du droit coutumier inspirent des sentiments vraiment gracieux et délicats.

Les communautés villageoises des indigènes des deux Amériques ont le même caractère. Les Tupi du Brésil vivaient dans des « maisons longues » occupées par des clans entiers qui cultivaient en commun leurs champs de maïs et de manioc. Les Arani, beaucoup plus avancés en civilisation, cultivaient leurs champs en commun ; de même les Oucagas , qui avaient appris, sous leur système de communisme primitif et de « maisons longues », à construire de bonnes routes et à exploiter une variété d' industries domestiques (39) non inférieures à celles du début du Moyen Âge en Europe. Tous vivaient également sous le même droit coutumier dont nous avons donné des spécimens dans les pages précédentes. A une autre extrémité du monde, nous trouvons le féodalisme malais, mais ce féodalisme a été impuissant à déraciner la negaria , ou communauté villageoise, avec sa propriété commune d'au moins une partie de la terre et la redistribution des terres entre les diverses negarias du pays. tribu.(40) Chez les Alfurus de Minahasa, nous retrouvons la rotation communale des cultures ; avec la souche indienne des Wyandots, nous avons la redistribution périodique des terres au sein de la tribu et la culture clanique du sol ; et dans toutes les régions de Sumatra où les institutions musulmanes n'ont pas encore totalement détruit l'ancienne organisation, nous trouvons la famille commune (suka) et la communauté villageoise (kota) qui conservent leurs droits sur la terre, même si une partie a été défrichée sans raison. son autorisation.(41) Mais dire cela, c'est dire que toutes les coutumes de protection mutuelle et de prévention des querelles et des guerres, qui ont été brièvement indiquées dans les pages précédentes comme caractéristiques de la communauté villageoise, existent également. Plus encore : plus la possession commune de la terre a été pleinement maintenue, meilleures et plus douces sont les habitudes. De

Stuers affirme positivement que partout où l'institution de la communauté villageoise a été moins empiétée par les conquérants, les inégalités de fortune sont moindres et les prescriptions mêmes de la lex talionis sont moins cruelles ; tandis qu'au contraire, partout où la communauté villageoise a été totalement éclatée, « les habitants subissent l'oppression la plus insupportable de la part de leurs dirigeants despotiques »(42). Cela est tout à fait naturel. Et lorsque Waitz a fait remarquer que les souches qui ont conservé leurs confédérations tribales se situent à un niveau de développement plus élevé et ont une littérature plus riche que celles qui ont perdu les anciens liens d'union, il a seulement souligné ce qui aurait pu être prédit à l'avance. .

D'autres illustrations m'entraîneraient simplement dans de fastidieuses répétitions, tant les sociétés barbares sont étonnamment semblables sous tous les climats et parmi toutes les races. Le même processus d'évolution s'est déroulé au sein de l'humanité, avec une merveilleuse similitude. Lorsque l'organisation clanique, attaquée de l'intérieur par la famille séparée et de l'extérieur par le démembrement des clans migrants et la nécessité d'accueillir des étrangers d'origine différente, la communauté villageoise, fondée sur une conception territoriale, voit le jour. . Cette nouvelle institution, issue naturellement de la précédente, le clan, permettait aux barbares de traverser une période des plus troublée de l'histoire sans se briser en familles isolées qui auraient succombé dans la lutte pour la vie. De nouvelles formes de culture développées sous la nouvelle organisation ; l'agriculture a atteint le stade qu'elle a à peine dépassé jusqu'ici avec le grand nombre ; les industries nationales atteignirent un haut degré de perfection. Le désert était conquis, il était traversé de routes, parsemées d'essaims rejetés par les communautés-mères. Des marchés et des centres fortifiés , ainsi que des lieux de culte public, sont érigés. Les conceptions d'une union plus large, étendue à des tiges entières et à plusieurs tiges d'origines diverses, se sont lentement élaborées. Les anciennes conceptions de la justice, qui n'étaient que des conceptions de vengeance, subirent lentement une profonde modification : l'idée de réparation du tort commis remplaçant la vengeance. Le droit coutumier, qui fait encore la loi de la vie quotidienne des deux tiers ou plus de l'humanité, a été élaboré sous cette organisation, ainsi qu'un système d'habitudes destiné à empêcher l'oppression des masses par les minorités dont les pouvoirs augmentaient proportionnellement. aux facilités croissantes d'accumulation privée de richesses. Telle était la nouvelle forme prise par les tendances des masses au soutien mutuel. Et les progrès — économiques, intellectuels et moraux — que l'humanité accomplit sous cette nouvelle forme d'organisation populaire furent si grands que les États, lorsqu'ils furent appelés plus tard à exister, prirent simplement possession, dans l'intérêt des minorités, de toutes les fonctions judiciaires, économiques et administratives que la communauté villageoise exerçait déjà dans l'intérêt de tous.

1. D'innombrables traces de lacs post- pliocènes , aujourd'hui disparus, se trouvent en Asie centrale, occidentale et du Nord. Des coquilles des mêmes espèces que celles que l'on trouve aujourd'hui dans la mer Caspienne sont dispersées à la surface du sol jusqu'à l'est jusqu'à mi-chemin du lac Aral, et se retrouvent dans des dépôts récents aussi loin au nord que Kazan. Des traces de golfes Caspiens, autrefois pris pour d'anciens lits de l'Amu, recoupent le territoire turkmène. Il faut sûrement déduire les oscillations temporaires et périodiques. Mais avec tout cela, la dessiccation est évidente et elle progresse à une vitesse jusqu'alors inattendue. Même dans les régions relativement humides du sud-ouest de la Sibérie, la succession d'enquêtes fiables, récemment publiées par Yadrintseff , montre que des villages se sont développés sur ce qui était, il y a quatre-vingts ans, le fond d'un des lacs du groupe Tchany ; tandis que les autres lacs du même groupe, qui couvraient il y a une cinquantaine d'années des centaines de kilomètres carrés, ne sont plus que de simples étangs. En bref, le dessèchement de l'Asie du Nord-Ouest se poursuit à un rythme qui doit être mesuré en siècles, et non en unités géologiques de temps dont nous parlions autrefois.

2. Des civilisations entières avaient ainsi disparu, comme le prouvent aujourd'hui les découvertes remarquables en Mongolie sur l'Orkhon et dans la dépression de Lukchun (par Dmitri Clements).

3. Si je suis les opinions de (pour ne citer que les spécialistes modernes) Nasse, Kovalevsky et Vinogradov, et non celles de M. Seebohm (M. Denman Ross ne peut être nommé que par souci d'exhaustivité), ce n'est pas seulement parce que de la profonde connaissance et de la concordance des vues de ces trois écrivains, mais aussi en raison de leur parfaite connaissance de la communauté villageoise dans son ensemble, connaissance dont le manque se fait beaucoup sentir dans l'ouvrage par ailleurs remarquable de M. Seebohm. La même remarque s'applique, à un degré encore plus élevé, aux écrits les plus élégants de Fustel de Coulanges, dont les opinions et les interprétations passionnées des textes anciens se limitent à lui-même.

4. La littérature de la communauté villageoise est si vaste qu'on ne peut citer que quelques ouvrages. Celles de Sir Henry Maine, de M. Seebohm et de Das alte Wallis de Walter (Bonn, 1859) sont des sources d'information populaires bien connues sur l'Écosse, l'Irlande et le Pays de Galles. Pour la France, P. Viollet, Précis de l'histoire du droit français . Droit privé , 1886, et plusieurs de ses monographies dans Bibl. de l'Ecole des Chartes ; Babeau , Le Village sous l'ancien régime (le mir au XVIIIe siècle), troisième édition, 1887 ; Bonnemère , Doniol , etc. Pour l'Italie et la Scandinavie, les principaux ouvrages sont nommés dans Primitive Property de Laveleye , version allemande de K. Bucher. Pour les Finlandais, Rein's Forelasningar , i . 16 ;

Koskinen, finnois Geschichte , 1874, et diverses monographies. Pour les vies et les cours , Prof. Lutchitzky à Severnyi Vestnil , 1891. Pour les Teutons, outre les œuvres bien connues de Maurer, Sohm (Altdeutsche Reichs-und Gerichts- Verfassung), également Dahn (Urzeit , Volkerwanderung , Langobardische Studien), Janssen, Wilh . Arnold, etc. Pour l'Inde, outre H. Maine et les œuvres qu'il nomme, Aryan Village de Sir John Phear . Pour la Russie et les Slaves du Sud, voir Kavelin , Posnikoff , Sokolovsky, Kovalevsky, Efimenko, Ivanisheff , Klaus, etc. (copieux index bibliographique jusqu'en 1880 dans le Sbornik Suède ob obschinye des Russes. Géog. Soc.). Pour des conclusions générales, outre celles de Laveleye Propriete , Morgan's Ancient Society, Lippert's Kulturgeschichte , Post, Dargun , etc., ainsi que les conférences de M. Kovalevsky (Tableau des origines et de l'évolution de la famille et de la propriété , Stockholm, 1890). De nombreuses monographies spéciales méritent d'être mentionnées ; leurs titres se retrouvent dans les excellentes listes données par P. Viollet dans Droit privé et Droit public. Pour les autres courses, voir les notes suivantes.

5. Plusieurs autorités sont enclines à considérer le foyer commun comme une étape intermédiaire entre le clan et la communauté villageoise ; et il ne fait aucun doute que, dans de très nombreux cas, les communautés villageoises sont nées de familles indivises. Néanmoins, je considère le ménage commun comme un fait d'un autre ordre. On le retrouve au sein des gentes ; en revanche, on ne peut affirmer qu'à aucune époque des familles communes aient existé sans appartenir ni à une gens , ni à une communauté villageoise, ni à un Gau . Je conçois les premières communautés villageoises comme nées lentement et directement des gentes et constituées, selon les circonstances raciales et locales, soit de plusieurs familles communes, soit de familles à la fois communes et simples, ou (surtout dans le cas de nouvelles colonies) de familles simples. familles uniquement. Si cette vue est exacte, nous n'aurions pas le droit d'établir la série : gens, famille composée, communauté villageoise, le deuxième membre de la série n'ayant pas la même valeur ethnologique que les deux autres. Voir l'Annexe IX.

6. Stobbe, Beitrag zur Geschichte desutschen Rechtes , p. 62.

7. Les quelques traces de propriété privée foncière que l'on rencontre au début de la période barbare se trouvent avec des souches (les Bataves, les Francs en Gaule) qui ont été pendant un certain temps sous l'influence de la Rome impériale. Voir Die Ausbildung der grossen d'Inama- Sternegg Grundherrschaften en Allemagne, Bd. je . 1878. Aussi, Besseler, Neubruch après les avoir modifiés deutschen Recht, pp. 11-12, cité par Kovalevsky, Modern Custom and Ancient Law, Moscou, 1886, i . 134.

Markgenossenschaft de Maurer ; " Wirthschaft und Recht der Franken zur Zeit der Volksrechte " de Lamprecht , dans Histor . Taschenbuch , 1883 ; La communauté du village anglais de Seebohm, ch. vi, vii et ix.

9. Létourneau, dans Bulletin de la Soc. d'Anthropologie , 1888, vol. XI. p. 476.

10. Walter, Das alte Wallis, p. 323 ; Dm. Bakradze et N. Khoudadoff dans le Zapiski russe du Geogr du Caucase . Société, XIV. Partie I.

11. Les races autochtones de Bancroft ; Waitz, Anthropologie, iii. 423 ; Montrozier , dans Bull. Soc. d'Anthropologie , 1870 ; Post's Studien , etc.

12. Un certain nombre de travaux, d'Ory, Luro, Laudes et Sylvestre, sur la communauté villageoise en Annam, prouvant qu'elle y a eu les mêmes formes qu'en Allemagne ou en Russie, sont mentionnés dans une revue de ces travaux par Jobbe- Duval, dans Nouvelle Revue historique de droit français et étranger , octobre et décembre 1896. Une bonne étude de la communauté villageoise du Pérou, avant l'établissement du pouvoir des Incas, a été réalisée par Heinrich Cunow (Die Soziale Verfassung des Inka-Reichs, Stuttgart, 1896.) La possession communale de la terre et la culture communale sont décrites dans cet ouvrage.

13. Kovalevsky, Coutume moderne et droit ancien, i . 115.

14. Palfrey, Histoire de la Nouvelle-Angleterre, ii. 13 ; cité dans Maine's Village Communities, New York, 1876, p. 201.

15. Königswarter , Etudes sur le développement des sociétés humaines , Paris, 1850.

16. C'est du moins la loi des Kalmouks, dont le droit coutumier ressemble le plus aux lois des Germains, des anciens Slaves, etc.

17. Cette habitude est encore en vigueur chez de nombreuses tribus africaines et autres.

18. Communautés villageoises, pp. 65-68 et 199.

19. Maurer (Gesch. der Markverfassung , sections 29, 97) est tout à fait décisif à ce sujet. Il soutient que « Tous les membres de la communauté... les seigneurs laïcs et cléricaux aussi, souvent aussi les copropriétaires partiels (Markberechtigte), et même les étrangers à la Marque, étaient soumis à sa juridiction » (p. 312). Cette conception resta localement en vigueur jusqu'au XVe siècle.

20. Königswarter , loc. cit. p. 50 ; J. Thrupp, Historical Law Tracts, Londres, 1843, p. 106.

21. Königswarter a montré que le fred provenait d'une offrande qui devait être faite pour apaiser les ancêtres. Plus tard, elle fut versée à la communauté, pour violation de la paix ; et plus tard encore au juge, au roi ou au seigneur, lorsqu'ils se furent appropriés les droits de la communauté.

Bausteine et Afrikanische de Post Jurisprudence , Oldenbourg, 1887, vol. je . pp. 64 suiv.; Kovalevski, loc. cit. ii. 164-189.

23. O. Miller et M. Kovalevsky, « Dans les communautés montagnardes de Kabardie », dans Vestnik Evropy , avril 1884. Chez les Shakhsevens de la steppe de Mugan, les vendettas se terminent toujours par un mariage entre les deux camps hostiles (Markoff, en annexe au Zapiski du Caucasian Geogr . Soc. xiv. 1, 21).

24. Poste, dans Afrik . La jurisprudence , donne une série de faits illustrant les conceptions de l'équité enracinées chez les barbares africains. On peut en dire autant de tous les examens sérieux du droit commun barbare.

25. Voir l'excellent chapitre « Le droit de La Vieille Irlande », (également « Le Haut Nord ») dans Etudes de droit international et de droit politique, par le professeur E. Nys, Bruxelles , 1896.

26. Introduction, p. xxxv.

27. Das alte Wallis, p. 343-350.

28. Maynoff , « Esquisses des pratiques judiciaires des Mordoviens », dans le Zapiski ethnographique de la Société géographique russe, 1885, pp. 236, 257.

29. Henry Maine, International Law, Londres, 1888, p. 11-13. E. Nys, Les origines du droit international, Bruxelles , 1894.

30. Un historien russe, le professeur Schapoff de Kazan , exilé en 1862 en Sibérie, a donné une bonne description de leurs institutions dans les Izvestia de la Société géographique de Sibérie orientale, vol. v.1874.

31. Communautés villageoises de Sir Henry Maine, New York, 1876, pp. 193-196.

32. Nazaroff, Le territoire d'Ousuri du Nord (russe), Saint-Pétersbourg, 1887, p. 65.

33. Hanoteau et Létourneux , La Kabylie , 3 vol. Paris, 1883.

34. Pour convoquer une « aide » ou une « abeille », il faut offrir une sorte de repas à la communauté. Un ami caucasien me raconte qu'en Géorgie, lorsque le pauvre veut une « aide », il emprunte au riche un ou deux moutons pour préparer le repas, et la communauté apporte, en plus de son travail, tant de provisions. afin qu'il puisse rembourser la dette. Une habitude similaire existe chez les Mordoviens.

35. Hanoteau et Létourneux , La kabylie , ii. 58. Le même respect envers les étrangers est de règle chez les Mongols. Le Mongol qui a refusé son toit à un étranger paie la pleine compensation du sang si l'étranger en a souffert (Bastian, Der Mensch in der Geschichte , iii. 231).

36. N. Khoudadoff , « Notes sur les Khevsoures », dans Zapiski du Caucasian Geogr . Société, XIV. 1, Tiflis, 1890, p. 68. Ils ont également prêté serment de ne pas épouser de filles issues de leur propre union, démontrant ainsi un retour remarquable aux anciennes règles gentilices.

37. Dm. Bakradze, « Notes sur le district de Zakataly », dans le même Zapiski , xiv. 1, p. 264. L'"équipe commune" est aussi courante chez les Lezghins que chez les Ossètes .

38. Voir article, Afrikanische Jurisprudence , Oldenbourg, 1887. Munzinger , Ueber das Recht und Sitten der Bogos, Winterthour 1859 ; Casalis , Les Bassoutos , Paris, 1859 ; Maclean, Kafir Laws and Customs, Mount Coke, 1858, etc.

39. Waitz, iii. 423 suiv.

Etude de poste zur Entwicklungsgeschichte des Familien Rechts Oldenburg, 1889, p. 270 et suiv.

41. Powell, Annual Report of the Bureau of Ethnography, Washington, 1881, cité dans Post's Studien , p. 290 ; Inselgruppen de Bastian dans Océanien , 1883, p. 88.

42. De Stuers , cité par Waitz, v. 141.

CHAPITRE V

L'ENTRAIDE DANS LA VILLE MÉDIÉVALE

Croissance de l'autorité dans la société barbare. Le servage dans les villages. Révolte des villes fortes : leur libération ; leurs cartes. La guilde. Double origine de la cité médiévale libre. Auto-compétence, auto-administration. Position honorable du travail . Commerce par la guilde et par la ville.

La sociabilité et le besoin d'entraide et de soutien font tellement partie de la nature humaine qu'à aucun moment de l'histoire on ne peut découvrir des hommes vivant en petites familles isolées, se battant les uns contre les autres pour les moyens de subsistance. Au contraire, les recherches modernes, comme nous l'avons vu dans les deux chapitres précédents, prouvent que dès le début de leur vie préhistorique, les hommes s'aggloméraient en gentes, clans ou tribus, entretenus par une idée de filiation commune et par le culte de l'homme. ancêtres communs. Pendant des milliers et des milliers d'années, cette organisation a maintenu les hommes ensemble, même si aucune autorité n'existait pour l'imposer. Cela a profondément marqué tout le développement ultérieur de l'humanité ; et lorsque les liens de filiation commune eurent été relâchés par des migrations à grande échelle, tandis que le développement de la famille séparée au sein même du clan avait détruit l'ancienne unité du clan, une nouvelle forme d'union, territoriale dans son principe : l'union villageoise. communauté – a été créée par le génie social de l'homme. Cette institution, encore une fois, a maintenu les hommes ensemble pendant plusieurs siècles, leur permettant de développer davantage leurs institutions sociales et de traverser certaines des périodes les plus sombres de l'histoire, sans se dissoudre dans des agrégations lâches de familles et d'individus, pour faire un pas supplémentaire. dans leur évolution et à élaborer un certain nombre d'institutions sociales secondaires, dont plusieurs ont survécu jusqu'à nos jours. Nous devons maintenant suivre les développements ultérieurs de la même tendance toujours vivante à l'entraide. En prenant les communautés villageoises des soi-disant barbares à une époque où elles effectuaient un nouveau départ de civilisation après la chute de l'Empire romain, nous devons étudier les nouveaux aspects pris par les besoins sociables des masses au Moyen Âge . et surtout dans les corporations médiévales et la cité médiévale.

Loin d'être les animaux de combat auxquels on les a souvent comparés, les barbares des premiers siècles de notre ère (comme tant de Mongols, d'Africains, d'Arabes, etc., qui en sont encore au même stade barbare) ont invariablement préféré la paix à la guerre. . À l'exception de quelques tribus qui, au cours des grandes migrations, avaient été chassées vers des déserts ou des hautes terres improductifs et étaient donc contraintes périodiquement de s'attaquer à leurs voisins les plus favorisés - à part eux, la grande majorité des Teutons, des Saxons, des Les Celtes, les Slaves, etc., très vite après s'être installés dans leurs demeures nouvellement conquises, retournèrent à la bêche ou à leurs troupeaux. Les premiers codes barbares nous représentent déjà des sociétés composées de communautés agricoles pacifiques, et non de hordes d'hommes en guerre les uns contre les autres. Ces barbares couvraient le pays de villages et de fermes (1) ; ils défrichaient les forêts, franchissaient les torrents et colonisaient les déserts autrefois tout à fait inhabités ; et ils laissèrent les poursuites guerrières incertaines aux confréries, scholae ou « trusts » d'hommes indisciplinés, rassemblés autour de chefs temporaires, qui erraient, offrant leur esprit aventureux, leurs armes et leur connaissance de la guerre pour la protection des populations, mais aussi impatient d'être laissé en paix. Les bandes de guerriers allaient et venaient, poursuivant leurs querelles de famille ; mais la grande masse a continué à cultiver le sol, ne prêtant que peu d'attention à leurs futurs dirigeants, tant qu'ils n'interféraient pas avec l'indépendance de leurs communautés villageoises. (2) Les nouveaux occupants de l'Europe ont fait évoluer les systèmes de propriété foncière. et la culture des sols qui sont encore en vigueur chez des centaines de millions d'hommes ; ils ont élaboré leurs systèmes de compensation pour les torts, au lieu de la vieille vengeance sanglante tribale ; ils apprirent les premiers rudiments de l'industrie ; et tandis qu'ils fortifiaient leurs villages avec des murs palissadés, ou élevaient des tours et des forts de terre pour se réparer en cas de nouvelle invasion, ils abandonnèrent bientôt la tâche de défendre ces tours et ces forts à ceux qui faisaient de la guerre une spécialité .

La tranquillité même des barbares, et certainement pas leurs prétendus instincts guerriers, devint ainsi la source de leur soumission ultérieure aux chefs militaires. Il est évident que le mode de vie même des confréries armées leur offrait plus de facilités d'enrichissement que les cultivateurs n'en pouvaient trouver dans leurs communautés agricoles. Aujourd'hui encore, nous voyons des hommes armés se rassembler de temps en temps pour abattre les Matabèles et leur voler leurs troupeaux de bétail, alors que les Matabèles ne veulent que la paix et sont prêts à l'acheter au prix fort. Les scholae d'autrefois n'étaient certainement pas plus scrupuleuses que celles de notre époque. Des troupeaux de bétail, du fer (qui était alors extrêmement coûteux (3)) et des esclaves étaient ainsi appropriés ; et bien que la plupart des acquisitions aient été gaspillées sur place lors de ces fêtes glorieuses dont la poésie épique a tant à dire, une partie des richesses volées a néanmoins été utilisée pour un enrichissement ultérieur. Il y avait beaucoup de terres incultes et les hommes ne manquaient pas pour les cultiver, si seulement ils pouvaient se procurer le bétail et les outils nécessaires. Des villages entiers, détruits par les murrains, les ravageurs, les incendies ou les incursions de nouveaux immigrants, étaient souvent abandonnés par leurs habitants, partis n'importe où à la recherche de nouvelles demeures. C'est encore le cas en Russie, dans des circonstances similaires. Et si l'un des maîtres des confréries armées offrait aux paysans du bétail pour un nouveau départ, du fer pour fabriquer une charrue, sinon la charrue elle-même, sa protection contre de nouvelles incursions et un certain nombre d'années libres de toute obligation, avant ils devaient commencer à rembourser la dette contractée, ils s'installèrent sur la terre. Et lorsque, après un dur combat contre les mauvaises récoltes, les inondations et les épidémies, ces pionniers commencèrent à rembourser leurs dettes, ils tombèrent dans des obligations serviles envers le protecteur du territoire. La richesse s'est sans doute accumulée de cette manière, et le pouvoir suit toujours la richesse.(4) Et pourtant, plus nous pénétrons dans la vie de cette époque, les VIe et VIIe siècles de notre ère, plus nous voyons qu'un autre élément, outre la richesse, et la force militaire, était nécessaire pour constituer l'autorité de quelques-uns. C'était un élément de droit et de rigueur, un désir des masses de maintenir la paix et d'établir ce qu'elles considéraient comme la justice, qui donnait aux chefs des scolae - rois, ducs, knyazes , etc. acquis deux ou trois cents ans plus tard. Cette même idée de justice, conçue comme une vengeance adéquate pour le mal commis, qui s'était développée au stade tribal, passait désormais comme un fil rouge à travers l'histoire des institutions ultérieures et, bien plus encore que les causes militaires ou économiques, elle devint la base sur laquelle était fondée l'autorité des rois et des seigneurs féodaux.

En fait, l'une des principales préoccupations de la communauté villageoise barbare a toujours été, comme c'est encore le cas pour nos contemporains barbares, de mettre fin au plus vite aux querelles nées de la conception alors en vigueur de la justice. Lorsqu'une querelle survenait, la communauté intervenait immédiatement et, après que le folkmote avait entendu l'affaire, elle fixait le montant de la composition (wergeld) à payer à la personne lésée, ou à sa famille, ainsi qu'au fred , ou amende pour trouble à l'ordre public, qui devait être versée à la communauté. Les querelles intérieures étaient ainsi facilement apaisées. Mais lorsque des querelles éclataient entre deux tribus différentes, ou entre deux confédérations de tribus, malgré toutes les mesures prises pour les empêcher (5), la difficulté était de trouver un arbitre ou un juge dont la décision serait acceptée par les deux parties également, tant pour son impartialité et pour sa connaissance du droit le plus ancien. La difficulté était d'autant plus grande que les lois coutumières des différentes tribus et confédérations étaient divergentes quant à l'indemnisation due dans différents cas. Il devint donc habituel de choisir le juge parmi les familles ou les tribus réputées pour garder la loi ancienne dans sa pureté ; d'être versé dans les chants, les triades, les sagas, etc., au moyen desquels la loi se perpétuait dans la mémoire ; et retenir ainsi le droit devint une sorte d'art, un « mystère », soigneusement transmis dans certaines familles de génération en génération. Ainsi, en Islande et dans d'autres pays scandinaves, lors de chaque événement ou rassemblement folklorique national, un lövsögmathr avait l'habitude de réciter de mémoire toute la loi pour éclairer l'assemblée ; et en Irlande, comme on le sait, il existait une classe spéciale d'hommes réputés pour leur connaissance des anciennes traditions et jouissant par conséquent d'une grande autorité en tant que juges. (6) De plus, lorsque les annales russes nous disent que certaines origines de Le nord-ouest de la Russie, ému par le désordre croissant résultant du « soulèvement des clans contre les clans », fit appel aux varingiar normands pour être leurs juges et commandants des scholae guerrières ; et quand on voit les knyazes , ou ducs, élus pour les deux cents années suivantes toujours dans la même famille normande, on ne peut que reconnaître que les Slaves faisaient confiance aux Normands pour une meilleure connaissance du droit qui serait également reconnue comme bonne par les Normands. différents parents slaves. Dans ce cas, la possession de runes, utilisées pour la transmission d'anciennes coutumes, était un avantage décisif en faveur des Normands ; mais dans d'autres cas, il y a de faibles indications selon lesquelles la branche « la plus ancienne » de la tige, la branche mère supposée , a été invoquée pour approvisionner les juges, et ses décisions ont été considérées comme justes ; (7) tandis qu'à une époque ultérieure, nous voyons un tendance nette à retirer les juges du clergé chrétien, qui, à cette époque, s'en tenait encore au principe fondamental, aujourd'hui oublié, du christianisme, selon lequel les représailles ne sont pas un acte de justice. A cette époque, le clergé chrétien ouvrait les églises comme lieux d'asile pour ceux qui fuyaient la vengeance du sang, et ils servaient volontiers d'arbitres dans les affaires pénales, s'opposant toujours au vieux principe tribal de vie pour vie et blessure pour blessure. En bref, plus nous pénétrons profondément dans l'histoire des premières institutions, moins nous trouvons de fondement à la théorie militaire de l'origine de l'autorité. Même ce pouvoir qui devint plus tard une telle source d'oppression semble au contraire avoir trouvé son origine dans les inclinations pacifiques des masses.

Dans tous ces cas, le fred , qui représentait souvent la moitié de l'indemnisation, allait au folkmote, et depuis des temps immémoriaux il était appliqué aux travaux d'utilité commune et de défense . Elle a toujours la même destination (l'érection de tours) chez les Kabyles et certains souches mongoles ; et nous avons des preuves directes que même plusieurs siècles plus tard, les amendes judiciaires, à Pskov et dans plusieurs villes françaises et allemandes, ont continué à être utilisées pour la réparation des murs de la ville.(8) Il était donc tout à fait naturel que les amendes soient remises au juge, qui était tenu, en échange, à la fois d'entretenir la schola d'hommes armés auxquels était confiée la défense du territoire, et d'exécuter les jugements. Cela est devenu une coutume universelle aux VIIIe et IXe siècles, même lorsque le juge était un évêque élu. Le germe d'une combinaison de ce que nous devrions maintenant appeler le pouvoir judiciaire et le pouvoir exécutif fait ainsi son apparition. Mais à ces deux fonctions les attributions du duc ou du roi étaient strictement limitées. Il n'était pas le dirigeant du peuple – le pouvoir suprême appartenant toujours au folkmote – ni même le commandant de la milice populaire ; Lorsque le peuple prenait les armes, il marchait sous la direction d'un commandant distinct, également élu, qui n'était pas un subordonné, mais un égal au roi. (9) Le roi était un seigneur sur son domaine personnel uniquement. En fait, dans le langage barbare, le mot konung , koning , ou cyning, synonyme du latin rex, n'avait d'autre sens que celui de chef temporaire ou chef d'une bande d'hommes. Le commandant d'une flottille de bateaux, ou même d'un seul bateau pirate, était aussi un konung , et jusqu'à nos jours, le commandant de la pêche en Norvège s'appelle Not- kong , « le roi des filets ». la vénération attachée plus tard à la personnalité d'un roi n'existait pas encore, et si la trahison envers les parents était punie de mort, le meurtre d'un roi pouvait être récupéré par le paiement d'une compensation : un roi était tout simplement valorisé bien plus qu'un roi. homme libre.(11) Et quand le roi Knu (ou Canut) avait tué un homme de sa propre école, la saga le représente convoquant ses camarades à une chose où il se tenait à genoux implorant pardon. Il fut gracié, mais seulement après avoir accepté de payer neuf fois la composition régulière, dont un tiers revenant à lui-même pour la perte d'un de ses hommes, un tiers aux parents de l'homme tué, et un tiers à la famille de l'homme tué. (le fred) à la schola.(12) En réalité, un changement complet a dû s'accomplir dans les conceptions actuelles, sous la double influence de l'Église et des étudiants en droit romain, avant qu'une idée de sainteté ne commence à s'attacher à la personnalité du roi.

Cependant, suivre le développement progressif de l'autorité à partir des éléments que nous venons d'indiquer dépasse le cadre de ces essais. Des historiens tels que M. et Mme Green pour ce pays, Augustin Thierry, Michelet et Luchaire pour la France, Kaufmann, Janssen, W. Arnold et même Nitzsch pour l'Allemagne, Leo et Botta pour l'Italie, Byelaeff , Kostomaroff et leurs partisans en Russie, et bien d'autres, ont pleinement raconté cette histoire. Ils ont montré comment des populations, autrefois libres, et acceptant simplement de « nourrir » une certaine partie de leurs défenseurs militaires, devenaient peu à peu les serfs de ces protecteurs ; comment la « recommandation » à l'Église ou à un seigneur est devenue une dure nécessité pour l'homme libre ; comment les châteaux de chaque seigneur et de chaque évêque sont devenus un nid de brigands, comment la féodalité s'est imposée, en un mot, et comment les croisades, en affranchissant les serfs qui portaient la croix, ont donné le premier élan à l'émancipation populaire. Tout cela n'a pas besoin d'être répété ici, notre objectif principal étant de suivre le génie constructif des masses dans leurs institutions d'entraide.

À une époque où les derniers vestiges de la liberté barbare semblaient disparaître et où l'Europe, tombée sous la domination de milliers de petits dirigeants, marchait vers la constitution de théocraties et d'États despotiques comme ceux qui avaient suivi l'étape barbare lors des débuts précédents de la civilisation. , ou des monarchies barbares, comme nous en voyons aujourd'hui en Afrique, la vie en Europe prit une autre direction. Elle suivit des lignes semblables à celles qu'elle avait empruntées autrefois dans les villes de la Grèce antique. Avec une unanimité qui semble presque incompréhensible et longtemps incomprise des historiens, les agglomérations urbaines, jusqu'aux plus petits bourgs, commencèrent à se débarrasser du joug de leurs seigneurs mondains et cléricaux. Le village fortifié s'insurgea contre le château du seigneur, le défia d'abord, l'attaqua ensuite et finalement le détruisit. Le mouvement s'étendit de point en point, impliquant toutes les villes de la surface de l'Europe, et en moins de cent ans des villes libres furent créées sur les côtes de la Méditerranée, de la mer du Nord, de la Baltique, de l'océan Atlantique, jusqu'au aux fjords de Scandinavie ; aux pieds des Apennins, des Alpes, de la Forêt-Noire, des Grampians et des Carpates ; dans les plaines de Russie, de Hongrie, de France et d'Espagne. Partout la même révolte a eu lieu, avec les mêmes traits, passant par les mêmes phases, aboutissant aux mêmes résultats. Partout où les hommes avaient trouvé, ou espéraient trouver, derrière les murs de leur ville, une certaine protection, ils instituèrent leurs « cojurations », leurs « fraternités », leurs « amitiés », unis dans une idée commune et marchant hardiment vers une nouvelle vie de entraide et liberté. Et ils ont si bien réussi qu'en trois ou quatre cents ans ils ont changé la face même de l'Europe. Ils avaient couvert le pays de beaux édifices somptueux, exprimant le génie des unions libres d'hommes libres, sans égal depuis par leur beauté et leur expressivité ; et ils léguèrent aux générations suivantes tous les arts, toutes les industries dont notre civilisation actuelle, avec toutes ses réalisations et ses promesses pour l'avenir, n'est qu'un développement ultérieur. Et quand nous regardons maintenant les forces qui ont produit ces grands résultats, nous les trouvons – non pas dans le génie de héros individuels, ni dans la puissante organisation d'immenses États ou dans les capacités politiques de leurs dirigeants, mais dans le même courant de pensée. l'entraide et l'entraide que l'on a vu à l'œuvre dans la communauté villageoise, et qui fut vivifiée et renforcée au Moyen Âge par une nouvelle forme d'union, inspirée du même esprit mais façonnée sur un modèle nouveau : les corporations.

Il est bien connu à cette époque que la féodalité n'impliquait pas une dissolution de la communauté villageoise. Si le seigneur avait réussi à imposer aux paysans le travail servile et s'était approprié des droits autrefois dévolus à la seule communauté villageoise (impôts, main morte, droits de succession et de mariage), les paysans avaient néanmoins maintenu les deux droits fondamentaux de leurs communautés : la possession commune de la terre et l'auto-juridiction. Autrefois, lorsqu'un roi envoyait son voto dans un village, les paysans le recevaient avec des fleurs dans une main et des armes dans l'autre, et lui demandaient quelle loi il comptait appliquer : celle qu'il trouvait au village, ou la loi qu'il comptait appliquer. celui qu'il a amené avec lui ? Et, dans le premier cas, ils lui remirent les fleurs et l'acceptèrent ; tandis que dans le second cas, ils le combattirent.(13) Or, ils acceptèrent le fonctionnaire du roi ou du seigneur qu'ils ne pouvaient refuser ; mais ils maintenaient la juridiction du folkmote et nommaient eux-mêmes six, sept ou douze juges, qui agissaient avec le juge du seigneur, en présence du folkmote, comme arbitres et juges. Dans la plupart des cas, le fonctionnaire n'avait plus qu'à confirmer la sentence et à prélever le fred coutumier . Ce précieux droit d'auto-juridiction, qui signifiait alors auto-administration et auto-législation, avait été maintenu à travers toutes les luttes ; et même les avocats qui entouraient Charles le Grand ne purent l'abolir ; ils devaient le confirmer. Dans le même temps, dans toutes les questions concernant le domaine de la communauté, le folkmote conservait sa suprématie et (comme le montre Maurer) revendiquait souvent la soumission du seigneur lui-même en matière de régime foncier. Aucune croissance de la féodalité ne pourrait briser cette résistance ; la communauté villageoise a tenu bon ; et quand, aux IXe et Xe siècles, les invasions des Normands, des Arabes et des Ougriens eurent démontré que les écoles militaires étaient de peu de valeur pour la protection du territoire, un mouvement général commença dans toute l'Europe pour fortifier les villages avec des murs de pierre. et des citadelles. Des milliers de centres fortifiés furent alors construits grâce aux énergies des communautés villageoises ; et, une fois leurs murs construits, une fois qu'un intérêt commun s'est créé dans ce nouveau sanctuaire qu'est l'enceinte de la ville, ils ont vite compris qu'ils pouvaient désormais résister aux empiétements des ennemis intérieurs, des seigneurs, ainsi qu'aux invasions étrangères. . Une nouvelle vie de liberté commence à se développer au sein des enceintes fortifiées. La cité médiévale est née.(14)

Aucune période de l'histoire ne pouvait mieux illustrer la puissance constructive des masses populaires que les Xe et XIe siècles, lorsque les villages fortifiés et les places de marché, représentant autant d'« oasis au milieu de la forêt féodale », commencèrent à se libérer du joug de leur seigneur. et élabora lentement la future organisation de la ville ; mais, malheureusement, c'est une période sur laquelle les informations historiques sont particulièrement rares : nous connaissons les résultats, mais peu de choses nous sont parvenues sur les moyens par lesquels ils ont été obtenus. Sous la protection de leurs murs, les folkmotes des villes, soit tout à fait indépendants, soit dirigés par les principales familles nobles ou marchandes, conquirent et conservèrent le droit d'élire le défenseur militaire et le juge suprême de la ville, ou du moins de choisir entre ceux qui prétendit occuper ce poste. En Italie, les jeunes communes renvoyaient continuellement leurs défenseurs ou domini, combattant ceux qui refusaient de partir. La même chose s'est produite à l'Est. En Bohême, riches et pauvres (Bohemicae gentille magni et parvi , nobiles et ignobiles) participèrent à l'élection(15) ; tandis que les vyeches (folkmotes) des villes russes élisaient régulièrement leurs ducs — toujours de la même famille Rurik —, faisaient alliance avec eux et renvoyaient les knyaz si il avait provoqué le mécontentement(16). Parallèlement, dans la plupart des villes de l'Europe occidentale et méridionale, la tendance était de prendre pour défenseur un évêque que la ville avait elle-même élu ; et tant d'évêques prirent l'initiative de protéger les « immunités » des villes et de défendre leurs libertés, que nombre d'entre eux furent considérés, après leur mort, comme des saints et des patrons spéciaux de différentes villes. Saint Uthelred de Winchester, saint Ulrik d'Augsbourg, saint Wolfgang de Ratisbonne, saint Héribert de Cologne, saint Adalbert de Prague, etc., ainsi que de nombreux abbés et moines, sont devenus les saints de tant de villes pour avoir a agi pour la défense des droits populaires . (17) Et sous les nouveaux défenseurs , qu'ils soient laïcs ou cléricaux, les citoyens ont conquis la pleine juridiction et l'auto-administration de leurs folkmotes. (18)

Tout le processus de libération s'est déroulé par une série d'actes imperceptibles de dévouement à la cause commune, accomplis par des hommes sortis des masses, par des héros inconnus dont les noms mêmes n'ont pas été conservés par l'histoire. Le merveilleux mouvement de la paix de Dieu (treuga Dei), par lequel les masses populaires s'efforçaient de mettre un terme aux interminables querelles familiales des familles nobles, est né dans les jeunes villes, les évêques et les citoyens essayant d'étendre aux nobles la la paix qu'ils avaient établie dans leurs murs(19). Déjà à cette époque, les villes commerçantes d'Italie, et surtout Amalfi (qui avait ses consuls élus depuis 844 et qui changeait fréquemment de doges au Xe siècle)(20), élaboraient le droit maritime et commercial coutumier qui deviendra plus tard un modèle pour toute l'Europe ; Ravenne élabora son organisation artisanale, et Milan, qui avait fait sa première révolution en 980, devint un grand centre de commerce, ses métiers jouissant d'une pleine indépendance depuis le XIe siècle(21). Ainsi de Bruges et de Gand ; ainsi aussi plusieurs villes de France dans lesquelles le Mahl ou forum était devenu une institution tout à fait indépendante.(22) Et déjà à cette époque commençait le travail de décoration artistique des villes par des œuvres d'architecture, que nous admirons encore et qui témoignent haut et fort de le mouvement intellectuel de l'époque. « Les basiliques furent alors renouvelées dans presque tout l'univers », écrit Raoul Glaber dans sa chronique, et certains des plus beaux monuments de l'architecture médiévale datent de cette époque : la merveilleuse vieille église de Brême fut construite au IXe siècle, Saint Marc de Venise fut achevée en 1071 et la belle coupole de Pise en 1063. En fait, le mouvement intellectuel décrit comme la Renaissance du XIIe siècle(23) et le Rationalisme du XIIe siècle, précurseur de la Réforme(24), datent de cette date. période où la plupart des villes étaient encore de simples agglomérations de petites communautés villageoises entourées de murs.

Mais il fallait un autre élément, outre le principe villageois-communauté, pour donner à ces centres croissants de liberté et de lumières l'unité de pensée et d'action et le pouvoir d'initiative qui ont fait leur force aux XIIe et XIIIe siècles. Avec la diversité croissante des métiers, des métiers et des arts, et avec le commerce croissant dans des pays lointains, une nouvelle forme d'union était nécessaire, et ce nouvel élément nécessaire était fourni par les guildes. Des volumes et des volumes ont été écrits sur ces unions qui, sous le nom de guildes, confréries, amitiés et druzhestva , minne , artels en Russie, esnaifs en Serbie et en Turquie, amkari en Géorgie, etc., ont pris un développement si formidable au Moyen Âge. époques et a joué un rôle si important dans l'émancipation des villes. Mais il a fallu plus de soixante ans aux historiens pour comprendre l'universalité de cette institution et ses véritables caractères. Ce n'est que maintenant, alors que des centaines de statuts de guildes ont été publiés et étudiés, et que leurs relations avec les collégiales romaines et les unions antérieures en Grèce et en Inde (25) sont connues, que nous pouvons affirmer avec pleine certitude que ces confréries n'étaient qu'une développement ultérieur des mêmes principes que nous avons vus à l'œuvre dans la gens et la communauté villageoise.

Rien n'illustre mieux ces confréries médiévales que ces guildes temporaires qui se formaient à bord des navires. Lorsqu'un navire de la Hanse avait accompli sa première traversée d'une demi-journée après avoir quitté le port, le capitaine (Schiffer) rassemblait tout l'équipage et les passagers sur le pont et tenait le langage suivant, tel que rapporté par un contemporain :

« Comme nous sommes maintenant à la merci de Dieu et des vagues, dit-il, chacun doit être égal l'un à l'autre. Et comme nous sommes entourés de tempêtes, de hautes vagues, de pirates et d'autres dangers, nous devons garder une stricte surveillance. afin que nous puissions mener à bonne fin notre voyage. C'est pourquoi nous prononcerons la prière pour un bon vent et un bon succès, et, conformément au droit maritime, nous nommerons les occupants des sièges des juges (Schoffenstellen). Alors l'équipage élit un Vogt et quatre scabini pour les juger. À la fin du voyage, le Vogt et les scabini renoncèrent à leurs fonctions et s'adressèrent à l'équipage en ces termes : « Ce qui s'est passé à bord, nous devons pardonner à l'équipage. et considérez-vous comme morts (todt und ab sein lassen). Ce que nous avons jugé juste, c'était pour la justice. C'est pourquoi nous vous supplions tous, au nom d'une justice honnête, d'oublier toute l'animosité qu'on peut nourrir. contre un autre, et jurer sur du pain et du sel qu'il n'y pensera pas de mauvaise humeur. Mais si quelqu'un s'estime lésé, il doit faire appel au pays Vogt et lui demander justice avant le coucher du soleil. Au débarquement, le stock avec les fredfines était remis au Vogt du port maritime pour être distribué aux pauvres."(26)

Ce récit simple, peut-être mieux que toute autre chose, dépeint l'esprit des guildes médiévales. Des organisations similaires naissaient partout où un groupe d'hommes – pêcheurs, chasseurs, marchands ambulants, constructeurs ou artisans sédentaires – se réunissaient pour une poursuite commune. Ainsi, il y avait à bord du navire l'autorité navale du capitaine ; mais, pour le succès même de l'entreprise commune, tous les hommes à bord, riches et pauvres, capitaines et équipages, capitaines et matelots, convinrent d'être égaux dans leurs relations mutuelles, d'être simplement des hommes, tenus de s'entraider et de régler leurs problèmes. leurs éventuels litiges devant des juges élus par tous. De même, lorsque plusieurs artisans — maçons, charpentiers, tailleurs de pierre, etc. — se réunissaient pour construire, par exemple, une cathédrale, ils appartenaient tous à une ville qui avait son organisation politique, et chacun d'eux appartenait en outre à sa propre ville. artisanat; mais ils étaient d'ailleurs unis par leur entreprise commune, qu'ils connaissaient mieux que personne , et ils formaient un corps uni par des liens plus étroits, quoique temporaires ; ils fondèrent la guilde pour la construction de la cathédrale.(27) On peut voir la même chose jusqu'à présent en kabyle . cof :(28) les Kabyles ont leur communauté villageoise ; mais cette union ne suffit pas à tous les besoins politiques, commerciaux et personnels de l'union, et la fraternité plus étroite du cof est constituée.

Quant aux caractères sociaux de la corporation médiévale, n'importe quel statut de corporation peut les illustrer. En prenant, par exemple, le skraa d'une ancienne guilde danoise, nous y lisons d'abord une déclaration des sentiments fraternels généraux qui doivent régner dans la guilde ; viennent ensuite les règles relatives à l'auto-juridiction dans les cas de querelles survenant entre deux frères, ou entre un frère et un étranger ; puis les devoirs sociaux des frères sont énumérés. Si la maison d'un frère est incendiée, ou s'il a perdu son bateau, ou s'il a souffert lors d'un voyage de pèlerinage, tous les frères doivent lui venir en aide. Si un frère tombe dangereusement malade, deux frères doivent veiller près de son lit jusqu'à ce qu'il soit hors de danger, et s'il meurt, les frères doivent l'enterrer – ce qui est une grande affaire en ces temps de peste – et le suivre à l'église et à l'église. tombe. Après sa mort, ils doivent subvenir aux besoins de ses enfants, si nécessaire ; très souvent la veuve devient la sœur de la guilde.(29)

Ces deux traits dominants apparaissaient dans toute confrérie formée dans un but quelconque. Dans chaque cas, les membres se traitaient et se nommaient frère et sœur (30) ; tous étaient égaux devant la guilde. Ils possédaient en commun des « biens meubles » (bétail, terre, bâtiments, lieux de culte ou « bétail »). Tous les frères ont prêté serment d'abandonner toutes les querelles d'autrefois ; et, sans s'imposer l'obligation de ne plus jamais se quereller, ils convinrent qu'aucune querelle ne dégénérerait en querelle, ni en procès devant un autre tribunal que celui des frères eux-mêmes. Et si un frère était impliqué dans une querelle avec un étranger à la guilde, ils acceptaient de le soutenir pour le meilleur et pour le meilleur ; Autrement dit, qu'il ait été injustement accusé d'agression ou qu'il soit réellement l'agresseur, ils devaient le soutenir et mettre un terme pacifique aux choses. Tant qu'il ne s'agissait pas d'une agression secrète, auquel cas il aurait été traité comme un hors-la-loi, la confrérie se tenait à ses côtés.(31) Si les proches de l'homme lésé voulaient venger immédiatement l'offense par une nouvelle agression, la confrérie lui fournissait un cheval pour s'enfuir, ou une barque, une paire d'avirons, un couteau et un acier pour frapper léger ; s'il restait en ville, douze frères l'accompagnaient pour le protéger ; et en attendant ils arrangeaient la composition. Ils allèrent au tribunal pour prouver par serment la véracité de ses déclarations, et s'il était reconnu coupable, ils ne le laissèrent pas se ruiner complètement et devenir esclave pour ne pas avoir payé l'indemnité qui lui était due : ils la payèrent tous, tout comme la gens. dans les temps anciens. Ce n'est que lorsqu'un frère avait brisé la foi envers ses frères de guilde ou envers d'autres personnes qu'il était exclu de la confrérie « au nom d'un rien » (tha échelle han maeles un F brodrescap avec nidings nafn).(32)

Telles étaient les idées maîtresses de ces confréries qui peu à peu envahirent toute la vie médiévale. En fait, nous connaissons des guildes parmi toutes les professions possibles : les guildes de serfs(33), les guildes d'hommes libres, et les guildes à la fois de serfs et d'hommes libres ; les guildes créées dans un but spécial de chasse, de pêche ou d'expédition commerciale, et dissoutes lorsque le but spécial a été atteint ; et des guildes qui durent des siècles dans un métier ou un métier donné. Et à mesure que la vie exigeait une variété toujours plus grande d'activités, la variété des corporations augmentait en proportion. Nous ne voyons donc pas seulement des marchands, des artisans, des chasseurs et des paysans réunis en corporations ; nous voyons aussi des corporations de prêtres, de peintres, de professeurs d'écoles primaires et d'universités, des corporations pour jouer le jeu de la passion, pour construire une église, pour développer le « mystère » d'une école d'art ou de métier donnée, ou pour une récréation spéciale — même des guildes de mendiants, de bourreaux et de femmes perdues, toutes organisées sur le même double principe d'auto-juridiction et de soutien mutuel.(34) Pour la Russie, nous avons des preuves positives démontrant que la « fabrication de la Russie » elle-même était autant des artels de chasseurs, de pêcheurs et de commerçants jusqu'aux communautés villageoises naissantes, et jusqu'à nos jours le pays est couvert d'artels.(35)

Ces quelques remarques montrent à quel point le point de vue adopté par certains des premiers explorateurs des guildes était erroné lorsqu'ils voulaient voir l'essence de l'institution dans sa fête annuelle. En réalité, le jour du repas commun était toujours le jour, ou le lendemain du jour, de l'élection des échevins, de la discussion des modifications des statuts, et très souvent le jour du jugement des querelles qui s'étaient élevées entre les frères, (36) ou d'une allégeance renouvelée à la guilde. Le repas commun, comme la fête du vieux folkmote tribal – le mahl ou malum – ou l' aba bouriate , ou la fête paroissiale et le souper des récoltes, n'était qu'une affirmation de fraternité. Il symbolisait l'époque où tout était gardé en commun par le clan. Ce jour-là, au moins, tout appartenait à tous ; tous étaient assis à la même table et prenaient le même repas. Même bien plus tard, l'habitant de l'hospice d'une guilde de Londres était assis aujourd'hui à côté du riche échevin. Quant à la distinction que plusieurs explorateurs ont tenté d'établir entre l'ancienne « guilde des frères » saxonne et les guildes dites « sociales » ou « religieuses », toutes étaient des guildes des frères au sens mentionné ci-dessus(37) et toutes étaient religieuses. dans le sens où une communauté villageoise ou une ville placée sous la protection d'un saint spécial est sociale et religieuse. Si l'institution de la guilde a pris une extension si immense en Asie, en Afrique et en Europe, si elle a vécu des milliers d'années, réapparaissant encore et encore lorsque des conditions similaires l'appelaient à l'existence, c'est parce qu'elle était bien plus qu'un simple système de restauration. association, ou une association pour aller à l'église un certain jour, ou un club funéraire. Cela répondait à un besoin profondément enraciné de la nature humaine ; et il incarnait tous les attributs que l'État s'appropria plus tard pour sa bureaucratie et sa police, et bien plus encore. C'était une association de soutien mutuel en toutes circonstances et dans tous les accidents de la vie, « par l'action et le conseil », et c'était une organisation pour le maintien de la justice — avec cette différence avec l'État qu'en toutes ces occasions une attitude humaine, fraternelle Cet élément a été introduit à la place de l'élément formel qui constitue la caractéristique essentielle de l'ingérence de l'État. Même lors de sa comparution devant le tribunal de guilde, le frère de guilde répondait devant des hommes qui le connaissaient bien et qui l'avaient auparavant soutenu dans leur travail quotidien, au repas commun, dans l'accomplissement de leurs devoirs fraternels : des hommes qui étaient ses égaux et ses frères. en fait, pas des théoriciens du droit ni des défenseurs des intérêts d'autrui . (38)

Il est évident qu'une institution si propre à servir les besoins de l'union, sans priver l'individu de son initiative, ne pouvait que s'étendre, se développer et se fortifier. La difficulté était seulement de trouver une forme qui permettrait de fédérer les unions des corporations sans interférer avec les unions des communautés villageoises, et de fédérer toutes celles-ci en un tout harmonieux. Et lorsque cette forme de combinaison fut trouvée, et qu'une série de circonstances favorables permirent aux villes d'affirmer leur indépendance, elles le firent avec une unité de pensée qui ne peut qu'exciter notre admiration, même dans notre siècle de chemins de fer, de télégraphes et d'imprimerie. . Des centaines de chartes dans lesquelles les villes inscrivaient leur libération nous sont parvenues, et dans toutes, malgré l'infinie variété de détails qui dépendaient de la plus ou moins grande plénitude de l'émancipation, les mêmes idées directrices circulent. La ville s'est organisée comme une fédération de petites communautés villageoises et de corporations.

"Tous ceux qui appartiennent à l'amitié de la ville", ainsi dit une charte donnée en 1188 aux bourgeois d'Aire par Philippe, comte de Flandre, "ont promis et confirmé par la foi et le serment qu'ils s'entraideraient comme des frères, dans tout ce qui est utile et honnête. Que si quelqu'un commet contre un autre une offense en paroles ou en actes, celui qui en a souffert ne se vengera pas, ni lui-même ni son peuple... il portera plainte et le coupable réparera. pour son délit, selon ce qui sera prononcé par douze juges élus faisant office d'arbitres, Et si le coupable ou l'offensé, après avoir été averti trois fois, ne se soumet pas à la décision des arbitres, il sera exclu de l'amitié comme un méchant homme et un parjure .(39)

« Chacun des hommes de la commune sera fidèle à son prétendant et lui apportera secours et conseils, selon ce que la justice lui dictera » — disent les chartes d'Amiens et d'Abbeville. "Tous s'entraideront selon leurs pouvoirs, dans les limites de la Commune, et ne souffriront pas qu'on prenne quoi que ce soit à l'un d'eux, ou qu'on fasse payer des contributions" - lit-on dans les chartes de Soissons, Compiègne, Senlis, et bien d'autres du même type.(40) Et ainsi de suite avec d'innombrables variations sur le même thème.

« La Commune, écrivait Guilbert de Nogent , est un serment d'entraide (mutui adjutorii conjuratio)... Un mot nouveau et détestable. Grâce à elle, les serfs (capite sensi) sont affranchis de tout servage ; grâce à lui, ils ne peuvent être condamnés qu'à une amende légalement déterminée en cas d'infraction à la loi ; grâce à elle, ils cessent d'être redevables des paiements que les serfs payaient toujours."(41)

La même vague d'émancipation parcourut, au XIIe siècle, toutes les régions du continent, impliquant aussi bien les villes riches que les villages les plus pauvres. Et si l'on peut dire qu'en règle générale, les villes italiennes ont été les premières à se libérer, on ne peut désigner aucun centre à partir duquel le mouvement se serait propagé. Très souvent, un petit bourg d'Europe centrale prenait l'initiative de sa région, et les grandes agglomérations acceptaient la charte de la petite ville comme modèle pour la leur. Ainsi, la charte d'une petite ville, Lorris , fut adoptée par quatre-vingt-trois communes du sud-ouest de la France, et celle de Beaumont devint le modèle pour plus de cinq cents villes de Belgique et de France. Des députés spéciaux furent envoyés par les villes chez leurs voisines pour obtenir une copie de leur charte, et la constitution fut rédigée sur ce modèle. Mais ils ne se copient pas simplement

: ils élaborent leurs propres chartes conformément aux concessions qu'ils ont obtenues de leurs seigneurs ; et il en résulta que, comme l'a remarqué un historien, les chartes des communes médiévales offrent la même variété que l'architecture gothique de leurs églises et de leurs cathédrales. Les mêmes idées maîtresses dans toutes – la cathédrale symbolisant l'union de la paroisse et de la corporation dans la ville – et la même variété de détails infiniment riche.

L'auto-compétence est le point essentiel, et l'auto-compétence signifie l'auto-administration. Mais la commune n'était pas simplement une partie « autonome » de l'État — des mots aussi ambigus n'avaient pas encore été inventés à cette époque — elle était un État en soi. Elle avait le droit de guerre et de paix, de fédération et d'alliance avec ses voisins . Elle était souveraine dans ses propres affaires et ne se mêlait à aucune autre. Le pouvoir politique suprême pouvait être entièrement confié à un forum démocratique, comme ce fut le cas à Pskov, dont le vyeche envoyait et recevait des ambassadeurs, concluait des traités, acceptait et renvoyait des princes, ou vivait sans eux pendant des dizaines d'années ; ou bien elle appartenait à, ou était usurpée par, une aristocratie de marchands ou même de nobles, comme ce fut le cas dans des centaines de villes italiennes et d'Europe centrale. Le principe restait néanmoins le même : la ville était un État et, ce qui était peut-être plus remarquable encore, lorsque le pouvoir dans la ville était usurpé par une aristocratie de marchands ou même de nobles, la vie intérieure de la ville et le démocratisme de sa vie quotidienne ne disparut pas : elle dépendait peu de ce qu'on peut appeler la forme politique de l'État.

Le secret de cette apparente anomalie réside dans le fait qu'une cité médiévale n'était pas un État centralisé. Durant les premiers siècles de son existence, la ville pouvait difficilement être qualifiée d'État en ce qui concerne son organisation intérieure, car le Moyen Âge ne connaissait pas plus la centralisation actuelle des fonctions que la centralisation territoriale actuelle. Chaque groupe avait sa part de souveraineté. La ville était généralement divisée en quatre quartiers, ou en cinq à sept sections rayonnant à partir d'un centre , chaque quartier ou section correspondant à peu près à un certain commerce ou profession qui y prévalait, mais renfermant néanmoins des habitants de positions sociales et d'occupations différentes : nobles, marchands, artisans, voire demi-serfs ; et chaque section ou quartier constituait une agglomération tout à fait indépendante. A Venise, chaque île était une communauté politique indépendante. Elle avait ses propres métiers organisés, son propre commerce du sel, sa propre juridiction et sa propre administration, son propre forum ; et la nomination d'un doge par la ville ne changeait rien à l' indépendance intérieure des unités.(42) A Cologne, on voit les habitants divisés en Geburschaften et Heimschaften (viciniae), c'est-à-dire en guildes voisines , qui dataient de l'époque franconienne. Chacun d'eux avait son juge (Burrichter) et les douze juges élus habituels (Schoffen), son Vogt et son greve ou commandant de la milice locale. (43) L'histoire du début de Londres avant la Conquête — M. Green dit : « c'est celui d'un certain nombre de petits groupes dispersés ici et là dans la zone à l'intérieur des murs, chacun grandissant avec sa propre vie et ses propres institutions, guildes, sokes , maisons religieuses et autres, et ne se rassemblant que lentement en un union municipale."(44) Et si l'on se réfère aux annales des villes russes, Novgorod et Pskov, toutes deux relativement riches en détails locaux, on trouve la section (konets) constituée de rues indépendantes (ulitsa), chacune de qui, bien que principalement peuplée d'artisans d'un certain métier, comptait également parmi ses habitants des marchands et des propriétaires fonciers, et constituait une communauté distincte. Il avait la responsabilité commune de tous ses membres en cas de délit, sa propre juridiction et son administration par les échevins des rues (ulichanskiye starosty), son propre sceau et, en cas de besoin, son propre forum ; sa propre milice, ainsi que ses prêtres auto-élus et sa propre vie collective et entreprise collective.(45)

La cité médiévale apparaît ainsi comme une double fédération : de tous les chefs de famille réunis en petites unions territoriales – la rue, la paroisse, la section – et d'individus réunis par serment en corporations selon leurs professions ; le premier est un produit de l'origine villageoise-communautaire de la ville, tandis que le second est une croissance ultérieure appelée à la vie par de nouvelles conditions.

Garantir la liberté, l'auto-administration et la paix était le principal objectif de la cité médiévale ; et le travail , comme nous le verrons tout à l'heure en parlant des corporations artisanales, en était le principal fondement. Mais la « production » n'a pas retenu toute l'attention de l'économiste médiéval. Avec son esprit pratique, il a compris que la « consommation » doit être garantie pour obtenir la production ; et par conséquent, assurer « la première nourriture et le logement communs aux pauvres comme aux riches » (gemeine notdurft und gemach armer und richer(46)) était le principe fondamental de chaque ville. L'achat de vivres et d'autres produits de première nécessité (charbon, bois, etc.) avant qu'ils n'arrivent sur le marché, ou tout à fait dans des conditions particulièrement favorables dont d'autres seraient exclus — le preempcio , en un mot — était totalement interdit. Tout devait aller au marché et y être offert à l'achat de chacun, jusqu'à ce que la sonnerie de la cloche ferme le marché. C'est seulement alors que le détaillant pourrait acheter le reste, et même alors, son bénéfice ne devrait être qu'un « profit honnête » (47). De plus, lorsque le maïs était acheté en gros par un boulanger après la fermeture du marché, chaque citoyen avait le droit de réclamer une partie du blé (environ un demi-quart) pour son propre usage, au prix de gros, s'il l'a fait avant la conclusion définitive du marché ; et réciproquement, tout boulanger pourrait réclamer la même chose si le citoyen achetait du blé pour le revendre. Dans le premier cas, il suffisait que le blé soit apporté au moulin de la ville pour être moulu à son tour à un prix fixé, et le pain pouvait être cuit dans les quatre fours banaux ou communaux(48). Bref, si une disette frappait la ville, tous devaient en souffrir plus ou moins ; mais en dehors des calamités, tant que les villes libres existèrent, personne ne put mourir de faim au milieu d'elles, comme c'est malheureusement trop souvent le cas de nos jours.

Cependant, toutes ces réglementations appartiennent à des périodes ultérieures de la vie des villes, alors qu'à une époque antérieure, c'était la ville elle-même qui achetait toutes les denrées alimentaires pour l'usage des citoyens. Les documents récemment publiés par M. Gross sont tout à fait positifs sur ce point et confortent pleinement sa conclusion selon laquelle les cargaisons de subsistances « étaient achetées par certains fonctionnaires civiques au nom de la ville, puis distribuées en parts entre les bourgeois marchands ». , personne n'étant autorisé à acheter les marchandises débarquées dans le port à moins que les autorités municipales refusent de les acheter. Cela semble - ajoute-t-elle - avoir été une pratique assez courante en Angleterre, en Irlande, au Pays de Galles et en Écosse. "(49) Même dans le pays. XVIe siècle, nous constatons que les achats communs de maïs étaient effectués pour « la commodité et le profit de toutes choses de ceci…. Ville et Chambre de Londres, et de tous les citoyens et habitants de celle-ci aussi moche qu'en nous » — comme le dit le Mayor écrivait en 1565(50). A Venise, on sait que tout le commerce du blé était entre les mains de la ville ; les « quartiers », dès réception des céréales de la régie qui administrait les importations, étaient tenus d'envoyer à chaque domicile citoyen la quantité qui lui était allouée.(51) En France, la ville d'Amiens achetait du sel et le distribuait aux tous les citoyens au prix coûtant(52) ; et on voit encore aujourd'hui dans beaucoup de villes françaises les halles qui étaient autrefois des dépôts municipaux de blé et de sel(53). En Russie, c'était une coutume régulière à Novgorod et à Pskov.

Toute la question relative aux achats communaux destinés à l'usage des citoyens et à la manière dont ils étaient effectués ne semble pas avoir encore reçu l'attention voulue de la part des historiens de l'époque ; mais il y a çà et là des faits très intéressants qui jettent sur la chose un jour nouveau. Il y a ainsi , parmi les documents de M. Gross, une ordonnance de Kilkenny de l'année 1367, d'où l'on apprend comment les prix des marchandises étaient établis. « Les marchands et les marins, écrit M. Gross, devaient déclarer sous serment le premier prix des marchandises et les frais de transport. Ensuite, le maire de la ville et deux hommes discrets devaient indiquer le prix auquel les marchandises seraient vendues. devaient être vendus. » La même règle s'appliquait à Thurso pour les marchandises arrivant « par mer ou par terre ».

Cette façon de « nommer le prix » répond si bien aux conceptions mêmes du commerce qui étaient en vigueur à l'époque médiévale qu'elle devait être quasiment universelle. Faire établir le prix par un tiers était une coutume très ancienne ; et pour tous les échanges à l'intérieur de la ville, c'était certainement une habitude très répandue de laisser l'établissement des prix à des « hommes discrets » — à un tiers — et non au vendeur ou à l'acheteur. Mais cet ordre de choses nous ramène encore plus loin dans l'histoire du commerce, c'est-à-dire à une époque où le commerce des produits de première nécessité s'effectuait dans toute la ville et où les marchands n'étaient que les commissaires, les administrateurs de la ville pour la vente. les marchandises qu'elle exportait. Une ordonnance de Waterford, publiée également par M. Gross, dit "que toute manière de marchandis, quoi qu'il en soit, kynde ils seront de… seront achetés par le Maire et les balives qui bene commene biers [acheteurs communs, pour la ville] pour le moment, et les distribueront aux hommes libres de la ville (les biens propres des citoyens et habitants libres seulement exceptés)." Cette ordonnance ne peut guère s'expliquer autrement qu'en admettant que tout le commerce extérieur de la ville était exercé par ses agents. Nous avons d'ailleurs la preuve directe que tel a été le cas pour Novgorod et Pskov. C'était le souverain de Novgorod. et le souverain Pskov qui envoya ses caravanes de marchands vers des terres lointaines.

Nous savons aussi que dans presque toutes les villes médiévales de l'Europe centrale et occidentale, les corporations artisanales achetaient, en bloc, tous les produits bruts nécessaires et vendaient le produit de leur travail par l'intermédiaire de leurs fonctionnaires, et il n'est guère possible que les il n'aurait pas fallu en faire autant pour le commerce extérieur, d'autant plus qu'il est bien connu que jusqu'au XIIIe siècle, non seulement tous les marchands d'une ville donnée étaient considérés à l'étranger comme responsables collectivement des dettes contractées par l'un d'eux, mais mais la ville tout entière était également responsable des dettes de chacun de ses marchands. Ce n'est qu'aux XIIe et XIIIe siècles que les villes du Rhin conclurent des traités spéciaux abolissant cette responsabilité.(54) Et enfin nous avons le remarquable document d'Ipswich publié par M. Gross, document duquel nous apprenons que la corporation marchande de cette ville était constituée de tous ceux qui avaient la liberté de la ville, et qui désiraient payer leur contribution (« leur hanse ») à la guilde, toute la communauté discutant tous ensemble de la meilleure façon d'entretenir la guilde marchande, et lui accordant certains privilèges. La guilde marchande d'Ipswich apparaît ainsi plutôt comme un corps d'administrateurs de la ville que comme une guilde privée commune.

Bref, plus on connaît la cité médiévale, plus on se rend compte qu'elle n'était pas simplement une organisation politique de protection de certaines libertés politiques. Il s'agissait d'une tentative d'organiser, à une échelle beaucoup plus grande que dans une communauté villageoise, une union étroite pour l'entraide et le soutien mutuel, pour la consommation et la production, et pour la vie sociale dans son ensemble, sans imposer aux hommes les chaînes de l'État, mais en leur donnant pleine liberté d'expression du génie créateur de chaque groupe distinct d'individus dans les domaines de l'art, de l'artisanat, de la science, du commerce et de l'organisation politique. Le succès de cette tentative apparaîtra mieux lorsque nous analyserons dans le chapitre suivant l'organisation du travail dans la cité médiévale et les relations des villes avec la population paysanne environnante.

REMARQUES:

1. W. Arnold, dans son Wanderungen und Ansiedelungen der deutschen Stamme , p. 431, soutient même que la moitié de la superficie désormais arable de l'Allemagne centrale a dû être conquise entre le VIe et le IXe siècle. Nitzsch (Geschichte des deutschen Volkes , Leipzig, 1883, vol. i .) partage le même avis.

2. Léo et Botta, Histoire d'Italie , édition française, 1844, t. je ., p. 37.

3. La composition pour le vol d'un simple couteau était de 15 solidii et pour les parties en fer d'un moulin, de 45 solidii (Voir à ce sujet Wirthschaft und Recht der Franken de Lamprecht dans Raumer's Historique Taschenbuch , 1883, p. 52.) Selon la loi riveraine, l'épée, la lance et l' armure de fer d'un guerrier atteignaient la valeur d'au moins vingt-cinq vaches, ou deux ans de travail d'un homme libre . Une cuirasse seule valait dans la loi salique (Desmichels , cité par Michelet) jusqu'à trente-six boisseaux de blé.

4. La principale richesse des chefs fut longtemps dans leurs domaines personnels peuplés en partie d'esclaves prisonniers, mais principalement de la manière ci-dessus. Sur l'origine de la propriété, voir Die Ausbildung der grossen d'Inama Sternegg. Grundherrschaften en Allemagne, à Schmoller's Forschungen , Bd. I., 1878 ; Urgeschichte der germanischen und romanischen Volker de F. Dahn , Berlin, 1881 ; Dorfverfassung de Maurer ; les Essais sur l'histoire de France de Guizot ; Communauté villageoise du Maine ; L'histoire de Botta d'Italie ; Seebohm, Vinogradov, JR Green, etc.

5. Voir International Law de Sir Henry Maine, Londres, 1888.

6. Lois anciennes de l'Irlande, Introduction ; E. Nys, Etudes de droit international, t. i ., 1896, p. 86 et suiv. Parmi les Ossètes, les arbitres des trois villages les plus anciens jouissent d'une réputation particulière (Coutume moderne et droit ancien de M. Kovalevsky, Moscou, 1886, ii. 217, russe).

7. Il est permis de penser que cette conception (liée à la conception de la tanistique) a joué un rôle important dans la vie de l'époque ; mais la recherche n'a pas encore été orientée dans cette direction.

8. Il était clairement stipulé dans la charte de Saint-Quentin de l'année 1002 que la rançon des maisons qui devaient être démolies pour crimes était destinée aux murs de la ville. La même destination fut donnée aux Ungeld dans les villes allemandes. A Pskov, la cathédrale était la banque des amendes, et sur ce fonds on prenait de l'argent pour les lamentations.

9. Sohm, Frankische Rechts -und Gerichtsverfassung , p. 23 ; aussi Nitzsch, Geschichte des deutschen Volkes , je . 78.

10. Voir les excellentes remarques à ce sujet dans les Lettres sur l'histoire de France d'Augustin Thierry. 7ème Lettre. Les traductions barbares de parties de la Bible sont extrêmement instructives sur ce point.

11. Trente-six fois plus qu'un noble, selon la loi anglo-saxonne. Dans le code de Rothari , le meurtre d'un roi est cependant puni de mort ; mais (en dehors de l'influence romaine) cette nouvelle disposition fut introduite (en 646) dans la loi lombarde — comme le remarquent Léon et Botta — pour protéger le roi de la vengeance sanglante. Le roi étant alors l'exécuteur de ses propres sentences (comme la tribu l'était autrefois de ses propres sentences), il devait être protégé par une disposition spéciale, d'autant plus que plusieurs rois lombards avant Rothari avaient été successivement tués (Léo et Botta, lc, je 66-90).

12. Kaufmann, Deutsche Geschichte , Bd. I. « Les Allemands der Urzeit », p. 133.

13. Dr F. Dahn, Urgeschichte der germanischen und romanischen Volker, Berlin, 1881, Bd. I. 96.

14. Si je suis ainsi les vues défendues depuis longtemps par Maurer (Geschichte der Stadteverfassung in Deutschland, Erlangen, 1869), c'est parce qu'il a pleinement prouvé l'évolution ininterrompue de la communauté villageoise à la ville médiévale, et que ses vues seules peuvent expliquer l'universalité du mouvement communautariste. Savigny et Eichhorn et leurs successeurs ont certainement prouvé que les traditions de la municipia romaine n'avaient jamais totalement disparu. Mais ils ne tenaient pas compte de la période de communauté villageoise que vivaient les barbares avant d'avoir des villes. Le fait est que chaque fois que l'humanité prenait un nouveau départ dans la civilisation, en Grèce, à Rome ou en Europe centrale, elle passait par les mêmes étapes – la tribu, la communauté villageoise, la ville libre, l'État – chacune évoluant naturellement à partir de l'étape précédente. Bien entendu, l'expérience de chaque civilisation précédente n'a jamais été perdue. La Grèce (elle-même influencée par les civilisations orientales) a

influencé Rome, et Rome a influencé notre civilisation ; mais chacun d'eux part du même commencement : la tribu. Et tout comme nous ne pouvons pas dire que nos États sont une continuation de l'État romain, nous ne pouvons pas non plus dire que les villes médiévales d'Europe (y compris la Scandinavie et la Russie) étaient une continuation des villes romaines. Ils étaient une continuation de la communauté villageoise barbare, influencée dans une certaine mesure par les traditions des villes romaines.

15. M. Kovalevsky, Coutumes modernes et lois anciennes de Russie (Ilchester Lectures, Londres, 1891, Conférence 4).

16. Un nombre considérable de recherches ont dû être effectuées avant que ce caractère de la période dite udyelnyi soit correctement établi par les travaux de Byelaeff (Contes de l'histoire russe), de Kostomaroff (Les débuts de l'autocratie en Russie) et surtout du professeur Sergievich. (Le Vyeche et le Prince). Le lecteur anglais pourra trouver quelques renseignements sur cette période dans l'ouvrage que nous venons de citer de M. Kovalevsky, dans l'Histoire de la Russie de Rambaud et, dans un bref résumé, dans l'article « Russie » de la dernière édition de l' Encyclopédie de Chambers .

17. Ferrari, Histoire des révolutions d'Italie , i . 257 ; Kallsen, Die deutschen Ville je suis Mittelalter , Bd. I. (Halle, 1891).

18. Voir les excellentes remarques de MGL Gomme à propos du folkmote de Londres (The Literature of Local Institutions, Londres, 1886, p. 76). Il faut cependant remarquer que dans les villes royales, le folkmote n'a jamais atteint l'indépendance qu'il prenait ailleurs. Il est même certain que Moscou et Paris furent choisis par les rois et l'Église comme berceaux de la future autorité royale dans l'État, parce qu'ils ne possédaient pas la tradition des folkmotes habitués à agir en souverains en toutes matières.

19. A. Luchaire , Les Communes françaises ; aussi Kluckohn , Geschichte des Gottesfrieden , 1857. L. Semichon (La paix et la treve de Dieu, 2 vol., Paris, 1869) a tenté de représenter le mouvement communal comme issu de cette institution. En réalité, la treuga Dei, comme la ligue fondée sous Louis le Gros pour se défendre à la fois contre les pillages des nobles et contre les invasions normandes, était un mouvement profondément populaire. Le seul historien qui mentionne cette dernière ligue, c'est-à-dire Vitalis, la décrit comme une « communauté populaire » (« Considérations sur l'histoire de France », dans le tome IV des Œuvres d'Aug. Thierry , Paris, 1868, p. 191 et note).

20. Ferrari, je . 152, 263, etc.

21. Perrens , Histoire de Florence, i . 188 ; Ferrari, lc, je . 283.

22. Août Thierry, Essai sur l'histoire du Tiers Etat, Paris, 1875, p. 414, remarque.

23. F. Rocquain , « La Renaissance au XIIe siècle ", dans Etudes sur l'histoire de France, Paris, 1875, pp. 55-117.

24. N. Kostomaroff , « Les rationalistes du XIIe siècle », dans ses Monographies et recherches (russe).

25. Des faits très intéressants relatifs à l'universalité des guildes seront trouvés dans "Two Thousand Years of Guild Life", du révérend JM Lambert, Hull, 1891. Sur l' amkari géorgien , voir S. Eghiazarov , Gorodskiye Tsekhi (« Organisation des Amkari transcaucasiens »), dans Mémoires de la Société géographique du Caucase, xiv. 2, 1891.

26. " Reisebericht " de JD Wunderer dans Frankfurter Archiv de Fichard , ii. 245 ; cité par Janssen, Geschichte des deutschen Volkes , je . 355.

27. Dr Leonard Ennen, Der Dom zu Koln, Historische Einleitung , Cologne, 1871, pp. 46, 50.

28. Voir le chapitre précédent.

29. Kofod Ancher, Je joue Danske Gilder et deres Undergang , Copenhague, 1785. Statuts d'une guilde Knu .

30. Sur la position des femmes dans les guildes, voir les remarques introductives de Miss Toulmin Smith aux guildes anglaises de son père. L'un des statuts de Cambridge (p. 281) de l'année 1503 est tout à fait positif dans la phrase suivante : « Thys statut is made by the comyne assentiment of all the bretherne and sisterne of alhallowe ». " Yelde ."

31. À l'époque médiévale, seule l'agression secrète était considérée comme un meurtre. La vengeance sanglante en plein jour était la justice ; et tuer dans une querelle n'était pas un meurtre, une fois que l'agresseur montrait sa volonté de se repentir et de réparer le tort qu'il avait fait. Des traces profondes de cette distinction existent encore dans le droit pénal moderne, notamment en Russie.

32. Kofod Ancher, lc Ce vieux livret contient beaucoup de choses qui ont été perdues de vue par les explorateurs ultérieurs.

33. Ils jouèrent un rôle important dans les révoltes des serfs et furent donc interdits plusieurs fois de suite dans la seconde moitié du IXe siècle. Bien entendu, les interdictions du roi restèrent lettre morte.

34. Les peintres italiens médiévaux étaient également organisés en guildes, qui devinrent plus tard des académies d'art. Si l'art italien de cette époque est empreint d'une telle individualité que l'on distingue encore aujourd'hui les

différentes écoles de Padoue, Bassano, Trévise, Vérone, etc., bien que toutes ces villes fussent sous la domination de Venise, c'était dû-J. Paul Richter remarque que les peintres de chaque ville appartenaient à une corporation distincte, amie des corporations des autres villes, mais menant une existence séparée. Le plus ancien statut de guilde connu est celui de Vérone, datant de 1303, mais évidemment copié d'un statut beaucoup plus ancien. « L'assistance fraternelle en cas de nécessité quelle qu'elle soit », « l'hospitalité envers les étrangers, lors de leur passage dans la ville, afin d'obtenir des informations sur les choses qu'on aimerait apprendre », et « l'obligation d'offrir du réconfort en cas de débilité » sont parmi les autres. les obligations des membres (XIXe siècle, novembre 1890 et août 1892).

35. Les principaux ouvrages sur les artels sont cités dans l'article « Russie » de l' Encyclopaedia Britannica, 9e édition, p. 84.

36. Voir, par exemple, les textes des guildes de Cambridge donnés par Toulmin Smith (English Guilds, Londres, 1870, pp. 274-276), d'où il ressort que le « jour général et principal » était le « jour élu » ; " ou, Ch. M. Clode's The Early History of the Guild of the Merchant Taylors, Londres, 1888, i . 45 ; et ainsi de suite. Pour le renouvellement d'allégeance, voir la saga Jomsviking , mentionnée dans l'Altdanische de Pappenheim. Schutzgilden , Breslau, 1885, p. 67. Il paraît très probable que lorsque les corporations commencèrent à être poursuivies en justice, beaucoup d'entre elles inscrivaient dans leurs statuts seulement le jour du repas, ou leurs devoirs pieux, et ne faisaient allusion à la fonction judiciaire de la corporation qu'en termes vagues ; mais cette fonction ne disparut que bien plus tard. La question : « Qui sera mon juge ? n'a plus de sens aujourd'hui, puisque l'État s'est approprié pour sa bureaucratie l'organisation de la justice ; mais elle était d'une importance primordiale à l'époque médiévale, d'autant plus que l'auto-juridiction signifiait l'auto-administration. Il faut également remarquer que la traduction du saxon et du danois « guild- bretheren » ou « brodre » par le latin convivii doit également avoir contribué à la confusion ci-dessus.

37. Voir les excellentes remarques sur la guilde Frith par JR Green et Mme Green dans The Conquest of England, Londres, 1883, pp. 229-230.

38. Aucun

39. Recueil des ordonnances des rois de France, t. XII. 562 ; cité par Aug. Thierry dans Considérations sur l'histoire de France, p. 196, éd. 12 mois.

40. A. Luchaire , Les Communes françaises , pp, 45-46.

41. Guilbert de Nogent , De vita sua , cité par Luchaire , lc, p. 14.

42. Lebret, Histoire de Venise, i . 393 ; également Marin, cité par Léo et Botta dans Histoire de l'Italie , édition française, 1844, t. je 500.

43. Dr W. Arnold, Verfassungsgeschichte der deutschen Freistadte , 1854, Bd. ii. 227 suiv.; Ennen, Geschichte der Stadt Koeln , Bd. je . 228-229 ; ainsi que les documents publiés par Ennen et Eckert.

44. Conquête de l'Angleterre, 1883, p. 453.

45. Byelaeff , Histoire de la Russie, vol. ii. et iii.

46. W. Gramich , Verfassungs und Verwaltungsgeschichte der Stadt Wurzburg im 13. bis zum 15. Jahrhundert , Wurzburg, 1882, p. 34.

47. Lorsqu'un bateau apportait une cargaison de charbon à Würzburg, le charbon ne pouvait être vendu au détail que pendant les huit premiers jours, chaque famille n'ayant droit qu'à cinquante paniers pleins. La marchandise restante pouvait être vendue en gros, mais le détaillant n'était autorisé à réaliser qu'un profit zittlicher , le profit unzittlicher , ou profit malhonnête, étant strictement interdit (Gramich , lc). Pareil à Londres (Liber albus, cité par Ochenkowski , p. 161), et, en fait, partout.

48. Voir Fagniez , Etudes sur l'industrie et la classe. industrielle à Paris au XIIIe et XIVe siècle , Paris, 1877, pp. 155 suiv. Il est à peine besoin d'ajouter que l'impôt sur le pain, ainsi que sur la bière, fut fixé après des expériences minutieuses quant à la quantité de pain et de bière qu'on pouvait obtenir à partir d'une quantité donnée de blé. Les archives d'Amiens contiennent les minutes de telles expériences (A. de Calonne, lc pp. 77, 93). Aussi ceux de Londres (Ochenkowski , England's wirthschaftliche Entwickelung , etc., Iéna, 1879, p. 165).

49. Ch. Gross, Le marchand de guilde, Oxford, 1890, i . 135. Ses documents prouvent que cette pratique existait à Liverpool (ii. 148-150), à Waterford en Irlande, à Neath au Pays de Galles et à Linlithgow et Thurso en Écosse. Les textes de M. Gross montrent également que les achats étaient faits pour être distribués, non seulement parmi les bourgeois marchands, mais « entre tous les citoyens et communaux » (p. 136, note), ou, comme le dit l' ordonnance Thurso du XVIIe siècle, pour "faire offre aux marchands, artisans et habitants dudit bourg, afin qu'ils en aient leur part, selon leurs besoins et leurs capacités."

50. The Early History of the Guild of Merchant Taylors, par Charles M. Clode , Londres, 1888, i . 361, annexe 10 ; aussi l'annexe suivante qui montre que les mêmes achats ont été effectués en 1546.

51. Cibrario , Les conditions économiques de l'Italie au temps de Dante, Paris, 1865, p. 44.

52. A. de Calonne, La vie municipale au XVe siècle dans le Nord de la France, Paris, 1880, pp. En 1485, la ville autorise l'exportation vers Anvers d'une

certaine quantité de blé, « les Anversois étant toujours prêts à se montrer agréables aux marchands et bourgeois d'Amiens » (ibid., pp. 75-77 et textes).

53. A. Babeau , La ville sous l'ancien régime, Paris, 1880.

54. Ennen, Geschichte der Stadt Koln, i . 491, 492, également textes.

CHAPITRE VI

L'ENTRAIDE DANS LA VILLE MÉDIÉVALE (suite)

Ressemblance et diversité entre les cités médiévales. Les guildes artisanales : Etat-attributs dans chacune d'elles. Attitude de la ville envers les paysans ; tente de les libérer. Les seigneurs. Résultats obtenus par la cité médiévale : en arts, en apprentissage. Causes de la pourriture.

Les cités médiévales n'étaient pas organisées selon un plan préconçu, obéissant à la volonté d'un législateur extérieur. Chacun d'eux était une croissance naturelle au sens plein du terme - un résultat toujours variable de la lutte entre diverses forces qui s'ajustaient et se réajustaient en fonction de leurs énergies relatives, des chances de leurs conflits et du soutien qu'elles trouvaient dans leur environnement. Il n'existe donc pas deux villes dont l'organisation intérieure et les destinées auraient été identiques. Chacun, pris séparément, varie de siècle en siècle. Et pourtant, quand on jette un large regard sur toutes les villes de l'Europe, les dissemblances locales et nationales disparaissent, et l'on est frappé de trouver entre elles une ressemblance merveilleuse, bien que chacune se soit développée pour elle-même, indépendamment des autres, et dans des conditions différentes. Une petite ville du nord de l'Écosse, avec sa population de gros ouvriers et de pêcheurs ; une riche ville de Flandre, avec son commerce mondial, son luxe, son amour du divertissement et sa vie animée ; une ville italienne enrichie par ses relations avec l'Orient et produisant dans ses murs un goût artistique et une civilisation raffinés ; et une ville pauvre, principalement agricole, située dans la région des marais et des lacs de Russie, semble avoir peu de choses en commun. Et pourtant, les lignes directrices de leur organisation, et l'esprit qui les anime, sont empreints d'un fort air de famille. Partout nous voyons les mêmes fédérations de petites communautés et de guildes, les mêmes « sous-villes » autour de la ville mère, le même folkmote et les mêmes insignes de son indépendance. Le défenseur de la ville, sous des noms différents et sous des accessoires différents, représente la même autorité et les mêmes intérêts ; l'approvisionnement en nourriture, le travail et le commerce sont organisés selon des lignes très similaires ; les luttes intérieures et extérieures sont menées avec les mêmes ambitions ; bien plus, les formules mêmes utilisées dans les luttes, comme aussi dans les annales, les ordonnances et les rôles, sont identiques ; et les monuments architecturaux, qu'ils soient de style gothique, romain ou byzantin, expriment les mêmes aspirations et les mêmes idéaux ; ils sont conçus et construits de la même manière. De nombreuses dissemblances sont de simples différences d'âge, et les disparités réelles entre villes sœurs se répètent dans différentes parties de l'Europe. L'unité de l'idée directrice et l'identité d'origine compensent les différences de climat, de situation géographique, de richesse, de langue et de religion. C'est pourquoi on peut parler de la cité médiévale comme d'une phase bien définie de la civilisation ; et si toute recherche insistant sur les différences locales et individuelles est la bienvenue, nous pouvons néanmoins indiquer les principales lignes de développement qui sont communes à toutes les villes.(1)

Il ne fait aucun doute que la protection accordée à la place du marché dès les premiers temps barbares a joué un rôle important, quoique non exclusif, dans l'émancipation de la cité médiévale. Les premiers barbares ne connaissaient aucun commerce au sein de leurs communautés villageoises ; ils ne commerçaient avec des étrangers qu'à certains endroits précis, à certains jours déterminés. Et pour que l'étranger puisse venir au lieu de troc sans risquer d'être tué pour quelque querelle qui pourrait opposer deux parents, le marché était toujours placé sous la protection spéciale de tous les parents. Elle était inviolable, comme le lieu de culte à l'ombre duquel elle se tenait. Chez les Kabyles, c'est encore annaya , comme le sentier par lequel les femmes portent l'eau du puits ; ni l'un ni l'autre ne doivent être foulés aux pieds par les armes, même pendant les guerres intertribales. À l'époque médiévale, le marché jouissait universellement de la même protection.(2) Aucune querelle ne pouvait être poursuivie sur le lieu où les gens venaient faire du commerce, ni dans un certain rayon autour de celui-ci ; et si une querelle surgissait dans la foule hétéroclite des acheteurs et des vendeurs, il fallait la porter devant ceux sous la protection desquels se trouvait le marché, le tribunal de la communauté, ou celui de l'évêque, du seigneur ou du juge du roi. Un étranger venu faire du commerce était un invité, et il continuait sous ce même nom. Même le seigneur, qui n'avait aucun scrupule à voler un commerçant sur la grande route, respectait le Weichbild , c'est-à-dire le poteau qui se dressait sur la place du marché et portait soit les armes du roi, soit un gant, soit l'image du saint local. , ou simplement une croix, selon que le marché était sous la protection du roi, du seigneur, de l'église locale ou du folkmote – le vyeche .(3)

Il est facile de comprendre comment l'auto-juridiction de la ville a pu se développer à partir de la juridiction spéciale sur le marché, lorsque ce dernier droit a été concédé, volontairement ou non, à la ville elle-même. Et une telle origine des libertés de la ville, qui peut être retracée dans de très nombreux cas, a nécessairement imprimé une empreinte particulière sur leur développement ultérieur. Cela donnait une prédominance à la partie commerciale de la communauté. Les bourgeois qui possédaient alors une maison dans la ville et étaient copropriétaires des terres de la ville constituaient très souvent une corporation de marchands qui détenait entre ses mains le commerce de la ville ; et bien qu'au début tous les bourgeois, riches et pauvres, puissent faire partie de la guilde des marchands, et bien que le commerce lui-même semble avoir été exercé pour la ville entière par ses administrateurs, la guilde devint peu à peu une sorte de corps privilégié. Elle empêcha jalousement l'entrée dans la corporation des étrangers qui commencèrent bientôt à affluer dans les villes libres et réserva les avantages résultant du commerce aux quelques « familles » qui étaient bourgeoises au moment de l'émancipation. Il y avait évidemment un danger qu'une oligarchie marchande soit ainsi constituée. Mais déjà au Xe, et plus encore au cours des deux siècles suivants, les principaux métiers, également organisés en corporations, étaient assez puissants pour freiner les tendances oligarchiques des marchands.

La corporation des artisans était alors un commun vendeur de ses produits et un commun acheteur des matières premières, et ses membres étaient à la fois commerçants et ouvriers. C'est pourquoi la prédominance des anciennes corporations artisanales, dès les débuts de la vie citadine libre, garantissait au travail manuel la position élevée qu'il occupa ensuite dans la ville.(4) En fait, dans une ville médiévale, le travail manuel n'était pas un signe de infériorité; il portait au contraire les traces du grand respect qui lui avait été accordé dans la communauté villageoise. Le travail manuel dans un « mystère » était considéré comme un devoir pieux envers les citoyens : une fonction publique (Amt), aussi honorable qu'une autre. Une idée de « justice » envers la communauté, de « droit » envers le producteur et le consommateur, qui semblerait si extravagante aujourd'hui, imprègne la production et l'échange. Le travail du tanneur, du tonnelier ou du cordonnier doit être « juste », équitable, écrivait-on à l'époque. Le bois, le cuir ou le fil utilisés par l'artisan doivent être « corrects » ; le pain doit être cuit « en justice », et ainsi de suite. Transportez ce langage dans notre vie présente, et il semblerait affecté et contre nature ; mais c'était alors naturel et naturel, car l'artisan médiéval ne produisait pas pour un acheteur inconnu, ni pour jeter ses marchandises sur un marché inconnu. Il produisit d'abord pour sa guilde ; car une confrérie d'hommes qui se connaissaient, connaissaient les techniques du métier et, en nommant le prix de chaque produit, pouvaient apprécier l'habileté déployée dans sa fabrication ou le travail qui y était consacré. Ensuite, la corporation, et non le producteur séparé, proposait les marchandises à la vente dans la communauté, et celle-ci, à son tour, offrait à la confrérie des communautés alliées les marchandises qui étaient exportées et assumait la responsabilité de leur qualité. Avec une telle organisation, chaque métier avait l'ambition de ne pas proposer des biens de qualité inférieure, et les défauts techniques ou les falsifications devenaient l'affaire de la communauté tout entière, car, dit une ordonnance, "ils détruiraient la confiance du public".(5) La production étant ainsi un devoir social, placé sous le contrôle de l'ensemble des amitas , le travail manuel ne pouvait tomber dans la condition dégradée qu'il occupe aujourd'hui, tant que vivrait la ville libre.

Une différence entre maître et apprenti, ou entre maître et ouvrier (compagne , Geselle), n'existait que dans les cités médiévales dès leurs origines ; il s'agissait au départ d'une simple différence d'âge et de compétence, et non de richesse et de pouvoir. Après sept années d'apprentissage, et après avoir prouvé ses connaissances et ses capacités par une œuvre d'art, l'apprenti devenait lui-même maître. Et ce n'est que bien plus tard, au XVIe siècle, après que le pouvoir royal eut détruit la ville et l'organisation artisanale, qu'il fut possible de devenir maître en vertu d'un simple héritage ou d'une richesse. Mais c'était aussi l'époque d'un déclin général des industries et de l'art médiévaux.

Il n'y avait pas beaucoup de place pour le travail salarié au début des périodes florissantes des cités médiévales, et encore moins pour les salariés individuels. Le travail des tisserands, des archers, des forgerons, des boulangers, etc., était accompli pour l'artisanat et la ville ; et lorsque les artisans étaient embauchés dans les métiers du bâtiment, ils travaillaient comme des corporations temporaires (comme c'est encore le cas dans les artels russes), dont le travail était payé en bloc. Le travail pour un maître ne commença à se multiplier que plus tard ; mais même dans ce cas, l'ouvrier était mieux payé qu'aujourd'hui, même dans ce pays, et bien mieux que ce qu'il était payé dans toute l'Europe dans la première moitié de ce siècle. Thorold Rogers a familiarisé les lecteurs anglais avec cette idée ; mais il en va de même pour le continent, comme le montrent les recherches de Falke et de Schönberg, ainsi que de nombreuses indications occasionnelles. Au XVe siècle déjà, un maçon, un charpentier ou un forgeron était payé à Amiens quatre sols par jour, ce qui correspondait à quarante-huit livres de pain, ou à la huitième partie d'un petit bœuf (bouvard). En Saxe, le salaire du Geselle dans le bâtiment était tel que, pour reprendre les mots de Falke, il pouvait acheter avec ses six jours de salaire trois moutons et une paire de chaussures.(6) Les dons des ouvriers (Geselle) Les cathédrales témoignent aussi de leur relatif bien-être, sans parler des dons glorieux de certaines corporations de métiers ni de ce qu'elles dépensaient en festivités et en spectacles(7). En effet, plus on en apprend sur la cité médiévale, d'autant plus nous sommes convaincus qu'à aucune époque le travail n'a joui de telles conditions de prospérité et d'un tel respect qu'à l'époque où la vie citadine était à son apogée.

Plus que ça; non seulement de nombreuses aspirations de nos radicaux modernes se sont déjà réalisées au Moyen Âge , mais une grande partie de ce qui est décrit aujourd'hui comme utopique a été alors acceptée comme un fait. On se moque de nous quand nous disons que le travail doit être agréable, mais : « chacun doit être satisfait de son travail », dit une ordonnance médiévale de Kuttenberg , « et personne ne le sera en ne faisant rien (mit nuits thun), s'approprier ce que d'autres ont produit par l'application et le travail, car les lois doivent être un bouclier pour l'application et le travail. "(8)

Et au milieu de tous les discours présents sur une journée de huit heures, il peut être bon de se souvenir d'une ordonnance de Ferdinand Ier relatif aux mines de charbon impériales, qui fixaient la journée du mineur à huit heures, « comme autrefois » (wie vor Alters herkommen), et le travail le samedi après-midi était interdit. Les horaires plus longs étaient très rares, nous dit Janssen, tandis que les horaires plus courts étaient monnaie courante. Dans ce pays, au XVe siècle, dit Rogers, « les ouvriers ne travaillaient que quarante-huit heures par semaine ».(9) La demi-congé du samedi, que nous considérons comme une conquête moderne, était en réalité une vieille fête médiévale. institution; c'était l'heure du bain pour une grande partie de la communauté, tandis que le mercredi après-midi était l'heure du bain pour les Geselle(10). Et bien que les repas scolaires n'existaient pas — probablement parce qu'aucun enfant n'avait faim à l'école — une distribution d'argent pour le bain aux enfants dont les pères éprouvaient des difficultés à pourvoir, c'était habituel dans plusieurs endroits. Quant aux congrès du travail , ils constituaient également un événement régulier du Moyen Âge. Dans certaines parties de l'Allemagne, des artisans du même métier, appartenant à des communes différentes, se réunissaient chaque année pour discuter des questions relatives à leur métier, aux années d'apprentissage, aux années d'errance, aux salaires, etc.; et en 1572, les villes hanséatiques reconnurent formellement le droit des métiers de se réunir dans des congrès périodiques et de prendre toutes résolutions, pourvu qu'elles ne soient pas contraires aux rôles des villes, relatives à la qualité des marchandises. De tels congrès du travail , en partie internationaux comme la Hanse elle-même, sont connus pour avoir été organisés par des boulangers, des fondeurs, des forgerons, des tanneurs, des fabricants d'épées et des tonneliers .(11)

L'organisation artisanale exigeait bien sûr une surveillance étroite des artisans par la corporation, et des jurys spéciaux étaient toujours nommés à cet effet. Mais ce qui est le plus remarquable, c'est que, tant que les villes vécurent leur vie libre, on n'entendit aucune plainte contre la surveillance ; tandis qu'après l'intervention de l'État, confisquant les biens des corporations et détruisant leur indépendance au profit de sa propre bureaucratie, les plaintes devinrent tout simplement innombrables(12). D'autre part, l'immensité des progrès réalisés dans tous les arts sous le règne de Le système médiéval des corporations est la meilleure preuve que ce système ne faisait pas obstacle à l'initiative individuelle.(13) Le fait est que la corporation médiévale, comme la paroisse, la « rue » ou le « quartier » médiéval, n'était pas un corps de citoyens, placé sous le contrôle de fonctionnaires de l'État ; c'était une union de tous les hommes liés à un métier donné : acheteurs légaux de produits bruts, vendeurs de produits manufacturés et artisans, maîtres, « entreprises » et apprentis. Pour l'organisation interne du commerce, son assemblée était souveraine, à condition qu'elle ne gêne pas les autres corporations, auquel cas l'affaire était portée devant la corporation des corporations, la ville. Mais il y avait là quelque chose de plus que cela. Elle avait sa propre juridiction, sa propre force militaire, ses propres assemblées générales, ses propres traditions de luttes, de gloire et d'indépendance, ses propres relations avec d'autres corporations du même métier dans d'autres villes : elle avait, en un mot, une vie organique pleine qui ne pouvait résulter que de l'intégralité des fonctions vitales. Lorsque la ville fut appelée aux armes, la guilde apparut comme une compagnie distincte (Schaar), armée de ses propres armes (ou de ses propres fusils, amoureusement décorés par la guilde, à une époque ultérieure), sous ses propres commandants auto-élus. En un mot, elle était une unité de la fédération aussi indépendante que l'était il y a cinquante ans la république d'Uri ou de Genève dans la Confédération suisse. De sorte que, le comparer à un syndicat moderne, dépouillé de tous les attributs de la souveraineté étatique et réduit à quelques fonctions secondaires, est aussi déraisonnable que de comparer Florence ou Bruges à une commune française végétant sous le Code Napoléon. ou avec une ville russe placée sous la loi municipale de Catherine II. Tous deux ont des maires élus, et celui-ci a aussi ses corporations artisanales ; mais la différence est toute la différence qui existe entre Florence et Fontenay-les- Oies ou Tsarevokokshaisk , ou entre un doge vénitien et un maire moderne qui lève son chapeau devant le clerc du sous-préfet .

Les corporations médiévales étaient capables de conserver leur indépendance ; et, plus tard, surtout au XIVe siècle, lorsque, par suite de plusieurs causes qui seront indiquées ci-après, l'ancienne vie municipale subit une profonde modification, les métiers plus jeunes se révélèrent assez forts pour conquérir la part qui leur revient dans la gestion de la ville. affaires. Les masses, organisées dans les arts « mineurs », se sont soulevées pour arracher le pouvoir des mains d'une oligarchie grandissante, et ont pour l'essentiel réussi cette tâche, ouvrant à nouveau une nouvelle ère de prospérité. Il est vrai que dans certaines villes, le soulèvement fut écrasé dans le sang et suivi de décapitations massives d'ouvriers, comme ce fut le cas à Paris en 1306 et à Cologne en 1371. Dans de tels cas, les libertés de la ville tombèrent rapidement en décadence et la ville fut détruite. progressivement maîtrisée par le pouvoir central. Mais la plupart des villes avaient conservé suffisamment de vitalité pour sortir de la tourmente avec une vie et une vigueur nouvelles .(14) Une nouvelle période de rajeunissement fut leur récompense. Une vie nouvelle fut insufflée et trouva son expression dans de splendides monuments architecturaux, dans une nouvelle période de prospérité, dans un progrès soudain de la technique et de l'invention, et dans un nouveau mouvement intellectuel conduisant à la Renaissance et à la Réforme.

La vie d'une cité médiévale était une succession de durs combats pour conquérir la liberté et la maintenir. Il est vrai qu'une race de bourgeois forts et tenaces s'était développée au cours de ces luttes acharnées ; il est vrai que l'amour et le culte de la cité mère avaient été nourris par ces luttes, et que les grandes choses réalisées par les communes médiévales étaient le résultat direct de cet amour. Mais les sacrifices que les communes durent consentir dans la lutte pour la liberté furent néanmoins cruels et laissèrent de profondes traces de division aussi dans leur vie intérieure. Très peu de villes avaient réussi, dans un concours de circonstances favorables , à obtenir la liberté d'un seul coup, et la plupart d'entre elles la perdaient également facilement ; tandis que le grand nombre dut se battre cinquante ou cent ans de suite, souvent plus, avant que leurs droits à la vie libre fussent reconnus, et encore cent ans pour fonder leur liberté sur des bases solides — les chartes du XIIe siècle n'étant ainsi qu'une des les marchepieds vers la liberté.(15) En réalité, la cité médiévale était une oasis fortifiée au milieu d'un pays plongé dans la soumission féodale, et elle devait se faire une place par la force de ses armes. Par suite des causes brièvement évoquées dans le chapitre précédent, chaque communauté villageoise était progressivement tombée sous le joug de quelque seigneur laïc ou clérical. Sa maison était devenue un château, et ses frères d'armes n'étaient plus que des rebuts d'aventuriers, toujours prêts à piller les paysans. En plus des trois jours par semaine que les paysans devaient travailler pour le seigneur, ils devaient aussi supporter toutes sortes d'exactions pour avoir le droit de semer et de récolter, d'être gai ou triste, de vivre, de se marier ou de mourir. . Et, pire encore, ils étaient continuellement pillés par les voleurs armés d'un seigneur voisin , qui choisissait de les considérer comme les parents de leur maître et de prendre sur eux, ainsi que sur leur bétail et leurs récoltes, la vengeance d'une querelle qu'il combattait. contre leur propriétaire. Chaque prairie, chaque champ, chaque rivière et route autour de la ville, et chaque homme sur la terre était sous l'autorité d'un seigneur.

La haine des bourgeois envers les barons féodaux a trouvé une expression très caractéristique dans le texte des différentes chartes qu'ils les obligeaient à signer. Heinrich V. est obligé de signer dans la charte accordée à Speier en 1111, qu'il libère les bourgeois de « l'horrible et exécrable loi de la main morte, par laquelle la ville a été plongée dans la plus profonde pauvreté » (von dem scheusslichen und nichtswurdigen Gesetze , welches gemein Budel générer Wird , Kallsen, je . 307). La coutume de Bayonne, écrite vers 1273, contient des passages comme ceux-ci : « Le peuple est antérieur aux seigneurs. C'est le peuple, plus nombreux que tous les autres, qui, avide de paix, a fait des seigneurs pour brider et abattre. les puissants », etc. (Giry , Établissements de Rouen, i . 117, cité par Luchaire , p. 24). Une charte soumise à la signature du roi Robert est également caractéristique. On lui fait dire : « Je ne volerai ni bœufs ni autres animaux. Je ne saisirai aucun marchand, ni ne prendrai leur argent, ni n'imposerai de rançon. De Lady Day à la Toussaint , je ne saisirai aucun cheval, ni jument. , ni poulains, dans les prés. Je ne brûlerai pas les

moulins, ni ne volerai la farine… Je n'offrirai aucune protection aux voleurs",
etc. (Pfister a publié ce document, reproduit par Luchaire). La charte «
concédée » par l'archevêque de Besançon Hugues, dans laquelle il a été
contraint d'énumérer tous les méfaits dus à ses droits de main morte, est
également caractéristique.(16) Et ainsi de suite.

La liberté ne pouvait être maintenue dans un tel environnement et les villes
étaient obligées de poursuivre la guerre hors de leurs murs. Les bourgeois
envoyèrent des émissaires pour mener la révolte dans les villages ; ils reçurent
des villages dans leurs corporations et menèrent une guerre directe contre les
nobles. En Italie, où le pays était parsemé de châteaux féodaux, la guerre prit
des proportions héroïques et fut menée avec une acrimonie sévère des deux
côtés. Florence soutint pendant soixante-dix-sept ans une succession de
guerres sanglantes, pour libérer son contado des nobles ; mais une fois la
conquête accomplie (en 1181), tout dut recommencer. Les nobles se rallièrent
; ils constituèrent leurs propres ligues en opposition aux ligues des villes, et,
recevant un nouvel appui soit de l'empereur, soit du pape, ils firent durer
encore la guerre cent trente ans. La même chose s'est produite à Rome, en
Lombardie, dans toute l'Italie.

Des prodiges de valeur , d'audace et de ténacité furent déployés par les
citoyens dans ces guerres. Mais les arcs et les hachettes des arts et métiers
n'eurent pas toujours le dessus dans leurs affrontements avec les chevaliers
en armure , et de nombreux châteaux résistèrent à l'ingénieuse machinerie de
siège et à la persévérance des citoyens. Certaines villes, comme Florence,
Bologne et de nombreuses villes de France, d'Allemagne et de Bohême,
réussirent à émanciper les villages environnants, et elles furent récompensées
de leurs efforts par une prospérité et une tranquillité extraordinaires . Mais
même ici, et plus encore dans les villes moins fortes ou moins impulsives, les
marchands et les artisans, épuisés par la guerre et ne comprenant pas leurs
propres intérêts, marchandaient au-dessus de la tête des paysans. Ils
contraignirent le seigneur à prêter allégeance à la ville ; son château de
campagne fut démantelé, et il accepta de construire une maison et de résider
dans la ville, dont il devint co-bourgeois (com-bourgeois, concittadino) ;
mais il maintenait en échange la plupart de ses droits sur les paysans, qui
n'obtenaient qu'un allégement partiel de leurs fardeaux. Le bourgeois ne
pouvait pas comprendre que des droits égaux de citoyenneté pouvaient être
accordés au paysan dont il devait dépendre pour l'approvisionnement
alimentaire, et une profonde fracture se dessinait entre la ville et le village.
Dans certains cas, les paysans changeaient simplement de propriétaire, la ville
rachetant les droits des barons et les vendant en actions à ses propres
citoyens.(17) Le servage fut maintenu et ce n'est que bien plus tard, vers la
fin du XIIIe siècle, qu'il fut adopté. la révolution artisanale qui entreprit d'y
mettre fin et d'abolir la servitude personnelle, mais dépossède en même

temps les serfs de la terre. (18) Il est à peine besoin d'ajouter que les conséquences fatales d'une telle politique se firent bientôt sentir dans les villes. eux-mêmes; le pays devient l'ennemi de la ville.

La guerre contre les châteaux eut un autre effet néfaste. Elle entraîna les villes dans une longue succession de guerres mutuelles, qui ont donné naissance à la théorie, encore récemment en vogue, selon laquelle les villes ont perdu leur indépendance à cause de leurs propres jalousies et de leurs luttes mutuelles. Les historiens impérialistes ont particulièrement soutenu cette théorie, qui est cependant aujourd'hui fortement mise à mal par la recherche moderne. Il est certain qu'en Italie les villes se combattaient avec une animosité opiniâtre, mais nulle part ailleurs de telles luttes n'atteignirent les mêmes proportions ; et en Italie même, les guerres urbaines, surtout celles de la période antérieure, avaient leurs causes particulières. Ils n'étaient (comme l'ont déjà montré Sismondi et Ferrari) qu'une simple continuation de la guerre contre les châteaux, le principe municipal libre et fédératif entrant inévitablement dans une lutte acharnée avec la féodalité, l'impérialisme et la papauté. De nombreuses villes qui n'avaient que partiellement secoué le joug de l'évêque, du seigneur ou de l' empereur , furent simplement poussées contre les villes libres par les nobles, l'empereur et l'Église, dont la politique était de diviser les villes et de les armer contre l'un l'autre. Ces circonstances particulières (qui se reflètent également en partie en Allemagne) expliquent pourquoi les villes italiennes, dont certaines recherchaient le soutien de l'Empereur pour combattre le Pape, tandis que les autres cherchaient le soutien de l'Église pour résister à l'Empereur, furent bientôt divisées en un Gibelin et un camp Guelfe, et pourquoi la même division apparaissait dans chaque ville distincte.(19)

Les immenses progrès économiques réalisés par la plupart des villes italiennes juste au moment où ces guerres étaient les plus brûlantes (20) et les alliances si facilement conclues entre les villes caractérisent encore mieux ces luttes et sapent davantage la théorie ci-dessus. Déjà dans les années 1130-1150 de puissantes ligues voyaient le jour ; et quelques années plus tard, lorsque Frédéric Barberousse envahit l'Italie et, soutenu par la noblesse et quelques villes retardataires, marcha contre Milan, l'enthousiasme populaire fut suscité dans de nombreuses villes par des prédicateurs populaires. Crema, Plaisance, Brescia, Tortona , etc., allèrent à la rescousse ; les bannières des guildes de Vérone, Padoue, Vicence et Trévise flottaient côte à côte dans le camp des villes contre les bannières de l' empereur et des nobles. L'année suivante naissait la Ligue lombarde, et soixante ans plus tard nous la voyons renforcée par de nombreuses autres villes et former une organisation durable qui avait la moitié de son trésor de guerre fédéral à Gênes et l'autre moitié à Venise.(21) En Toscane Florence était à la tête d'une autre ligue puissante, à laquelle appartenaient Lucques, Bologne, Pistoia, etc., et qui joua un rôle important dans l'écrasement des nobles de l'Italie centrale, tandis que des ligues plus petites étaient monnaie courante. Il est donc certain que, même si de petites jalousies existaient sans doute et si la discorde pouvait être facilement semée, elles n'empêchèrent pas les villes de s'unir pour la défense commune de la liberté. Ce n'est que plus tard, lorsque des villes séparées sont devenues de petits États, que des guerres ont éclaté entre elles, comme cela doit toujours être le cas lorsque des États luttent pour la suprématie ou pour des colonies.

Des ligues similaires furent créées en Allemagne dans le même but. Lorsque, sous les successeurs de Conrad, le pays fut la proie d'interminables querelles entre nobles, les villes westphaliennes conclurent une ligue contre les chevaliers, dont une des clauses était de ne jamais prêter d'argent à un chevalier qui continuerait à dissimuler des biens volés. (22) Lorsque « les chevaliers et les nobles vivaient de pillage et assassinaient ceux qu'ils voulaient assassiner », comme le déplore le Wormser Zorn, les villes du Rhin (Mayence, Cologne, Spire, Strasbourg et Bâle) prirent le dessus. initiative d'une ligue qui comptait bientôt soixante villes alliées, réprima les brigands et maintint la paix. Plus tard, la ligue des villes de Souabe , divisée en trois « districts de paix » (Augsbourg, Constance et Ulm), eut le même but. Et même lorsque de telles ligues étaient rompues(23), elles vivaient assez longtemps pour montrer que, tandis que les soi-disant artisans de paix, les rois, les empereurs et l'Église, fomentaient la discorde et étaient eux-mêmes impuissants face aux chevaliers voleurs, c'était des villes que l'impulsion est venue pour rétablir la paix et l'union. Ce sont les villes, et non les empereurs, qui furent les véritables artisans de l' unité nationale.(24)

Des fédérations similaires furent organisées dans le même but parmi les petits villages, et maintenant que l'attention a été attirée sur ce sujet par Luchaire, nous pouvons nous attendre à en apprendre bientôt beaucoup plus à leur sujet. Les villages se regroupèrent en petites fédérations dans le contado de Florence, ainsi que dans les dépendances de Novgorod et de Pskov. Quant à la France, il existe des preuves positives d'une fédération de dix-sept villages paysans qui existe dans le Laonnais depuis près de cent ans (jusqu'en 1256) et qui a lutté durement pour son indépendance. Trois autres républiques paysannes, qui avaient juré des chartes semblables à celles de Laon et de Soissons, existaient dans les environs de Laon et, leurs territoires étant contigus, elles se soutenaient mutuellement dans leurs guerres de libération. Au total, Luchaire est d'avis que de nombreuses fédérations de ce type ont dû voir le jour en France aux XIIe et XIIIe siècles, mais que les documents les concernant sont pour la plupart perdus. Bien entendu, n'étant pas protégés par des murs, ils pouvaient facilement être écrasés par les rois et les seigneurs ; mais dans certaines circonstances favorables , lorsqu'elles trouvèrent le soutien d'une ligue de villes et la protection de leurs montagnes, ces républiques paysannes devinrent des unités indépendantes de la Confédération suisse.(25)

Quant aux unions entre villes à des fins pacifiques, elles étaient assez courantes. Les relations établies pendant la période de libération ne furent pas interrompues par la suite. Parfois, lorsque les scabinis d'une ville allemande, devant prononcer un jugement dans une affaire nouvelle ou compliquée, déclaraient qu'ils ne connaissaient pas la sentence (des Urtheiles pas weise zu sein), ils envoyèrent des délégués dans une autre ville pour obtenir la sentence. La même chose s'est également produite en France(26) tandis que Forli et Ravenne sont connues pour avoir mutuellement naturalisé leurs citoyens et leur avoir accordé tous les droits dans les deux villes. Soumettre un conflit survenu entre deux villes, ou à l'intérieur d'une ville, à une autre commune invitée à agir comme arbitre, était aussi dans l'air du temps(27). Quant aux traités commerciaux entre villes, ils étaient tout à fait habituels.(28) Les syndicats chargés de réglementer la production et les dimensions des fûts utilisés pour le commerce du vin, les "unions de harengs", etc., ne furent que les précurseurs des grandes fédérations commerciales de la Hanse flamande et, plus tard, de la grande Hanse d'Allemagne du Nord, dont l'histoire à elle seule pourrait fournir des pages et des pages pour illustrer l'esprit de fédération qui imprégnait les hommes à cette époque. Il est à peine besoin d'ajouter que, grâce aux unions hanséatiques, les cités médiévales ont davantage contribué au développement des relations internationales, de la navigation et de la découverte maritime que tous les États des dix-sept premiers siècles de notre ère.

En un mot, les fédérations entre petites unités territoriales, ainsi qu'entre hommes unis par des objectifs communs au sein de leurs corporations respectives, et les fédérations entre villes et groupes de villes constituaient l'essence même de la vie et de la pensée de cette période. Les cinq premières décennies de la deuxième décennie de notre ère peuvent ainsi être décrites comme une immense tentative visant à assurer une aide et un soutien mutuels à grande échelle, au moyen des principes de fédération et d'association appliqués dans toutes les manifestations de la vie humaine et de tous les diplômes possibles. Cette tentative fut couronnée de succès dans une très large mesure. Elle réunissait des hommes autrefois divisés ; cela leur assurait une très grande liberté et décuplait leurs forces. À une époque où le particularisme était engendré par tant d'agents et où les causes de discorde et de jalousie auraient pu être si nombreuses, il est gratifiant de voir que les villes dispersées sur un vaste continent avaient tant de choses en commun et étaient si prêtes à se confédérer pour la poursuite de tant d'objectifs communs. Ils succombèrent à la longue devant de puissants ennemis ; n'ayant pas assez compris le principe de l'entraide, ils commettèrent eux-mêmes des fautes fatales ; mais ils n'ont pas péri à cause de leurs propres jalousies, et leurs erreurs ne sont pas dues à un manque d'esprit de fédération entre eux.

Les résultats de ce nouveau mouvement entrepris par l'humanité dans la cité médiévale furent immenses. Au début du XIe siècle, les villes d'Europe étaient de petits amas de cabanes misérables, ornées mais d'églises basses et lourdes, dont les constructeurs savaient à peine faire un arc ; les arts, consistant pour la plupart en tissage et en forgeage, en étaient à leurs balbutiements ; l'apprentissage ne se trouvait que dans quelques monastères. Trois cent cinquante ans plus tard, le visage même de l'Europe avait changé. Le pays était parsemé de villes riches, entourées d'immenses murailles épaisses agrémentées de tours et de portes, chacune d'elles étant une œuvre d'art en soi. Les cathédrales, conçues dans un style grandiose et abondamment décorées, élevaient leurs clochers vers le ciel, déployant une pureté de forme et une audace d'imagination que l'on s'efforce aujourd'hui d'atteindre en vain. Les métiers et les arts s'étaient élevés à un degré de perfection que nous pouvons difficilement nous vanter d'avoir dépassé dans de nombreuses directions, si l'habileté inventive de l'ouvrier et la finition supérieure de son travail sont appréciées plus haut que la rapidité de la fabrication. Les marines des villes libres sillonnaient dans toutes les directions la Méditerranée septentrionale et méridionale ; un effort de plus, et ils traverseraient les océans. Sur de vastes étendues de terres, le bien-être avait remplacé la misère ; l'apprentissage s'était développé et répandu. Les méthodes scientifiques avaient été élaborées ; les bases de la philosophie naturelle étaient posées ; et la voie était ouverte à toutes les inventions mécaniques dont notre époque est si fière. Tels furent les changements magiques accomplis en Europe en moins de quatre cents ans. Et les pertes que l'Europe a subies par la perte de ses villes libres ne peuvent être comprises qu'en comparant le XVIIe siècle avec le XIVe ou le XIIIe. La prospérité qui caractérisait autrefois l'Écosse, l'Allemagne et les plaines d'Italie avait disparu. Les routes étaient tombées dans un état abject, les villes étaient dépeuplées, le travail était réduit en esclavage, l'art avait disparu, le commerce lui-même était en déclin.(29)

Si les cités médiévales ne nous avaient légué aucun document écrit pour témoigner de leur splendeur et n'avaient laissé derrière elles que les monuments de l'art de la construction que nous voyons aujourd'hui dans toute l'Europe, de l'Écosse à l'Italie, et de Gérone en Espagne à Breslau en territoire slave , nous pourrions pourtant conclure que les périodes de vie citadine indépendante ont été les périodes de plus grand développement de l'intellect humain au cours de l'ère chrétienne jusqu'à la fin du XVIIIe siècle. En regardant, par exemple, un tableau médiéval représentant Nuremberg avec ses nombreuses tours et ses hautes flèches, dont chacune portait le cachet de l'art créateur libre, nous pouvons difficilement concevoir que trois cents ans avant la ville n'était qu'un ensemble de masures misérables. . Et notre admiration grandit lorsque nous entrons dans les détails de l'architecture et des décorations de chacune des innombrables églises, clochers, portes et maisons communales qui sont disséminées dans toute l'Europe jusqu'à l'est de la Bohême et les villes aujourd'hui mortes de la Galice polonaise. . Non seulement l'Italie, cette mère de l'art, mais toute l'Europe regorge de tels monuments. Le fait même que de tous les arts l'architecture – un art social avant tout – ait atteint le plus haut développement est en soi significatif. Pour être ce qu'elle était, elle devait provenir d'une vie éminemment sociale.

L'architecture médiévale a atteint sa grandeur, non seulement parce qu'elle était un développement naturel de l'artisanat ; non seulement parce que chaque bâtiment, chaque décoration architecturale avait été conçu par des hommes qui savaient par l'expérience de leurs propres mains quels effets artistiques peuvent être obtenus à partir de la pierre, du fer, du bronze ou même de simples rondins et mortier ; non seulement parce que chaque monument était le résultat d'une expérience collective, accumulée dans chaque « mystère » ou métier (30), mais il était grand parce qu'il était né d'une grande idée. Comme l'art grec, il est né d'une conception de fraternité et d'unité favorisée par la cité. Elle avait une audace qui ne pouvait être gagnée que par des luttes et des victoires audacieuses ; elle avait cette expression de vigueur , parce que la vigueur imprégnait toute la vie de la ville. Une cathédrale ou une maison communale symbolisaient la grandeur d'un organisme dont chaque maçon et tailleur de pierre était le bâtisseur, et un édifice médiéval apparaît non pas comme un effort solitaire auquel des milliers d'esclaves auraient apporté la part que leur assignait un seul homme. imagination; toute la ville y contribua. Le haut clocher s'élevait sur une structure grandiose en elle-même, dans laquelle palpitait la vie de la ville, non pas sur un échafaudage insignifiant comme la tour de fer de Paris, non pas comme une fausse structure de pierre destinée à cacher la laideur d'une tour de fer. cadre, comme cela a été fait dans le Tower Bridge. Comme l'Acropole d'Athènes, la cathédrale d'une cité médiévale était destinée à glorifier la grandeur de la ville victorieuse, à symboliser l'union de ses métiers, à exprimer la gloire de chaque citoyen dans une ville de sa propre création. Après avoir réalisé sa révolution artisanale, la ville commençait souvent une nouvelle cathédrale afin d'exprimer l'union nouvelle, plus large et plus large, qui avait été créée.

Les moyens disponibles pour ces grandes entreprises étaient disproportionnellement modestes. La cathédrale de Cologne a été construite avec une dépense annuelle de 500 marks seulement ; un don de 100 marks était inscrit comme une grande donation (31) ; et même lorsque les travaux étaient presque terminés et que les dons affluaient en proportion, la dépense annuelle en argent s'élevait à environ 5 000 marks et ne dépassait jamais 14 000. La cathédrale de Bâle a été construite avec des moyens tout aussi modestes. Mais chaque corporation apporta sa part de pierre, d'ouvrage et de génie décoratif à leur monument commun. Chaque corporation y exprimait ses conceptions politiques, racontant dans la pierre ou dans le bronze l'histoire de la ville, glorifiant les principes de « Liberté, égalité et fraternité » (32), louant les alliés de la ville et envoyant au feu éternel ses ennemis. Et chaque corporation accordait son amour au monument communal en le décorant richement de vitraux, de peintures, de « portes dignes d'être les portes du Paradis », comme disait Michel-Ange, ou de décorations en pierre dans chaque moindre coin de l' édifice.(33) Les petites villes, voire les petites paroisses(34), rivalisaient dans cette œuvre avec les grandes agglomérations, et les cathédrales de Laon et de Saint-Ouen ne tiennent guère derrière celle de Reims, ni la Maison communale de Brême, ni le clocher du folkmote de Breslau. « La commune ne peut entreprendre d'œuvres que celles qui sont conçues en réponse au grand cœur de la commune, composé du cœur de tous les citoyens, unis dans une volonté commune » : telles étaient les paroles du concile de Florence ; et cet esprit apparaît dans tous les ouvrages communaux d'utilité commune, tels que les canaux, les terrasses, les vignes et les vergers autour de Florence, ou les canaux d'irrigation qui coupaient les plaines de Lombardie, ou le port et l'aqueduc de Gênes, ou, en fait, , des œuvres du genre qui ont été réalisées par presque toutes les villes.(35)

Tous les arts avaient progressé de la même manière dans les cités médiévales, ceux de nos jours n'étant pour la plupart que la continuation de ce qui s'était développé à cette époque. La prospérité des villes flamandes reposait sur les beaux draps de laine qu'elles fabriquaient. Florence, au début du XIVe siècle, avant la peste noire, fabriquait de 70 000 à 100 000 panni d' étoffes de laine , évaluées à 1 200 000 florins d'or.(36) Le ciselage des métaux précieux, l'art de la fonte, la forge fine. de fer, étaient des créations des "mystères" médiévaux qui avaient réussi à atteindre dans leurs propres domaines tout ce qui pouvait être fabriqué à la main, sans l'utilisation d'un puissant moteur principal. Par la main et par invention, car, pour reprendre les mots de Whewell :

"Parchemin et papier, impression et gravure, verre et acier améliorés, poudre à canon, horloges, télescopes, boussole du marin, calendrier réformé, notation décimale; algèbre, trigonométrie, chimie, contrepoint (une invention équivalente à une nouvelle création musicale) ; ce sont toutes des possessions que nous héritons de ce qui a été appelé de manière si désobligeante la période stationnaire » (History of Inductive Sciences, i . 252).

Il est vrai qu'aucun principe nouveau n'a été illustré par aucune de ces découvertes, comme le disait Whewell ; mais la science médiévale avait fait bien plus que la découverte effective de nouveaux principes. Elle avait préparé la découverte de tous les principes nouveaux que nous connaissons aujourd'hui dans les sciences mécaniques : elle avait habitué l'explorateur à observer les faits et à raisonner à partir d'eux. C'était une science inductive, même si elle n'avait pas encore pleinement saisi l'importance et les pouvoirs de l'induction ; et il a jeté les bases de la mécanique et de la philosophie naturelle. Francis Bacon, Galilée et Copernic étaient les descendants directs d'un Roger Bacon et d'un Michael Scot, car la machine à vapeur était un produit direct des recherches menées dans les universités italiennes sur le poids de l'atmosphère et des connaissances mathématiques et techniques. l'apprentissage qui a caractérisé Nuremberg.

Mais pourquoi se donner la peine d'insister sur le progrès de la science et de l'art dans la cité médiévale ? Ne suffit-il pas de citer les cathédrales dans le domaine de l'art, la langue italienne et le poème de Dante dans le domaine de la pensée, pour donner d'emblée la mesure de ce que la cité médiévale a créé au cours des quatre siècles qu'elle a vécus ?

Les cités médiévales ont sans aucun doute rendu un immense service à la civilisation européenne. Ils l'ont empêché de dériver vers les théocraties et les États despotiques d'autrefois ; ils l'ont doté de la diversité, de l'autonomie, de la force d'initiative et des immenses énergies intellectuelles et matérielles dont il dispose aujourd'hui, qui sont le meilleur gage de sa capacité à résister à toute nouvelle invasion de l'Orient. Mais pourquoi ces centres de civilisation, qui tentaient de répondre à des besoins profonds de la nature humaine et qui étaient si vivants, n'ont-ils pas vécu plus loin ? Pourquoi étaient-ils atteints de débilité sénile au XVIe siècle ? et, après avoir repoussé tant d'assauts du dehors, et n'avoir emprunté qu'une nouvelle vigueur à leurs luttes intérieures, pourquoi ont-ils finalement succombé à l'un et à l'autre ?

Diverses causes ont contribué à cet effet, certaines d'entre elles ayant leurs racines dans un passé lointain, tandis que d'autres trouvent leur origine dans les erreurs commises par les villes elles-mêmes. Vers la fin du XVe siècle, de puissants États, reconstruits sur le vieux modèle romain, naissaient déjà. Dans chaque pays et dans chaque région, quelque seigneur féodal, plus rusé, plus thésauriseur, et souvent moins scrupuleux que ses voisins , avait réussi à s'approprier des domaines personnels plus riches, plus de paysans sur ses terres, plus de chevaliers à sa suite, plus de trésors. dans sa poitrine. Il avait choisi pour siège un groupe de villages bien situés, non encore formés à la vie municipale libre – Paris, Madrid ou Moscou – et, avec le travail de ses serfs, il en avait fait des villes royales fortifiées, où il attirait des compagnons de guerre. par une libre distribution des villages, et des marchands par la protection qu'il offrait au commerce. Le germe d'un futur État, qui commençait progressivement à absorber d'autres centres similaires , était ainsi posé. Les avocats, versés dans l'étude du droit romain, affluaient dans ces centres ; une race d'hommes tenaces et ambitieux sortait parmi les bourgeois, qui haïssaient également la méchanceté des seigneurs et ce qu'ils appelaient l'anarchie des paysans. Les formes mêmes de la communauté villageoise, inconnues de leur code, les principes mêmes du fédéralisme leur répugnaient comme des héritages « barbares ». Le césarisme, soutenu par la fiction du consentement populaire et par la force des armes, était leur idéal, et ils travaillèrent dur pour ceux qui promettaient de le réaliser.(37)

L'Église chrétienne, autrefois rebelle au droit romain et aujourd'hui son alliée, a travaillé dans la même direction. La tentative de constitution de l'Empire théocratique d'Europe ayant échoué, les évêques les plus intelligents et les plus ambitieux apportèrent désormais leur soutien à ceux sur lesquels ils comptaient pour reconstituer le pouvoir des rois d'Israël ou des empereurs de Constantinople. L'Église a accordé sa sainteté aux dirigeants émergents, elle les a couronnés représentants de Dieu sur terre, elle a mis à leur service le savoir et le sens politique de ses ministres, ses bénédictions et ses malédictions, ses richesses et les sympathies qu'elle avait conservées parmi les pauvres. . Les paysans, que les villes n'avaient pas ou refusé de libérer, voyant les bourgeois impuissants à mettre fin aux guerres interminables entre les chevaliers, guerres qu'ils avaient si chèrement payées, mirent désormais leurs espoirs dans le roi, l'empereur. , ou le Grand Prince ; et tout en les aidant à écraser les puissants propriétaires féodaux, ils les aidèrent à constituer l'État centralisé. Et enfin, les invasions des Mongols et des Turcs, la guerre sainte contre les Maures en Espagne, ainsi que les guerres terribles qui éclatèrent bientôt entre les centres de souveraineté grandissants : l'Ile de France et la Bourgogne, l'Ecosse et l'Angleterre, l'Angleterre et l'Angleterre. La France, la Lituanie et la Pologne, Moscou et Tver , etc., ont contribué au même but. De puissants États firent leur apparition ; et les villes devaient désormais résister non seulement à des fédérations lâches de seigneurs, mais aussi à des centres fortement organisés , qui disposaient d'armées de serfs.

Le pire était que les autocraties croissantes trouvaient un soutien dans les divisions qui s'étaient développées au sein des villes elles-mêmes. L'idée fondamentale de la cité médiévale était grandiose, mais elle n'était pas assez large. L'entraide et le soutien ne peuvent se limiter à une petite association ; ils doivent se propager à son environnement, sinon celui-ci absorbera l'association. Et à cet égard, le citoyen médiéval avait commis dès le départ une formidable erreur. Au lieu de considérer les paysans et les artisans qui se rassemblaient sous la protection de ses murs comme autant d'aides qui contribueraient à contribuer à la construction de la ville - comme ils l'ont réellement fait - une division nette se dessina entre les « familles » d'autrefois. les bourgeois et les nouveaux arrivants. Pour les premiers, tous les bénéfices du commerce communal et des terres communales étaient réservés, et pour les seconds il ne restait plus que le droit d'utiliser librement le savoir-faire de leurs propres mains. La ville fut ainsi divisée entre « les bourgeois » ou « la commune » et « les habitants ».(38) Le commerce, autrefois communal, devint désormais le privilège des « familles » de marchands et d'artisans, et l'étape suivante – celui de devenir individuel, ou le privilège de fiducies oppressives – était inévitable.

La même division s'opérait entre la ville proprement dite et les villages environnants. La commune avait bien tenté de libérer les paysans, mais ses guerres contre les seigneurs devinrent, comme nous l'avons déjà mentionné, des guerres pour libérer la ville elle-même des seigneurs, plutôt que pour libérer les paysans. Elle laissa au seigneur ses droits sur les vilains, à condition qu'il ne moleste plus la ville et devienne co-bourgeois. Mais les nobles « adoptés » par la ville, et résidant désormais dans ses murs, se contentaient de poursuivre l'ancienne guerre dans l' enceinte même de la ville. Ils n'aimaient pas se soumettre à un tribunal composé de simples artisans et marchands et combattaient leurs vieilles querelles dans les rues. Chaque ville avait désormais ses Colonnas et Orsinis , ses Overstolzes et ses Sages. Tirant d'importants revenus des domaines qu'ils avaient encore conservés, ils s'entourèrent de nombreux clients et féodalisèrent les us et coutumes de la ville elle-même. Et lorsque le mécontentement commença à se faire sentir dans les classes artisanales de la ville, ils offrirent leur épée et leurs partisans pour régler les différends par un combat libre, au lieu de laisser le mécontentement trouver les voies qu'il ne manquait pas de s'assurer autrefois. fois.

La plus grande et la plus fatale erreur de la plupart des villes fut de fonder leur richesse sur le commerce et l'industrie, au détriment de l'agriculture. Ils répétèrent ainsi l'erreur qui avait été autrefois commise par les villes de la Grèce antique, et tombèrent par là dans les mêmes crimes.(39) L'éloignement de tant de villes de la terre les entraîna nécessairement dans une politique hostile à la terre, ce qui est devenu de plus en plus évident à l'époque d'Édouard III(40), des Jacqueries françaises, des guerres hussites et de la guerre des paysans en Allemagne. D'autre part, une politique commerciale les impliquait dans des entreprises lointaines. Des colonies furent fondées par les Italiens au sud-est, par les villes allemandes à l'est, par les villes slaves à l'extrême nord-est. Les armées mercenaires commencèrent à être réservées aux guerres coloniales, et bientôt également à la défense locale. Les prêts ont été sollicités au point de démoraliser totalement les citoyens ; et les conflits internes s'aggravèrent à chaque élection, au cours de laquelle la politique coloniale dans l'intérêt de quelques familles était en jeu. La division entre riches et pauvres s'accentua et au XVIe siècle, dans chaque ville, l'autorité royale trouva des alliés et un soutien prêts parmi les pauvres.

Et il existe encore une autre cause à la décadence des institutions communautaires, qui est plus élevée et plus profonde que toutes celles évoquées ci-dessus. L'histoire des cités médiévales offre une des illustrations les plus frappantes de la puissance des idées et des principes sur les destinées de l'humanité, et des résultats tout à fait opposés qu'on obtient lorsqu'une profonde modification des idées directrices s'est produite. L'autonomie et le fédéralisme, la souveraineté de chaque groupe et la construction du corps politique du simple au composite étaient les idées maîtresses du XIe siècle. Mais depuis lors, les conceptions ont entièrement changé. Les étudiants en droit romain et les prélats de l'Église, étroitement liés depuis Innocent III, avaient réussi à paralyser l'idée — l'idée grecque antique — qui présidait à la fondation des villes. Pendant deux ou trois cents ans, ils ont enseigné depuis la chaire, la chaire d'université et le banc des juges, qu'il faut chercher le salut dans un État fortement centralisé, placé sous une autorité semi-divine (41) ; qu'un seul homme peut et doit être le sauveur de la société, et qu'au nom du salut public il peut commettre toutes les violences : brûler les hommes et les femmes sur le bûcher, les faire périr sous d'indescriptibles tortures, plonger des provinces entières dans la misère la plus abjecte. Ils ne manquèrent pas non plus de donner des leçons de choses à cet effet, sur une grande échelle et avec une cruauté inouïe, partout où pouvaient atteindre l'épée du roi et le feu de l'Église, ou les deux à la fois. Grâce à ces enseignements et exemples, continuellement répétés et imposés à l'attention du public, l'esprit même des citoyens avait été façonné dans un nouveau moule . Ils commencèrent à ne trouver aucune autorité trop étendue, aucun meurtre peu à peu trop cruel, une fois qu'il s'agissait de « sécurité publique ». Et, avec cette nouvelle direction d'esprit et cette nouvelle croyance dans le pouvoir d'un seul homme, le vieux principe fédéraliste s'est effondré et le génie même créateur des masses s'est éteint. L'idée romaine fut victorieuse, et dans de telles circonstances, l'État centralisé eut dans les villes une proie toute prête.

Florence au XVe siècle est typique de ce changement. Autrefois, une révolution populaire était le signal d'un nouveau départ. Or, lorsque le peuple, désespéré, s'insurgeait, il n'avait plus d'idées constructives ; aucune idée nouvelle n'est sortie du mouvement. Un millier de représentants furent mis au Conseil communal au lieu de 400 ; 100 hommes entrent dans la signoria au lieu de 80. Mais une révolution des chiffres ne sert à rien. Le mécontentement populaire grandit et de nouvelles révoltes s'ensuivent. On faisait appel à un sauveur , le « tyran » ; il massacra les rebelles, mais la désintégration du corps communal continua plus que jamais. Et quand, après une nouvelle révolte, les habitants de Florence firent appel à leur homme le plus populaire, Gieronimo Savonarola, pour obtenir conseil, la réponse du moine fut : « Oh, mon peuple, tu sais que je ne peux pas entrer dans les affaires de l'État... purifie ton âme. , et si dans une telle disposition d'esprit tu réformes ta ville, alors, habitants de Florence, tu auras inauguré la réforme dans toute l'Italie ! Des masques de carnaval et des livres vicieux furent brûlés, une loi de charité et une autre contre les usuriers furent votées − et la démocratie de Florence resta là où elle était. Le vieil esprit avait disparu. A force de faire trop confiance au gouvernement, ils avaient cessé de se fier à eux-mêmes ; ils n'ont pas pu ouvrir de nouveaux numéros. L'État n'avait qu'à intervenir et à broyer leurs dernières libertés.

Et pourtant, le courant d'entraide et de soutien ne s'est pas éteint dans les masses, il a continué à circuler même après cette défaite. Elle se releva avec une force formidable, en réponse aux appels communistes des premiers propagandistes de la réforme, et elle continua d'exister même après que les masses, n'ayant pas réussi à réaliser la vie qu'elles espéraient inaugurer sous l'inspiration d'un peuple réformé. religion, tomba sous les dominations d'un pouvoir autocratique. Il coule encore aujourd'hui, et il cherche sa voie pour trouver une expression nouvelle qui ne serait ni l'État, ni la cité médiévale, ni la communauté villageoise des barbares, ni le clan sauvage, mais qui proviendrait de tous, et pourtant leur être supérieur dans ses conceptions plus larges et plus profondément humaines.

REMARQUES:

1. La littérature sur le sujet est immense ; mais il n'existe pas encore d'ouvrage qui traite de la cité médiévale dans son ensemble. Pour les Communes françaises, les Lettres et Considérations sur l'histoire de France d'Augustin Thierry restent encore classiques, et les Communes françaises de Luchaire sont un excellent complément dans le même sens. Pour les villes d'Italie, le grand ouvrage de Sismondi (Histoire des républiques italiennes du moyen âge, Paris, 1826, 16 vol.), L'Histoire de l'Italie de Leo et Botta, les Révolutions d'Italie de Ferrari et la Geschichte der Stadteverfassung in Italien de Hegel , sont les principales sources d'informations générales. Pour l'Allemagne, nous avons la Stadteverfassung de Maurer et la Geschichte der deutschen de Barthold. Stadte et, parmi les ouvrages récents, Stadte und Gilden der germanischen Volker de Hegel (2 vol. Leipzig, 1891) et Die deutschen du Dr Otto Kallsen. Ville je suis Mittelalter (2 vol. Halle, 1891), ainsi que Geschichte des deutschen de Janssen Volkes (5 vol. 1886), qui, espérons-le, sera bientôt traduit en anglais (traduction française en 1892). Pour la Belgique, A. Wauters, Les Libertés communales (Bruxelles , 1869-78, 3 vol.). Pour la Russie, les œuvres de Byelaeff , Kostomaroff et Sergievich . Et enfin, pour l'Angleterre, nous possédons l'un des meilleurs ouvrages sur les villes d'une région plus vaste dans Town Life in the Fifteenth Century de Mme JR Green (2 vols. Londres, 1894). Nous avons, en outre, une richesse d'histoires locales bien connues et plusieurs excellents ouvrages d'histoire générale ou économique que j'ai si souvent mentionnés dans ce chapitre et dans le précédent. La richesse de la littérature consiste cependant principalement dans des recherches distinctes, parfois admirables, sur l'histoire de différentes villes, notamment italiennes et allemandes ; les guildes ; la question foncière ; les principes économiques de l'époque ; l' importance économique des corporations et des métiers ; les lieues entre les villes (la Hanse) ; et l'art

communautaire. Une richesse incroyable de renseignements est contenue dans les ouvrages de cette seconde catégorie, dont quelques-uns seulement, parmi les plus importants, sont cités dans ces pages.

2. Kulischer , dans un excellent essai sur le commerce primitif (Zeitschrift für Volkerpsychologie , Bd. x. 380), souligne également que, selon Hérodote, les Argippéens étaient considérés comme inviolables, car le commerce entre les Scythes et les tribus du nord avait lieu sur leur territoire. Un fugitif était sacré sur leur territoire, et on leur demandait souvent de servir d'arbitres pour leurs voisins . Voir l'Annexe XI.

3. Des discussions ont eu lieu récemment sur le Weichbild et la loi Weichbild , qui restent encore obscures (voir Zopfl , Alterthumer des deutschen Reichs und Rechts , iii. 29 ; Kallsen, i . 316). L'explication ci-dessus semble la plus probable, mais elle doit bien entendu être vérifiée par des recherches plus approfondies. Il est évident aussi que, pour reprendre une expression écossaise, la « croix du mercet » pourrait être considérée comme un emblème de la juridiction de l'Église, mais on la retrouve aussi bien dans les villes épiscopales que dans celles où le folkmote était souverain.

4. Pour tout ce qui concerne la guilde marchande, voir l'ouvrage exhaustif de M. Gross, The Guild Merchant (Oxford, 1890, 2 vols.) ; ainsi que les remarques de Mme Green dans Town Life in the Fifteenth Century, vol. ii. les gars. v.viii. X; et l'analyse du sujet par A. Doren dans Schmoller's Forschungen , vol. XII. Si les considérations indiquées dans le chapitre précédent (selon lesquelles le commerce était communautaire à ses débuts) s'avèrent exactes, il sera permis de suggérer comme hypothèse probable que la corporation des marchands était un corps chargé du commerce dans l'intérêt de l'ensemble. ville, et n'est devenue que progressivement une guilde de marchands faisant du commerce pour eux-mêmes ; tandis que les marchands aventuriers de ce pays, les povolniki de Novgorod (colonisateurs et marchands libres) et les mercati personati , seraient ceux à qui il appartiendrait de s'ouvrir de nouveaux marchés et de nouvelles branches de commerce. Dans l'ensemble, il faut remarquer que l'origine de la cité médiévale ne peut être attribuée à aucune agence distincte. C'était le résultat de nombreuses agences à des degrés divers.

5. La Geschichte des deutschen de Janssen Volkes , je . 315 ; Würzburg de Gramich ; et, en fait, tout recueil d'ordonnances.

6. Falke, Geschichtliche Statistique , je . 373-393, et ii. 66 ; cité dans Geschichte de Janssen , i . 339 ; JD Blavignac , dans Comptes et dépenses de la construction du clocher de Saint-Nicolas à Fribourg en Suisse, arrive à une conclusion similaire. Pour Amiens, Vie Municipale de De Calonne , p. 99 et annexe. Pour une appréciation approfondie et une représentation graphique des salaires médiévaux en Angleterre et de leur valeur en pain et en viande,

voir l'excellent article et les courbes de G. Steffen dans The Nineteenth Century pour 1891, et Studier ofver. lonsystemets histoire i Angleterre, Stockholm, 1895.

7. Pour ne citer qu'un exemple parmi tant d'autres que l'on peut trouver dans les ouvrages de Schönberg et de Falke, les seize ouvriers cordonniers (Schusterknechte) de la ville de Xanten, sur le Rhin, ont donné, pour ériger un paravent et un autel dans l'église, 75 florins de souscriptions, et 12 florins sortis de leur boîte, lequel argent valait, selon les meilleures estimations, dix fois sa valeur actuelle.

8. Cité par Janssen, lc i . 343.

9. L'interprétation économique de l'histoire, Londres, 1891, p. 303.

10. Janssen, lc Voir aussi Dr. Alwin Schultz, Deutsches Leben im XIV und XV Jahrhundert , grosse Ausgabe , Vienne, 1892, pp. 67 suiv. A Paris, la journée de travail variait de sept à huit heures en hiver à quatorze heures en été dans certains métiers, tandis que dans d'autres elle était de huit à neuf heures en hiver, à de dix à douze heures en été. Tous les travaux étaient arrêtés le samedi et environ vingt-cinq autres jours (jours de commun de vile foire) à quatre heures, tandis que le dimanche et trente autres jours fériés, il n'y avait pas de travail du tout. La conclusion générale est que l'ouvrier médiéval travaillait moins d'heures, au total , que l'ouvrier d'aujourd'hui (Dr E. Martin Saint-Léon, Histoire des corporations, p. 121).

11. W. Stieda , " Hansische Vereinbarungen uber stadtisches Gewerbe im XIV et XV Jahrhundert ", en Hansische Geschichtsblatter , Jahrgang 1886, p. 121. Wirthschaftliche de Schönberg Bedeutung der Zunfte ; aussi, en partie, Roscher.

12. Voir les remarques profondément ressenties de Toulmin Smith sur la spoliation royale des guildes, dans l'Introduction aux guildes anglaises de Miss Smith. En France, la même spoliation royale et l'abolition de la juridiction des corporations furent commencées à partir de 1306, et le coup final fut porté en 1382 (Fagniez , lc pp. 52-54).

13. Adam Smith et ses contemporains savaient bien ce qu'ils condamnaient lorsqu'ils critiquaient l'ingérence de l'État dans le commerce et les monopoles commerciaux résultant de la création de l'État. Malheureusement, leurs partisans, avec leur superficialité désespérée, jetèrent dans le même sac les corporations médiévales et les ingérences de l'État, ne faisant aucune distinction entre un édit de Versailles et une ordonnance de corporation. Il va sans dire que les économistes qui ont étudié sérieusement le sujet, comme Schonberg (le rédacteur du célèbre cours d'économie politique), n'ont jamais commis une telle erreur. Mais, jusqu'à récemment, des discussions diffuses du type ci-dessus se sont poursuivies à propos de la « science » économique.

14. A Florence, les sept arts mineurs firent leur révolution en 1270-82, et ses résultats sont largement décrits par Perrens (Histoire de Florence, Paris, 1877, 3 vol.), et surtout par Gino Capponi (Storia della repubblica di Firenze, 2da edizione , 1876, i . 58-80 ; traduit en allemand). A Lyon, au contraire, où eut lieu le mouvement des petits métiers en 1402, ces derniers furent vaincus et perdirent le droit de nommer eux-mêmes leurs propres juges. Les deux partis sont apparemment parvenus à un compromis. A Rostock le même mouvement eut lieu en 1313 ; à Zurich en 1336 ; à Berne en 1363 ; à Braunschweig en 1374, et l'année suivante à Hambourg ; à Lübeck en 1376-84 ; et ainsi de suite. Voir Strassburg zur Zeit der Zunftkampfe de Schmoller et Bluthe de Strasbourg ; Arbeitergilden der Gegenwart de Brentano , 2 vol., Leipzig, 1871-72 ; Eb. Bain's Merchant and Craft Guilds, Aberdeen, 1887, pp. 26-47, 75, etc. Quant à l'opinion de M. Gross concernant les mêmes luttes en Angleterre, voir les remarques de Mme Green dans sa Town Life in the Fifteenth Century, ii. 190-217 ; aussi le chapitre sur la question du travail , et, en fait, l'ensemble de ce volume extrêmement intéressant. Le point de vue de Brentano sur les luttes des métiers, exprimé notamment au iii. et iv. de son essai « Sur l'histoire et le développement des guildes », dans l'ouvrage anglais de Toulmin Smith, Guilds reste classique sur le sujet et peut être considéré comme ayant été maintes fois confirmé par des recherches ultérieures.

15. Pour ne donner qu'un exemple : Cambrai fit sa première révolution en 907, et, après trois ou quatre révoltes supplémentaires, elle obtint sa charte en 1076. Cette charte fut abrogée deux fois (1107 et 1138), et deux fois obtenue de nouveau (en 1127). et 1180). Au total, 223 ans de luttes avant de conquérir le droit à l'indépendance. Lyon — de 1195 à 1320.

16. Voir Tuetey , « Etude sur Le droit municipal... en Franche-Comté », dans Mémoires de la Société d'émulation de Montbéliard , 2e série , ii. 129 suiv.

17. Cela semble avoir été souvent le cas en Italie. En Suisse, Berne rachète même les villes de Thoune et de Berthoud.

18. Tel était du moins le cas dans les villes de Toscane (Florence, Lucques, Sienne, Bologne, etc.), où les relations entre ville et paysans sont les plus connues. (Luchitzkiy , « L'esclavage et les esclaves russes à Florence », dans les Izvestia de l'Université de Kieff, 1885, qui a parcouru l'Ursprung der Besitzlosigkeit der Colonien in Toscana de Rumohr, 1830.) Toute la question concernant les relations entre les villes et les paysans nécessite une étude beaucoup plus approfondie. que ce qui a été fait jusqu'à présent.

19. Les généralisations de Ferrari sont souvent trop théoriques pour être toujours correctes ; mais ses vues sur le rôle joué par les nobles dans les guerres urbaines se fondent sur une large gamme de faits authentifiés.

20. Seules les villes qui ont obstinément soutenu la cause des barons, comme Pise ou Vérone, perdues dans les guerres. Pour de nombreuses villes qui combattirent aux côtés des barons, la défaite fut aussi le début de la libération et du progrès.

21. Ferrari, ii. 18, 104 suiv.; Léo et Botta, je . 432.

22. Joh. Falke, Die Hansa Als Deutsche See-und Handelsmacht , Berlin, 1863, pp. 31, 55.

23. Pour Aix-la-Chapelle et Cologne, nous avons un témoignage direct que les évêques de ces deux villes, dont l'un acheté par l'ennemi, lui ouvrirent les portes.

24. Voir les faits, mais pas toujours les conclusions, de Nitzsch, iii. 133 suiv.; aussi Kallsen, je . 458, etc.

25. Sur la Commune du Laonnais , qui, jusqu'aux recherches de Melleville (Histoire de la Commune du Laonnais , Paris, 1853), était confondue avec la Commune de Laon, voir Luchaire , pp. 75 suiv. Pour les premières guildes de paysans et les syndicats ultérieurs, voir "Die landlichen " de R. Wilman. Schutzgilden Westphaliens ", dans Zeitschrift für Kulturgeschichte , nouveau Folge , Bd. iii., cité dans Henne-am- Rhyn's Kulturgeschichte , iii. 249.

26. Luchaire , p. 149.

27. Deux villes importantes, comme Mayence et Worms, régleraient un conflit politique par le biais de l'arbitrage. Après une guerre civile éclatée à Abbeville, Amiens fera office, en 1231, d'arbitre (Luchaire , 149) ; et ainsi de suite.

28. Voir par exemple W. Stieda , Hansische Vereinbarungen , lc, p. 114.

29. Early Scottish History and Scotland in Middle Ages de Cosmo Innes, cité par le révérend Denton, lc, pp. 68, 69 ; Deutsches de Lamprecht Wirthschaftliche Leben im Mittelalter , revue de Schmoller dans son Jahrbuch , Bd. XII.; Tableau de l'agriculture de Sismondi toscane , p. 226 suiv. Les domaines de Florence se reconnaissaient d'un seul coup d'œil à leur prospérité.

30. M. John J. Ennett (Six Essays, Londres, 1891) a d'excellentes pages sur cet aspect de l'architecture médiévale. M. Willis, dans son annexe à l'Histoire des Sciences Inductives de Whewell (i . 261-262), a souligné la beauté des relations mécaniques dans les bâtiments médiévaux. « Une nouvelle construction décorative a été élaborée », écrit-il, « non pas pour contrecarrer et contrôler, mais pour assister et harmoniser la construction mécanique. Chaque élément, chaque moulure , devient un support de poids ; et par la multiplicité des supports s'entraidant et la subdivision du poids qui en

résultait, l'œil était satisfait de la stabilité de la structure, malgré les aspects curieusement élancés des parties séparées. Un art issu de la vie sociale de la ville ne pourrait être mieux caractérisé.

31. Dr L. Ennen, Der Dom zu Koln, seine Construction und Anstaltung , Cologne, 1871.

32. Les trois statues font partie des décorations extérieures de Notre-Dame de Paris.

33. L'art médiéval, comme l'art grec, n'a pas connu ces boutiques de curiosités que nous appelons galerie nationale ou musée. Un tableau fut peint, une statue sculptée, une décoration en bronze coulée pour tenir à sa place dans un monument d'art communal. Il y vivait, il faisait partie d'un tout et il contribuait à donner une unité à l'impression produite par l'ensemble.

34. Cf. "Deuxième essai" de JT Ennett, p. 36.

35. Sismondi, iv. 172 ; XVI. 356. Le grand canal Naviglio Grande, qui amène l'eau du Tessin , fut commencé en 1179, c'est-à-dire après la conquête de l'indépendance, et fut terminé au XIIIe siècle. Sur la désintégration ultérieure, voir xvi. 355.

36. En 1336, elle comptait 8 000 à 10 000 garçons et filles dans ses écoles primaires, 1 000 à 1 200 garçons dans ses sept collèges et de 550 à 600 étudiants dans ses quatre universités. Les trente hôpitaux communaux contenaient plus de 1 000 lits pour une population de 90 000 habitants (Capponi, ii. 249 suiv.). Des auteurs faisant autorité ont suggéré à plusieurs reprises que l'éducation se situe, en règle générale, à un niveau beaucoup plus élevé qu'on ne le suppose généralement. C'est certainement le cas dans le Nuremberg démocratique.

37. Cf. Les excellentes considérations de L. Ranke sur l'essence du droit romain dans son Weltgeschichte , Bd. iv. Abth . 2, p. 20-31. Aussi les remarques de Sismondi sur le rôle joué par les légistes dans la constitution de l'autorité royale, Histoire des Français , Paris, 1826, viii. 85-99. La haine populaire contre ces " weise Doktoren und Beutelschneider des Volks » éclata avec toute sa force dans les premières années du XVIe siècle dans les sermons du premier mouvement réformé.

38. Brentano comprenait parfaitement les effets fatals de la lutte entre les « vieux bourgeois » et les nouveaux venus. Miaskowski , dans son ouvrage sur les communautés villageoises de Suisse, a indiqué la même chose pour les communautés villageoises.

39. Le commerce des esclaves enlevés à l'Est n'a jamais cessé dans les républiques italiennes jusqu'au XVe siècle. On en trouve également de faibles traces en Allemagne et ailleurs. Voir Cibrario . Della schiavitu et del servaggio

, 2 vol. Milan, 1868 ; Professeur Luchitzkiy , « L'esclavage et les esclaves russes à Florence aux XIVe et XVe siècles », dans Izvestia de l'Université de Kieff, 1885.

40. History of the English People, JR Green, Londres, 1878, i . 455.

41. Voir les théories exprimées par les juristes de Bologne, déjà au congrès de Roncaglia en 1158.

CHAPITRE VII

AIDE MUTUELLE ENTRE NOUS

Révoltes populaires au début de la période étatique. Institutions d'entraide de l'heure actuelle. La communauté villageoise ; ses luttes pour résister à son abolition par l'État. Habitudes issues de la vie villageoise-communautaire, conservées dans nos villages modernes. Suisse, France, Allemagne, Russie.

La tendance à l'entraide chez l'homme a une origine si lointaine et est si profondément liée à toute l'évolution passée de la race humaine, qu'elle a été maintenue par l'humanité jusqu'à nos jours, malgré toutes les vicissitudes de l'histoire. Il s'est principalement développé pendant les périodes de paix et de prospérité ; mais lorsque même les plus grandes calamités frappèrent les hommes, lorsque des pays entiers furent dévastés par les guerres et que des populations entières furent décimées par la misère ou gémissaient sous le joug de la tyrannie, la même tendance continua à vivre dans les villages et parmi les classes les plus pauvres du monde. les villes; il les maintenait toujours ensemble et, à long terme, il réagissait même contre les minorités dirigeantes, combattantes et dévastatrices qui le considéraient comme une absurdité sentimentale. Et chaque fois que l'humanité a dû élaborer une nouvelle organisation sociale, adaptée à une nouvelle phase de développement, son génie constructif a toujours puisé les éléments et l'inspiration d'un nouveau départ par rapport à cette même tendance toujours vivante. Les nouvelles institutions économiques et sociales, dans la mesure où elles furent une création des masses, les nouveaux systèmes éthiques et les nouvelles religions, proviennent tous de la même source, et le progrès éthique de notre race, considéré dans ses grandes lignes, apparaît comme une extension progressive des principes d'entraide de la tribu à des agglomérations de plus en plus grandes, pour finalement embrasser un jour l'humanité tout entière, sans respect de ses diverses croyances, langues et races.

Après être passés par la tribu sauvage, puis par la communauté villageoise, les Européens en sont venus à élaborer à l'époque médiévale une nouvelle forme d'organisation, qui avait l'avantage de laisser une grande latitude à l'initiative individuelle, tout en répondant largement en même temps au besoin de soutien mutuel de l'homme. Une fédération de communautés villageoises, couvertes par un réseau de corporations et de fraternités, voit le jour dans les cités médiévales. Les immenses résultats obtenus grâce à cette nouvelle forme d'union — dans le bien-être de tous, dans l'industrie, l'art, la science et le commerce — ont été longuement discutés dans les deux chapitres précédents, et l'on a également tenté de montrer pourquoi, vers l'avenir, À la fin du XVe siècle, les républiques médiévales – entourées de domaines de seigneurs féodaux hostiles, incapables de libérer les paysans de

la servitude et peu à peu corrompues par les idées du césarisme romain –
étaient condamnées à devenir la proie des États militaires en pleine
croissance.

Cependant, avant de se soumettre pendant trois siècles à l'autorité
omniprésente de l'État, les masses populaires ont fait une formidable
tentative de reconstruire la société sur les anciennes bases de l'entraide et du
soutien mutuel. Il est bien connu à cette époque que le grand mouvement de
réforme n'était pas une simple révolte contre les abus de l'Église catholique.
Elle avait aussi son idéal constructif, et cet idéal était la vie dans des
communautés libres et fraternelles. Ceux des premiers écrits et sermons de
l'époque qui trouvèrent le plus grand écho auprès des masses étaient
imprégnés d'idées de fraternité économique et sociale de l'humanité. Les «
Douze articles » et autres professions de foi similaires, qui circulaient parmi
les paysans et artisans allemands et suisses, maintenaient non seulement le
droit de chacun d'interpréter la Bible selon sa propre compréhension, mais
incluaient également l'exigence que les terres communales soient restituées à
les communautés villageoises et les servitudes féodales étant abolies, on
faisait toujours allusion à la « vraie » foi, une foi de fraternité. Dans le même
temps, des dizaines de milliers d'hommes et de femmes rejoignirent les
fraternités communistes de Moravie, leur donnant toute leur fortune et vivant
dans de nombreuses et prospères colonies construites sur les principes du
communisme.(1) Seuls des massacres massifs par milliers pourraient mettre
un terme. à ce mouvement populaire largement répandu, et c'est par l'épée,
le feu et le bâton que les jeunes États ont remporté leur première et décisive
victoire sur les masses populaires.(2)

Durant les trois siècles suivants, les États, tant sur le continent que dans ces
îles, éliminèrent systématiquement toutes les institutions dans lesquelles la
tendance à l'entraide trouvait autrefois son expression. Les communautés
villageoises étaient privées de leurs folkmotes, de leurs tribunaux et de leur
administration indépendante ; leurs terres ont été confisquées. Les
corporations furent spoliées de leurs biens et de leurs libertés, et placées sous
le contrôle, la fantaisie et la corruption des fonctionnaires de l'État. Les villes
furent dépouillées de leur souveraineté, et les sources mêmes de leur vie
intérieure – le folkmote, les juges et l'administration élus, la paroisse
souveraine et la guilde souveraine – furent anéanties ; le fonctionnaire de
l'État s'empare de tous les maillons de ce qui était autrefois un tout organique.
Sous cette politique fatale et les guerres qu'elle engendra, des régions entières,
autrefois peuplées et riches, furent mises à nu ; les villes riches sont devenues
des bourgs insignifiants ; les routes mêmes qui les reliaient aux autres villes
devinrent impraticables. L'industrie, l'art et le savoir tombèrent en décadence.
L'éducation politique, la science et le droit furent soumis à l'idée de
centralisation de l'État. On enseignait dans les universités et en chaire que les

institutions dans lesquelles les hommes incarnaient autrefois leurs besoins de soutien mutuel ne pouvaient être tolérées dans un État convenablement organisé ; que l'État seul pouvait représenter les liens d'union entre ses sujets ; que le fédéralisme et le « particularisme » étaient les ennemis du progrès et que l'État était le seul véritable initiateur du développement ultérieur. À la fin du siècle dernier, les rois du continent, le Parlement de ces îles et la Convention révolutionnaire de France, bien qu'ils fussent en guerre les uns contre les autres, s'accordaient pour affirmer qu'aucune union séparée entre citoyens ne devait exister au sein de l'État ; que les travaux forcés et la mort étaient les seules punitions appropriées pour les travailleurs qui osaient entrer dans des « coalitions ». "Pas d'Etat dans l'Etat !" L'État seul et l'Église de l'État doivent s'occuper des affaires d'intérêt général, tandis que les sujets doivent représenter des agrégations lâches d'individus, reliés par aucun lien particulier, tenus de faire appel au gouvernement chaque fois qu'ils ressentent un besoin commun. Jusqu'au milieu de ce siècle, telle était la théorie et la pratique en Europe. Même les sociétés commerciales et industrielles étaient considérées avec méfiance. Quant aux travailleurs, leurs syndicats ont été traités comme illégaux presque de notre vivant dans ce pays et au cours des vingt dernières années sur le continent. L'ensemble de notre système d'éducation d'État était tel que jusqu'à présent, même dans ce pays, une partie notable de la société considérerait comme une mesure révolutionnaire la concession de droits tels que chacun, homme libre ou serf, les exerçait il y a cinq cents ans. dans le folkmote du village, la guilde, la paroisse et la ville.

L'absorption de toutes les fonctions sociales par l'État a nécessairement favorisé le développement d'un individualisme débridé et borné. A mesure que les obligations envers l'État augmentaient en nombre, les citoyens étaient évidemment libérés de leurs obligations les uns envers les autres. Dans la guilde — et à l'époque médiévale, chaque homme appartenait à une guilde ou à une fraternité, deux « frères » étaient tenus de veiller à tour de rôle sur un frère tombé malade ; il suffirait désormais de donner à son voisin l'adresse du prochain hôpital des pauvres. Dans la société barbare, assister à un combat entre deux hommes, né d'une querelle, et ne pas l'empêcher d'aboutir à une issue fatale, signifiait être soi-même traité de meurtrier ; mais selon la théorie de l'État protecteur de tout, le spectateur n'a pas besoin d'intervenir : c'est l'affaire du policier d'intervenir ou non. Et tandis que dans un pays sauvage, chez les Hottentots, il serait scandaleux de manger sans avoir crié trois fois haut et fort s'il n'y a pas quelqu'un qui veut partager la nourriture, tout ce qu'un citoyen respectable a à faire maintenant, c'est de payer l'impôt des pauvres et pour laisser mourir de faim les affamés. Le résultat est que la théorie selon laquelle les hommes peuvent et doivent rechercher leur propre bonheur sans tenir compte des besoins des autres est désormais triomphante dans tous les domaines du droit, de la science et de la religion. C'est la religion du moment, et douter de son efficacité serait une utopie dangereuse. La science proclame haut et fort que la lutte de chacun contre tous est le principe directeur de la nature, mais aussi des sociétés humaines. À cette lutte, la biologie attribue l'évolution progressive du monde animal. L'histoire suit le même raisonnement ; et les économistes politiques, dans leur ignorance naïve, attribuent tous les progrès de l'industrie et des machines modernes aux effets « merveilleux » du même principe. La religion même de la chaire est une religion d'individualisme, légèrement atténuée par des relations plus ou moins charitables avec le voisinage , principalement le dimanche. Hommes « pratiques » et théoriciens, hommes de science et prédicateurs religieux, avocats et hommes politiques, sont tous d'accord sur une chose : que l'individualisme peut être plus ou moins adouci dans ses effets les plus durs par la charité, mais qu'elle est la seule base sûre pour le maintien de l'individualisme. de la société et de ses progrès ultérieurs.

Il semble donc inutile de rechercher des institutions et des pratiques d'entraide dans la société moderne. Que pourrait-il en rester ? Et pourtant, dès que l'on cherche à comprendre comment vivent des millions d'êtres humains et que l'on commence à étudier leurs relations quotidiennes, on est frappé du rôle immense que jouent encore aujourd'hui les principes d'entraide et d'entraide. dans la vie humaine. Bien que la destruction des institutions d'entraide se poursuive en pratique et en théorie, depuis trois ou quatre cents ans, des centaines de millions d'hommes continuent de vivre sous de telles institutions ; ils les entretiennent pieusement et s'efforcent de les reconstituer là où ils ont cessé d'exister. Dans nos relations mutuelles, chacun de nous a ses moments de révolte contre le credo individualiste à la mode du moment, et les actions dans lesquelles les hommes sont guidés par leurs inclinations à l'entraide constituent une si grande partie de nos relations quotidiennes que si l'on y mettait fin, pourrait être mis en place, tout progrès éthique ultérieur serait immédiatement stoppé. La société humaine elle-même ne pourrait pas être maintenue ne serait-ce que pendant la durée de vie d'une seule génération. Ces faits, pour la plupart négligés par les sociologues et pourtant de première importance pour la vie et l'élévation future de l'humanité, nous allons maintenant les analyser, en commençant par les institutions permanentes d'entraide, et en passant ensuite aux actes d'entraide qui ont leur importance. origine de sympathies personnelles ou sociales.

Lorsqu'on jette un regard large sur la constitution actuelle de la société européenne, on est immédiatement frappé par le fait que, même si tant de choses ont été faites pour se débarrasser de la communauté villageoise, cette forme d'union continue d'exister dans la mesure où nous allons bientôt voyez, et que de nombreuses tentatives sont maintenant faites soit pour le reconstituer sous une forme ou une autre, soit pour lui trouver un substitut. La théorie actuelle concernant la communauté villageoise est qu'en Europe occidentale elle a disparu par mort naturelle, parce que la possession commune du sol s'est révélée incompatible avec les exigences modernes de l'agriculture. Mais la vérité est que nulle part la communauté villageoise n'a disparu d'elle-même ; partout au contraire, il a fallu aux classes dirigeantes plusieurs siècles d'efforts persistants, mais pas toujours couronnés de succès, pour l'abolir et confisquer les terres communales.

En France, les communautés villageoises ont commencé à être privées de leur indépendance et leurs terres ont commencé à être pillées, dès le XVIe siècle. Cependant, ce n'est qu'au siècle suivant, lorsque la masse des paysans fut amenée, par les exactions et les guerres, à l'état de sujétion et de misère qui est vivement décrit par tous les historiens, que le pillage de leurs terres devint facile et devint scandaleux. proportions. « Chacun en a pris selon ses pouvoirs… des dettes imaginaires ont été réclamées pour s'emparer de leurs terres ; » c'est ce qu'on lit dans un édit promulgué par Louis XIV en 1667(3). Bien entendu, le remède de l'État à de tels maux était de soumettre encore davantage les communes à l'État et de les piller lui-même. En effet, deux ans plus tard, tous les revenus monétaires des communes furent confisqués par le roi. Quant à l'appropriation des terres communales, elle s'aggrava et, au siècle suivant, les nobles et le clergé s'étaient déjà emparés d'immenses étendues de terre - la moitié de la superficie cultivée, selon certaines estimations - principalement pour les louer. cela sort de la culture. (4) Mais les paysans maintenaient toujours leurs institutions communales, et jusqu'en 1787, les folkmotes du village, composés de tous les chefs de famille, se réunissaient à l'ombre du clocher ou d'un arbre pour attribuer et redistribuer ce qu'ils avaient retenu de leurs champs, fixer les impôts et élire leur exécutif, tout comme le fait actuellement le mir russe. C'est ce que les recherches de Babeau ont démontré .(5)

Le gouvernement trouva cependant les folkmotes « trop bruyants », trop désobéissants, et en 1787, des conseils élus, composés d'un maire et de trois à six syndics, choisis parmi les paysans les plus riches, furent introduits à la place. Deux ans plus tard, l' Assemblée Révolutionnaire La Constituante , qui était sur ce point d'accord avec l'ancien régime, confirma pleinement cette loi (le 14 décembre 1789), et les bourgeois du village eurent alors leur tour pour le pillage des terres communales, qui se poursuivit tout au long de la période révolutionnaire. période. Le 16 août 1792 seulement, la Convention, sous la pression des insurrections paysannes, décida de restituer les terres clôturées aux communes(6) ; mais elle ordonna en même temps qu'elles seraient partagées à parts égales entre les communes. les paysans les plus riches seulement — mesure qui provoqua de nouvelles insurrections et fut abrogée l'année suivante, en 1793, lorsque fut ordonné le partage des terres communales entre tous les roturiers, riches et pauvres, « actifs » et « inactifs ».

Mais ces deux lois allaient tellement à l'encontre des conceptions des paysans qu'elles ne furent pas respectées, et partout où les paysans avaient repris possession d'une partie de leurs terres, ils les gardaient indivises. Mais ensuite vinrent les longues années de guerres, et les terres communales furent simplement confisquées par l'État (en 1794) comme hypothèque pour les emprunts de l'État, mises en vente et pillées comme telles ; puis restitué aux communes et à nouveau confisqué (en 1813) ; et ce n'est qu'en 1816 que ce qui en restait, c'est-à-dire environ 15 millions d'acres de terres les moins productives, fut restitué aux communautés villageoises (7). Mais ce n'était pas encore la fin des troubles des communes. Chaque nouveau régime voyait dans les terres communales un moyen de satisfaire ses partisans, et trois lois (la première en 1837 et la dernière sous Napoléon III) furent votées pour inciter les communautés villageoises à diviser leurs domaines. Trois fois ces lois durent être abrogées, à cause de l'opposition qu'elles rencontrèrent dans les villages ; mais chaque fois quelque chose s'arrachait , et Napoléon III, sous prétexte d'encourager le perfectionnement des méthodes agricoles, accorda de vastes propriétés sur les terres communales à certains de ses favoris .

Quant à l'autonomie des communautés villageoises, que pouvait-il en rester après tant de coups ? Le maire et les syndics étaient simplement considérés comme des fonctionnaires non rémunérés de l'appareil d'État. Même aujourd'hui, sous la Troisième République, on ne peut pas faire grand-chose dans une communauté villageoise sans que l'immense appareil de l'État, jusqu'au préfet et aux ministères, ne soit mis en branle. Il est à peine croyable, et pourtant il est vrai, que lorsque, par exemple, un paysan entend payer en argent sa part dans la réfection d'un chemin communal, au lieu de casser lui-même la quantité de pierres nécessaire, pas moins de douze fonctionnaires différents de l'État doivent donner leur approbation, et un total de cinquante-deux actes différents doivent être accomplis par eux et échangés entre eux, avant que le paysan ne soit autorisé à payer cet argent au conseil communal. Tout le reste porte le même caractère.(8)

Ce qui s'est passé en France s'est produit partout en Europe occidentale et centrale. Même les principales dates des grandes attaques contre les terres paysannes sont les mêmes. Pour l'Angleterre, la seule différence est que la spoliation a été accomplie par des actes séparés plutôt que par des mesures générales et radicales — avec moins de hâte mais plus complètement qu'en France. La saisie des terres communales par les seigneurs commença également au XVe siècle, après la défaite de l'insurrection paysanne de 1380, comme le montrent l' Historia de Rossus et un statut d'Henri VII, dans lequel ces saisies sont parlées sous le titre des « énormes et myschefes comme étant nuisibles au bien commun ».(9) Plus tard, la Grande Enquête, sous Henri VIII, fut commencée, comme on le sait, afin de mettre un terme à la clôture des terres communales, mais cela s'est terminé par une sanction de ce qui avait été fait.(10) Les terres communales ont continué à être pillées et les paysans ont été chassés de la terre. Mais c'est surtout à partir du milieu du XVIIIe siècle que, en Angleterre comme partout ailleurs, elle s'est inscrite dans une politique systématique visant à éliminer purement et simplement toute trace de propriété communale ; et ce qui est étonnant n'est pas qu'elle ait disparu, mais qu'elle ait pu être maintenue, même en Angleterre, de manière à être « généralement répandue aussi tard que les grands-pères de cette génération ».(11) L'objet même des Enclosure Acts, comme montré par M. Seebohm, devait supprimer ce système(12), et il fut si bien supprimé par les près de quatre mille lois adoptées entre 1760 et 1844 qu'il n'en reste aujourd'hui que de faibles traces. Les terres des communautés villageoises étaient saisies par les seigneurs et leur appropriation était sanctionnée par le Parlement dans chaque cas distinct.

En Allemagne, en Autriche, en Belgique, la communauté villageoise a également été détruite par l'État. Les cas où les roturiers eux-mêmes partageaient leurs terres étaient rares(13), tandis que partout les États les contraignaient à imposer le partage, ou favorisaient simplement l'appropriation privée de leurs terres. Le dernier coup porté à la propriété communale en Europe centrale date également du milieu du XVIIIe siècle. En Autriche, le gouvernement employa la force, en 1768, pour contraindre les communes à diviser leurs terres ; une commission spéciale fut nommée deux ans plus tard à cet effet. En Prusse, Frédéric II, dans plusieurs de ses ordonnances (en 1752, 1763, 1765 et 1769), recommanda au Justizcollegien de faire appliquer la division. En Silésie, une résolution spéciale fut prise dans ce but en 1771. La même chose eut lieu en Belgique et, comme les communes n'obéirent pas, une loi fut promulguée en 1847 autorisant le gouvernement à acheter des prairies communales pour les revendre au détail. , et de procéder à une vente forcée des terres communales lorsqu'il y avait un acheteur potentiel .(14)

Bref, parler de la mort naturelle des communautés villageoises en vertu des lois économiques est une plaisanterie aussi sinistre que parler de la mort naturelle des soldats massacrés sur un champ de bataille. Le fait était simplement le suivant : les communautés villageoises vivaient depuis plus de mille ans ; et là où et quand les paysans n'étaient pas ruinés par les guerres et les exactions, ils amélioraient constamment leurs méthodes de culture. Mais comme la valeur des terres augmentait, par suite du développement des industries, et que la noblesse avait acquis, sous l'organisation étatique, un pouvoir qu'elle n'avait jamais eu sous le système féodal, elle s'empara des meilleures parties de la communauté. terres et a fait de son mieux pour détruire les institutions communales.

Cependant, les institutions des communautés villageoises répondent si bien aux besoins et aux conceptions des cultivateurs de la terre que, malgré tout, l'Europe est jusqu'à présent couverte des survivances vivantes des communautés villageoises, et la vie rurale européenne est imprégnée de coutumes et habitudes datant de la période communautaire. Même en Angleterre, malgré toutes les mesures draconiennes prises contre l'ancien ordre de choses, elle a prévalu jusqu'au début du XIXe siècle. M. Gomme — l'un des très rares savants anglais à avoir prêté attention au sujet — montre dans son ouvrage que de nombreuses traces de possession communautaire du sol se trouvent en Écosse, la location « runrig » ayant été maintenue dans le Forfarshire jusqu'en 1813. , tandis que dans certains villages d'Inverness la coutume était, jusqu'en 1801, de labourer la terre pour toute la communauté, sans laisser de limites, et de l'attribuer une fois le labour effectué. A Kilmorie, l'attribution et la réattribution des champs étaient en pleine vigueur « jusqu'aux vingt-cinq dernières années », et la Commission des Crofters l'a constaté encore en vigueur dans certaines îles (15). En Irlande, le système a prévalu jusqu'au grande famine; et quant à l'Angleterre, les travaux de Marshall, passés inaperçus jusqu'à ce que Nasse et Sir Henry Maine y attirent l'attention, ne laissent aucun doute sur le fait que le système village-communauté s'est largement répandu, dans presque tous les comtés anglais, au début du XIXe siècle. (16) Il y a à peine vingt ans, Sir Henry Maine était « grandement surpris du nombre de cas de droits de propriété anormaux, impliquant nécessairement l'existence antérieure de la propriété collective et de la culture en commun », qu'une enquête relativement brève lui a fait connaître. (17) Et, les institutions communales ayant persisté si tard, un grand nombre d'habitudes et de coutumes d'entraide se découvriraient sans doute dans les villages anglais si les écrivains de ce pays ne s'intéressaient qu'à la vie du village. (18)

Quant au continent, nous trouvons les institutions communautaires pleinement vivantes dans de nombreuses régions de France, de Suisse, d'Allemagne, d'Italie, des pays scandinaves et d'Espagne, sans parler de l'Europe de l'Est ; la vie des villages dans ces pays est imprégnée d'habitudes et de coutumes communautaires ; et presque chaque année, la littérature continentale s'enrichit d'ouvrages sérieux traitant de ce sujet et de sujets connexes. Je dois donc limiter mes illustrations aux cas les plus typiques. La Suisse en fait sans aucun doute partie. Non seulement les cinq républiques d'Uri, Schwytz , Appenzell, Glaris et Unterwald possèdent leurs terres comme des domaines indivis et sont gouvernées par leurs folkmotes populaires, mais dans tous les autres cantons également, les communautés villageoises restent en possession d'une large autonomie. et possèdent de grandes parties du territoire fédéral.(19) Les deux tiers de tous les pâturages alpins et les deux tiers de toutes les forêts de Suisse sont jusqu'à présent des terres communales ; et un nombre considérable de champs, vergers, vignes, tourbières, carrières, etc., sont en propriété commune. Dans le Vaud, où tous les chefs de famille continuent de participer aux délibérations de leurs conseils communaux élus, l'esprit communautaire est particulièrement vivant. Vers la fin de l'hiver tous les jeunes hommes de chaque village vont rester quelques jours dans les bois, abattre du bois et le faire descendre sur les pentes raides en luge, le bois et le bois de chauffage étant répartis entre tous les ménages ou vendus. à leur profit. Ces excursions sont de véritables fêtes du travail viril . Sur les rives du lac Léman, une partie des travaux nécessaires à l'entretien des terrasses des vignes est encore réalisée en commun ; et au printemps, quand le thermomètre menace de descendre au-dessous de zéro avant le lever du soleil, le gardien réveille tous les propriétaires, qui allument des feux de paille et de fumier et protègent leurs vignes du gel par un nuage artificiel. Dans presque tous les cantons, les communautés villageoises possèdent ce qu'on appelle. Burgernutzen , c'est-à-dire qu'ils possèdent en commun un certain nombre de vaches, afin de fournir du beurre à chaque famille ; soit ils entretiennent des champs ou des vignes communaux, dont les produits sont partagés entre les bourgeois, soit ils louent leurs terres au profit de la communauté.(20)

On peut considérer comme une règle que là où les communes ont conservé une large sphère de fonctions, de manière à être des parties vivantes de l'organisme national, et là où elles n'ont pas été réduites à la misère, elles ne manquent jamais de prendre grand soin de leurs terres. Ainsi, les domaines communaux en Suisse contrastent de façon frappante avec l'état misérable des « biens communs » dans ce pays. Les forêts communales vaudoises et valaisannes sont admirablement aménagées, conformément aux règles de la foresterie moderne. Ailleurs, les « bandes » de champs communaux, qui changent de propriétaires selon le système des lotissements, sont très bien fumées, d'autant que les prairies et le bétail ne manquent pas. Les prairies d'altitude sont en général bien entretenues et les chemins ruraux sont excellents.(21) Et quand on admire le chalet suisse, la route de montagne, le bétail des paysans, les terrasses de vignes, ou l'école en Suisse terrain, il faut garder à l'esprit que sans que le bois du chalet soit tiré des bois communaux et la pierre des carrières communales, sans que les vaches soient gardées dans les prés communaux, et que les routes soient tracées et les écoles construites par travail communal, il y aurait peu de choses à admirer.

Il va sans dire qu'un grand nombre d'us et coutumes d'entraide subsistent encore dans les villages suisses. Les soirées de décorticage des noix, qui se déroulent à tour de rôle dans chaque foyer ; les soirées pour coudre la dot de la jeune fille qui va se marier ; l'appel d'« aides » pour la construction des maisons et la récolte des récoltes, ainsi que pour toutes sortes de travaux qui peuvent être requis par l'un des roturiers ; l'habitude d'échanger les enfants d'un canton à l'autre, afin de leur faire apprendre deux langues, le français et l'allemand ; et ainsi de suite – tout cela est tout à fait habituel (22) ; tandis que, d'un autre côté, diverses exigences modernes sont satisfaites dans le même esprit. Ainsi, à Glaris, la plupart des prairies alpines ont été vendues à une époque de calamité ; mais les communes continuent à acheter des terres agricoles, et après que les champs nouvellement achetés ont été laissés en possession de roturiers séparés pendant dix, vingt ou trente ans, selon le cas, ils retournent au fonds commun, qui est réattribué selon les besoins de tous. Un grand nombre de petites associations se forment pour produire, par un travail commun, même sur une échelle limitée, quelques-unes des choses nécessaires à la vie, pain, fromage et vin ; et la coopération agricole dans son ensemble s'étend en Suisse avec la plus grande facilité. Les associations formées entre dix et trente paysans, qui achètent en commun des prairies et des champs et les cultivent en copropriété, sont monnaie courante ; tandis que des associations laitières pour la vente du lait, du beurre et du fromage s'organisent partout. En fait, la Suisse est le berceau de cette forme de coopération. Elle offre en outre un champ immense pour l'étude de toutes sortes de sociétés, petites et grandes, formées pour la satisfaction de toutes sortes de besoins modernes. Dans certaines parties de la Suisse, on trouve dans presque tous les villages un certain nombre d'associations : pour la protection contre l'incendie, pour la navigation de plaisance, pour l'entretien des quais au bord d'un lac, pour l'approvisionnement en eau, etc. ; et le pays est couvert de sociétés d'archers, de tireurs d'élite, de topographes, d'explorateurs de sentiers, etc., issus du militarisme moderne.

La Suisse n'est cependant nullement une exception en Europe, car les mêmes institutions et habitudes se retrouvent dans les villages de France, d'Italie, d' Allemagne, de Danemark, etc. Nous venons de voir ce qui a été fait par les dirigeants de la France pour détruire la communauté villageoise et s'emparer de ses terres ; mais malgré tout, un dixième de tout le territoire disponible pour la culture, c'est-à-dire 13,5 millions d'acres, comprenant la moitié de toutes les prairies naturelles et près d'un cinquième de toutes les forêts du pays, reste en possession communale. Les bois fournissent du combustible aux communaux , et le bois est coupé, principalement par le travail communal, avec toute la régularité souhaitable ; les pâturages sont gratuits pour le bétail des roturiers ; et ce qui reste des champs communaux est attribué et réattribué dans certaines parties des Ardennes — comme c'est l'habitude de la France — c'est-à-dire de la manière.(23)

Ces sources supplémentaires d'approvisionnement, qui aident les paysans les plus pauvres à traverser une année de mauvaises récoltes sans se séparer de leurs petites parcelles de terre et sans s'endetter irrémédiablement, ont certainement leur importance tant pour les ouvriers agricoles que pour les près de trois millions de petits propriétaires paysans. Il est même douteux que la petite propriété paysanne puisse perdurer sans ces ressources supplémentaires. Mais l'importance éthique des biens communaux, aussi petits soient-ils, est encore plus grande que leur valeur économique . Ils entretiennent dans la vie du village un noyau de coutumes et d'habitudes d'entraide qui agissent sans aucun doute comme un puissant frein au développement d'un individualisme téméraire et d'une avidité, que la petite propriété foncière n'est que trop encline à développer. L'entraide dans toutes les circonstances possibles de la vie du village fait partie de la vie quotidienne dans toutes les régions du pays. Partout on rencontre, sous des noms différents, le charroi , c'est-à-dire l'aide gratuite des voisins pour récolter, vendanger ou construire une maison ; partout on retrouve les mêmes soirées que celles qui viennent d'être évoquées en Suisse ; et partout les roturiers s'associent pour toutes sortes de travaux. De telles habitudes sont mentionnées par presque tous ceux qui ont écrit sur la vie des villages français. Mais il vaudra peut-être mieux donner ici quelques résumés de lettres que je viens de recevoir d'un de mes amis à qui j'ai demandé de me communiquer ses observations à ce sujet. Elles viennent d'un homme âgé qui a été pendant des années maire de sa commune du sud de la France (en Ariège) ; les faits qu'il mentionne lui sont connus grâce à de longues années d'observation personnelle, et ils ont l'avantage de provenir d'un quartier au lieu d'être survolés d'une vaste zone. Certains d'entre eux peuvent paraître insignifiants, mais dans l'ensemble, ils représentent un tout petit monde de la vie villageoise.

« Dans plusieurs communes de notre voisinage , écrit mon ami, la vieille coutume de l'emprount est en vigueur . Lorsqu'il faut beaucoup de bras dans une métairie pour accomplir rapidement un travail, arracher des pommes de terre ou tondre l'herbe, la jeunesse de le quartier est convoqué ; les jeunes gens et les jeunes filles viennent en nombre, s'y rendent gaiement et pour rien ; et le soir, après un joyeux repas, ils dansent.

"Dans les mêmes communes, lorsqu'une jeune fille va se marier, les filles du quartier viennent aider à coudre la dot. Dans plusieurs communes, les femmes continuent encore à filer beaucoup. Quand le liquidation doit se faire dans un délai raisonnable. en famille, cela se fait en une soirée, tous les amis étant convoqués pour ce travail. Dans beaucoup de communes de l' Ariège et d'autres régions du sud-ouest, le décorticage des gerbes de maïs indiens est également fait par tous les voisins . des châtaignes et du vin, et les jeunes gens dansent après le travail. La même coutume est pratiquée pour faire de l'huile de noix et broyer le chanvre. Dans la commune de L., on fait de même pour rentrer les récoltes de maïs. le travail devient un jour de fête, car le propriétaire met son honneur à servir un bon repas ; aucune rémunération n'est versée ; tous le font les uns pour les autres.(24)

« Dans la commune de S., les pâturages communs sont chaque année augmentés, de sorte que presque toutes les terres de la commune sont désormais tenues en commun. Les bergers sont élus par tous les propriétaires de bétail, y compris les femmes. Les taureaux sont communaux.

« Dans la commune de M. les quarante à cinquante petits troupeaux de moutons des roturiers sont rassemblés et répartis en trois ou quatre troupeaux avant d'être envoyés dans les prés supérieurs. Chaque propriétaire va pendant une semaine servir de berger.

"Au hameau de C. une batteuse a été achetée en commun par plusieurs ménages ; les quinze à vingt personnes nécessaires à l'entretien de la machine étant fournies par toutes les familles. Trois autres batteuses ont été achetées et sont louées par leurs propriétaires. , mais le travail est effectué par des aides extérieures, invitées de la manière habituelle.

"Dans notre commune de R., nous avons dû élever le mur du cimetière. La moitié de l'argent nécessaire à l'achat de la chaux et au salaire des ouvriers qualifiés était fourni par le conseil départemental, et l'autre moitié par souscription. Comme aux travaux de transport du sable et de l'eau, de fabrication du mortier et de service aux maçons, ils étaient entièrement effectués par des bénévoles [tout comme dans la djemmaa kabyle]. Les routes rurales étaient réparées de la même manière, par des journées de travail bénévoles données par les habitants. Les roturiers. D'autres communes ont construit de la même manière leurs fontaines. Le pressoir et autres petits appareils sont fréquemment conservés par la commune.

Deux habitants du même quartier , interrogés par mon ami, ajoutent ceci :—

il y a quelques années , il n'y avait pas de moulin. La commune en a construit un, en prélevant un impôt sur les roturiers. Quant au meunier, ils ont décidé, pour éviter les fraudes et la partialité, qu'il serait payé deux francs pour chaque mangeur de pain, et que le maïs soit moulu gratuitement.

« A St. G., peu de paysans sont assurés contre l'incendie. Lorsqu'un incendie a eu lieu, comme c'était le cas ces derniers temps, tous donnent quelque chose à la famille qui en a souffert : un chaudron , un linge de lit, une chaise, etc. et un modeste ménage est ainsi reconstitué. Tous les voisins aident à construire la maison, et en attendant la famille est hébergée gratuitement par les voisins .

De telles habitudes d'entraide, dont on pourrait citer bien d'autres exemples, expliquent sans doute la facilité avec laquelle les paysans français s'associent pour utiliser tour à tour la charrue avec son attelage de chevaux, le pressoir et la batteuse. lorsqu'ils sont gardés au village par un seul d'entre eux, ainsi que pour l'accomplissement en commun de toutes sortes de travaux ruraux. Les canaux ont été entretenus, les forêts ont été défrichées, des arbres ont été plantés et les marais ont été asséchés par les communautés villageoises depuis des temps immémoriaux ; et la même chose continue encore. Tout récemment, à La Borne, en Lozère, les collines arides ont été transformées en riches jardins grâce aux travaux communaux. « La terre était apportée à dos d'homme ; des terrasses étaient aménagées et plantées de châtaigniers, de pêchers et de vergers, et l'eau était amenée pour l'irrigation dans des canaux de deux ou trois milles de long. » Ils viennent de creuser un nouveau canal de onze milles de long.(25)

C'est au même esprit que l'on doit aussi le succès remarquable obtenu dernièrement par les syndicats. agricoles , ou associations de paysans et d'agriculteurs. Ce n'est qu'en 1884 que les associations de plus de dix-neuf personnes furent autorisées en France, et je n'ai pas besoin de dire que lorsque cette « expérience dangereuse » fut tentée — ainsi on l'appelait dans les Chambres — toutes les « précautions » nécessaires que les fonctionnaires peuvent inventer ont été prises. Malgré tout cela, la France commence à se couvrir de syndicats. Au début, elles n'étaient constituées que pour acheter des engrais et des semences, la falsification ayant atteint des proportions colossales dans ces deux branches(26) ; mais peu à peu elles étendirent leurs fonctions dans diverses directions, y compris la vente des produits agricoles et l'amélioration permanente des terres. Dans le sud de la France, les ravages du phylloxéra ont donné naissance à un grand nombre d'associations de vignerons. Dix à trente vignerons forment un syndicat, achètent une machine à vapeur pour pomper l'eau et prennent à leur tour les dispositions nécessaires pour inonder leurs vignobles (27). De nouvelles associations pour la protection des terres contre les inondations, pour l'irrigation et pour l'entretien des canaux sont créées. se forme continuellement, et l'unanimité de tous les paysans d'un quartier , exigée par la loi, n'est pas un obstacle. Ailleurs, nous avons les fruitières ou associations laitières, dans certaines desquelles tout le beurre et le fromage sont divisés en parts égales, quel que soit le rendement de chaque vache. En Ariège, nous trouvons une association de huit communes distinctes pour la culture commune de leurs terres, qu'elles ont constituées ; des syndicats d'aide médicale gratuite ont été constitués dans 172 communes sur 337 du même département ; des associations de consommateurs naissent en liaison avec les syndicats ; et ainsi de suite.(28) « Une véritable révolution est en train de se faire dans nos villages, écrit Alfred Baudrillart , à travers ces associations qui prennent dans chaque région leurs caractères particuliers.

Il faut dire la même chose de l'Allemagne. Partout où les paysans ont pu résister au pillage de leurs terres, ils les ont conservées dans la propriété communale, ce qui prévaut largement dans le Wurtemberg, le Bade, le Hohenzollern et dans la province hessoise du Starkenberg .(29) Les forêts communales sont conservées, en règle générale, en excellent état, et dans des milliers de communes le bois et le bois de chauffage sont répartis chaque année entre tous les habitants ; même la vieille coutume du Lesholztag est largement répandue : au son de la cloche du village, tous se rendent dans la forêt pour prendre autant de bois de chauffage qu'ils peuvent en transporter.(30) En Westphalie, on trouve des communes dans lesquelles toutes les terres sont cultivées autant que possible. un domaine commun, conformément à toutes les exigences de l'agronomie moderne. Quant aux anciennes coutumes et habitudes communales, elles sont en vigueur dans la plupart des régions de l'Allemagne. L'appel des aides, qui sont de véritables fêtes du travail , est connu pour être assez habituel en Westphalie, en Hesse et à Nassau. Dans les régions bien boisées, le bois nécessaire à la construction d'une nouvelle maison provient généralement de la forêt communale et tous les voisins participent à la construction de la maison. Même dans la banlieue de Francfort, il est d'usage parmi les jardiniers que, si l'un d'eux est malade, tous viennent le dimanche cultiver son jardin.(31)

En Allemagne, comme en France, dès que les dirigeants du peuple abrogeèrent leurs lois contre les associations paysannes — c'était seulement en 1884-1888 — ces syndicats commencèrent à se développer avec une rapidité prodigieuse, malgré tous les obstacles juridiques qui furent mis à leur création. (32) "C'est un fait", dit Buchenberger , "que dans des milliers de communautés villageoises, dans lesquelles aucune sorte d'engrais chimique ou de fourrage rationnel n'a jamais été connu, les deux sont devenus d'usage quotidien, dans une mesure tout à fait imprévisible, en raison à ces associations » (vol. ii. p. 507). Toutes sortes d' instruments et de machines agricoles permettant d'économiser du travail , ainsi que de meilleures races de bétail, sont achetés par l'intermédiaire des associations, et diverses dispositions visant à améliorer la qualité des produits commencent à être introduites. Des syndicats pour la vente des produits agricoles se forment également, ainsi que pour l'amélioration permanente des terres.(33)

Du point de vue de l'économie sociale, tous ces efforts des paysans n'ont certainement que peu d'importance. Ils ne peuvent pas soulager de manière substantielle, et encore moins durablement, la misère à laquelle sont voués les cultivateurs de la terre dans toute l'Europe. Mais du point de vue éthique que nous examinons maintenant, leur importance ne peut être surestimée. Ils prouvent que, même dans le système d'individualisme imprudent qui prévaut actuellement, les masses agricoles maintiennent pieusement leur héritage de soutien mutuel ; et dès que les États relâchent les lois d'airain au moyen desquelles ils ont rompu tous les liens entre les hommes, ces liens se reconstituent aussitôt, malgré les difficultés politiques, économiques et sociales, qui sont nombreuses, et sous les formes les plus optimales. réponse aux exigences modernes de la production. Ils indiquent dans quelle direction et sous quelle forme il faut s'attendre à de nouveaux progrès.

Je pourrais facilement multiplier de telles illustrations, en les prenant de l'Italie, de l'Espagne, du Danemark, etc., et en signalant quelques traits intéressants qui sont propres à chacun de ces pays. Il convient également de mentionner les populations slaves d'Autriche et de la péninsule balkanique, parmi lesquelles on trouve la « famille composée » ou la « maison indivise » (34). Mais je m'empresse de passer à la Russie, où la même la tendance au soutien mutuel prend certaines formes nouvelles et imprévues. De plus, en traitant avec la communauté villageoise en Russie, nous avons l'avantage : de posséder une immense masse de matériaux, recueillis au cours de l'enquête colossale de maison en maison qui a été récemment menée par plusieurs zemstvos (conseils de comté), et qui embrasse une population de près de 20 000 000 de paysans dans différentes régions du pays.(35)

Deux conclusions importantes peuvent être tirées de l'essentiel des preuves recueillies par les enquêtes russes. En Russie centrale, où un tiers des paysans ont été amenés à la ruine complète (à cause de lourdes taxes, de petites parcelles de terres improductives, de loyers exorbitants et d'une collecte d'impôts très sévère après des récoltes totalement mauvaises), il y a eu, au cours de la vingt-cinq ans après l'émancipation des serfs, tendance décidée à la constitution d'une propriété foncière individuelle au sein des communautés villageoises. De nombreux paysans pauvres « sans chevaux » abandonnèrent leurs parcelles et ces terres devinrent souvent la propriété des paysans les plus riches, qui empruntent des revenus supplémentaires grâce au commerce, ou de commerçants extérieurs, qui achètent des terres principalement pour exiger des loyers exorbitants des paysans. Il faut également ajouter qu'une faille dans la loi de rachat des terres de 1861 offrait de grandes facilités pour acheter des terres paysannes à très peu de frais(36) et que les fonctionnaires de l'État utilisaient principalement leur influence en faveur de la propriété individuelle plutôt qu'en faveur de la propriété communautaire. . Cependant, depuis vingt ans, un fort vent d'opposition à l'appropriation individuelle des terres souffle à nouveau dans les villages de la Russie centrale, et la majorité des paysans qui se tiennent entre les riches et les très pauvres s'efforcent de maintenir leur position. la communauté villageoise. Quant aux steppes fertiles du Sud, qui constituent aujourd'hui la partie la plus peuplée et la plus riche de la Russie européenne, elles ont été pour la plupart colonisées, au cours du siècle actuel, sous le régime de la propriété ou de l'occupation individuelle, sanctionné sous cette forme par l'État. Mais depuis que des méthodes améliorées d'agriculture à l'aide de machines ont été introduites dans la région, les propriétaires paysans ont commencé peu à peu à transformer eux-mêmes leur propriété individuelle en possession communautaire, et l'on trouve aujourd'hui, dans ce grenier de la Russie, un très grand nombre de communautés villageoises d' origine récente formées spontanément.(37)

La Crimée et la partie du continent qui se trouve au nord de celle-ci (la province de Taurida), pour laquelle nous disposons de données détaillées, offrent une excellente illustration de ce mouvement. Ce territoire commença à être colonisé, après son annexion en 1783, par les Grands, Petits et Blancs Russes – cosaques, hommes libres et serfs en fuite – venus individuellement ou en petits groupes de tous les coins de la Russie. Ils se mirent d'abord à l'élevage du bétail, puis, lorsqu'ils commencèrent à labourer la terre, chacun laboura autant qu'il en avait les moyens. Mais lorsque l'immigration se poursuivait et que des charrues perfectionnées étaient introduites, la terre devint très demandée, d'âpres disputes surgirent entre les colons. Elles durent des années, jusqu'à ce que ces hommes, auparavant liés par aucun lien mutuel, en viennent peu à peu à l'idée qu'il faut mettre fin aux conflits en introduisant la propriété villageoise et communautaire. Ils décidèrent que les terres qu'ils possédaient individuellement seraient désormais leur propriété commune et commencèrent à les attribuer et à les réattribuer selon les règles habituelles des communautés villageoises. Le mouvement prit peu à peu une grande extension et, sur un petit territoire, les statisticiens de Taurida trouvèrent 161 villages dans lesquels la propriété communale avait été introduite par les paysans propriétaires eux-mêmes, principalement dans les années 1855-1885, à la place de la propriété individuelle. Une grande variété de types de communautés villageoises ont ainsi été librement élaborées par les colons(38). Ce qui ajoute à l'intérêt de cette transformation est qu'elle s'est produite, non seulement chez les Grands Russes, habitués aux villages-communautés. la vie communautaire, mais aussi chez les Petits-Russes, qui l'ont depuis longtemps oubliée sous la domination polonaise, chez les Grecs et les Bulgares, et même chez les Allemands, qui ont depuis longtemps élaboré dans leurs colonies prospères et semi-industrielles de la Volga leur propre type de communauté villageoise (39) Il est évident que les Tartares musulmans de Taurida détiennent leurs terres selon le droit coutumier musulman, qui est une occupation personnelle limitée ; mais même avec eux, la communauté villageoise européenne a été introduite dans quelques cas. Quant aux autres nationalités de Taurida, la propriété individuelle a été abolie dans six villages esthoniens , deux grecs, deux bulgares, un tchèque et un allemand. Ce mouvement est caractéristique de toute la région steppique fertile du sud. Mais on en trouve également des exemples distincts dans la Petite Russie. Ainsi, dans nombre de villages de la province de Tchernigov, les paysans étaient autrefois propriétaires individuels de leurs parcelles ; ils disposaient de documents juridiques distincts pour leurs parcelles et avaient l'habitude de louer et de vendre leurs terres à volonté. Mais dans les années 1950, un mouvement s'amorce parmi eux en faveur de la possession communale, l'argument principal étant le nombre croissant de familles pauvres. L'initiative de la réforme a été prise dans un village, et les autres ont emboîté le pas, le dernier cas enregistré datant de 1882. Bien sûr, il y a eu des luttes entre les pauvres, qui revendiquent habituellement la possession communale, et les riches, qui préfèrent généralement la propriété individuelle. la possession; et les luttes duraient souvent des années. En certains endroits l'unanimité exigée alors par la loi étant impossible à obtenir, le village se divisa en deux villages, l'un en propriété individuelle et l'autre en possession communale ; et ils restèrent ainsi jusqu'à ce que les deux fusionnent en une seule communauté, ou bien ils restèrent encore divisés. Quant à la Moyenne Russie, c'est un fait que dans de nombreux villages qui s'orientaient vers la propriété individuelle, commença depuis 1880 un mouvement de masse en faveur du rétablissement de la communauté villageoise. Même les paysans propriétaires qui avaient vécu pendant des années sous le régime individualiste retournèrent en masse aux institutions communales. Ainsi, il existe un nombre considérable d'anciens serfs qui n'ont reçu qu'un quart des allocations réglementaires, mais ils les ont reçues gratuitement et en propriété individuelle. En 1890, il y eut parmi eux (à Koursk, Riazan, Tambov, Orel, etc.) un mouvement très répandu visant à regrouper leurs parcelles et à introduire la communauté villageoise. Les « agriculteurs libres » (volnyie Khlebopashtsy), affranchis du servage par la loi de 1803 et ayant acheté leurs lots, chaque famille séparément, sont désormais presque tous soumis au système de communauté villageoise qu'ils ont eux-mêmes instauré. Tous ces mouvements sont d'origine récente et des non-Russes les rejoignent également. Ainsi les Bulgares du district de Tiraspol, après être restés soixante ans sous le régime de la propriété personnelle, introduisirent dans les années 1876-1882 la communauté villageoise. Les mennonites allemands de Berdiansk se sont battus en 1890 pour l'introduction de la communauté villageoise, et les petits propriétaires paysans (Kleinwirthschaftliche) parmi les baptistes allemands s'activaient dans leurs villages dans la même direction. Un autre exemple : dans la province de Samara, le gouvernement russe a créé dans les années quarante, à titre expérimental, 103 villages selon le système de propriété individuelle. Chaque famille reçut une splendide propriété de 105 acres. En 1890, sur 103 villages, les paysans de 72 avaient déjà manifesté le désir d'introduire la communauté villageoise. Je tire tous ces faits de l'excellent travail de VV, qui donne simplement, sous une forme classifiée, les faits rapportés dans l'enquête porte-à-porte susmentionnée.

Ce mouvement en faveur de la possession communale se heurte mal aux théories économiques actuelles , selon lesquelles la culture intensive est incompatible avec la communauté villageoise. Mais ce qu'on peut dire de plus charitable de ces théories, c'est qu'elles n'ont jamais été soumises à l'épreuve de l'expérience : elles appartiennent au domaine de la métaphysique politique. Les faits dont nous disposons montrent au contraire que partout où les paysans russes, par suite d'un concours de circonstances favorables , sont moins misérables qu'ils ne le sont en moyenne, et partout où ils trouvent parmi leurs voisins des hommes de science et d'initiative , la communauté villageoise devient le moyen même d'introduire diverses améliorations dans l'agriculture et la vie du village. Ici comme ailleurs, l'entraide est un meilleur moyen de progresser que la guerre de chacun contre tous, comme le montrent les faits suivants.

Sous le règne de Nicolas Ier, de nombreux fonctionnaires de la Couronne et propriétaires de serfs contraignaient les paysans à introduire la culture communautaire de petites parcelles de terres villageoises, afin de remplir les entrepôts communaux après que des prêts de céréales aient été accordés aux roturiers les plus pauvres. De telles cultures, liées dans l'esprit des paysans aux pires réminiscences du servage, ont été abandonnées dès que le servage a été aboli, mais maintenant les paysans commencent à les réintroduire pour leur propre compte. Dans un district (Ostrogozhsk , Koursk), l'initiative d'une seule personne a suffi à les redonner vie dans quatre cinquièmes de tous les villages. La même chose se rencontre dans plusieurs autres localités. Un jour donné, les gens du peuple sortent, les plus riches avec une charrue ou une charrette et les plus pauvres seuls, et aucune tentative n'est faite pour distinguer la part de chacun dans le travail. La récolte est ensuite utilisée pour des prêts aux roturiers les plus pauvres, principalement des subventions gratuites, ou pour les orphelins et les veuves, ou pour l'église du village, ou pour l'école, ou pour rembourser une dette communale.(40)

Que toutes sortes de travaux qui entrent pour ainsi dire dans la routine de la vie du village (réfection des routes et des ponts, barrages, drainage, approvisionnement en eau pour l'irrigation, coupe de bois, plantation d'arbres, etc.) sont exécutés par des personnes entières. que les terres soient louées et les prairies fauchées par des communes entières - le travail étant accompli par des vieux et des jeunes, des hommes et des femmes, de la manière décrite par Tolstoï - n'est que ce que l'on peut attendre de gens vivant sous le système villageois-communautaire. .(41) Ils sont quotidiens dans tout le pays. Mais la communauté villageoise n'est nullement opposée aux améliorations agricoles modernes, lorsqu'elle peut en supporter les dépenses et lorsque le savoir, jusqu'ici réservé aux seuls riches, trouve son chemin dans la maison du paysan.

On vient de dire que les charrues perfectionnées se sont rapidement répandues dans le sud de la Russie et que, dans de nombreux cas, les communautés villageoises ont joué un rôle déterminant dans la diffusion de leur usage. Une charrue était achetée par la communauté, expérimentée sur une partie du terrain communal, et les améliorations nécessaires étaient indiquées aux fabricants, que les communes aidaient souvent à démarrer la fabrication de charrues bon marché en tant qu'industrie villageoise. Dans la région de Moscou, où les paysans ont récemment acheté 1.560 charrues pendant cinq ans, l'impulsion est venue des communes qui louaient des terres en bloc dans le but spécial d'améliorer la culture.

Dans le nord-est (Vyatka), de petites associations de paysans qui se déplacent avec leurs machines à vanner (fabriquées comme une industrie villageoise dans l'une des régions sidérurgiques) ont répandu l'usage de ces machines dans les gouvernements voisins . La très grande diffusion des batteuses à

Samara, Saratov et Kherson est due aux associations paysannes, qui peuvent se permettre d'acheter un moteur coûteux, alors que les paysans individuels ne le peuvent pas. Et tandis que l'on lit dans presque tous les traités économiques que la communauté villageoise était vouée à disparaître lorsque le système des trois champs devait être remplacé par le système de rotation des cultures, on voit en Russie de nombreuses communautés villageoises prendre l'initiative d'introduire la rotation des cultures. . Avant de l'accepter, les paysans réservent généralement une partie des champs communaux pour une expérience de prairies artificielles, et la commune achète les semences.(42) Si l'expérience réussit, ils n'éprouvent aucune difficulté à redistribuer leurs champs, de manière à ce que pour s'adapter au système à cinq ou six champs.

Ce système est maintenant utilisé dans des centaines de villages de Moscou, Tver , Smolensk, Viatka et Pskov.(43) Et là où la terre peut être épargnée, les communautés cèdent également une partie de leur domaine à des parcelles destinées à la culture fruitière. Enfin, l'extension soudaine prise récemment en Russie par les petites fermes modèles, les vergers, les jardins potagers et les terrains de culture du ver à soie, qui sont commencés dans les écoles de village, sous la conduite du maître d'école ou d'un volontaire du village. — c'est aussi grâce au soutien qu'ils ont trouvé auprès des communautés villageoises.

De plus, des améliorations permanentes telles que le drainage et l'irrigation sont fréquentes. Par exemple, dans trois districts de la province de Moscou, en grande partie industriels, des travaux de drainage ont été réalisés au cours des dix dernières années sur une grande échelle dans pas moins de 180 à 200 villages différents, les roturiers travaillant eux-mêmes à la bêche. A une autre extrémité de la Russie, dans les steppes sèches de Novouzen , plus de mille barrages pour étangs furent construits et plusieurs centaines de puits profonds furent creusés par les communes ; tandis que dans une riche colonie allemande du sud-est, les roturiers travaillaient, hommes et femmes, pendant cinq semaines consécutives, à ériger un barrage de trois kilomètres de long, à des fins d'irrigation. Que pourraient faire les hommes isolés dans cette lutte contre le climat sec ? Que pouvaient-ils obtenir grâce à leurs efforts individuels lorsque la Russie du Sud était frappée par la peste des marmottes et que tous les habitants de la terre, riches et pauvres, roturiers et individualistes, devaient travailler de leurs mains pour conjurer la peste ? Appeler le policier n'aurait servi à rien ; s'associer était le seul remède possible.

Et maintenant, après avoir tant parlé de l'entraide et du soutien mutuel que pratiquent les cultivateurs des terres dans les pays « civilisés », je vois que je pourrais remplir un volume in-8° d'illustrations tirées de la vie de centaines de millions d'hommes. qui vivent également sous la tutelle d'États plus ou moins centralisés, mais sont déconnectés de la civilisation et des idées modernes. Je pourrais décrire la vie intérieure d'un village turc et son réseau d'admirables coutumes et habitudes d'entraide. En feuilletant mes tracts couverts d'illustrations de la vie paysanne du Caucase, je tombe sur des faits touchants d'entraide. Je retrouve les mêmes coutumes dans le djemmaa arabe et le purra afghan , dans les villages de Perse, d'Inde et de Java, dans la famille indivise des Chinois, dans les campements des semi-nomades d'Asie centrale et des nomades des lointains pays. Nord. En consultant des notes prises au hasard dans la littérature africaine, je les trouve remplies de faits similaires - d'aides convoquées pour rentrer les récoltes, de maisons construites par tous les habitants du village - parfois pour réparer les ravages causés par les flibustiers civilisés - de des personnes s'entraidant en cas d'accident, protégeant le voyageur , etc. Et quand je parcoure des ouvrages tels que le recueil du droit coutumier africain de Post, je comprends pourquoi, malgré toute la tyrannie, l'oppression, les vols et les raids, les guerres tribales, les rois gloutons, les sorcières et les prêtres trompeurs, les chasseurs d'esclaves, etc., ces populations n'ont pas égaré dans les bois; C'est pourquoi ils ont maintenu une certaine civilisation et sont restés des hommes, au lieu de tomber au niveau de familles dispersées d'orangs-outans en décomposition. Le fait est que les chasseurs d'esclaves, les voleurs d'ivoire, les rois combattants, les Matabélé et les « héros » malgaches disparaissent en laissant leurs traces marquées de sang et de feu ; mais le noyau des institutions d'entraide, des habitudes et des coutumes, développé dans la tribu et la communauté villageoise, demeure ; et il maintient les hommes unis dans des sociétés ouvertes au progrès de la civilisation, et prêts à le recevoir le jour où ils recevront la civilisation au lieu des balles.

La même chose s'applique à notre monde civilisé. Les calamités naturelles et sociales disparaissent. Des populations entières sont périodiquement réduites à la misère ou à la famine ; les sources mêmes de la vie sont détruites chez des millions d'hommes, réduits au paupérisme urbain ; la compréhension et les sentiments de millions de personnes sont viciés par des enseignements élaborés dans l'intérêt de quelques-uns. Tout cela fait certainement partie de notre existence. Mais le noyau des institutions, des habitudes et des coutumes qui se soutiennent mutuellement reste vivant avec des millions de personnes ; cela les maintient ensemble ; et ils préfèrent s'accrocher à leurs coutumes, croyances et traditions plutôt que d'accepter les enseignements d'une guerre de chacun contre tous, qui leur sont proposés sous le titre de science, mais ne sont pas du tout une science.

REMARQUES:

1. Une abondante littérature traitant de ce sujet autrefois très négligé se développe désormais en Allemagne. Œuvres de Keller, Ein Apostel der Wiedertaufer et Geschichte der Wiedertaufer , Geschichte des munsterischen de Cornelius Aufruhrs et Geschichte des deutschen de Janssen Volkes peut

être cité comme la principale source. La première tentative visant à familiariser les lecteurs anglais avec les résultats des vastes recherches faites en Allemagne dans cette direction a été faite dans un excellent petit ouvrage de Richard Heath : « Anabapism from its Rise at Zwickau to its Fall at Munster, 1521-1536 ». Londres, 1895 (Baptist Manuals, vol. i .) — où les principales caractéristiques du mouvement sont bien indiquées et des informations bibliographiques complètes sont données. Également Le communisme en Europe centrale à l'époque de la Réforme de K. Kautsky, Londres, 1897.

2. Peu de nos contemporains réalisent à la fois l'ampleur de ce mouvement et les moyens par lesquels il a été réprimé. Mais ceux qui écrivirent immédiatement après la grande guerre paysanne estimaient entre 100 000 et 150 000 hommes le nombre de paysans massacrés après leur défaite en Allemagne. Voir Allgemeine Geschichte des grossen de Zimmermann Bauernkrieges . Pour les mesures prises pour réprimer le mouvement aux Pays-Bas, voir Anabaptisme de Richard Heath.

3. "Chacun s'en HNE accueillir selon sa bienseance … on les a partages.. pour dépouiller les communes, on s'est servi de dettes simulées » (Edit de Louis XIV, de 1667, cité par plusieurs auteurs. Huit ans avant cette date, les communes avaient été prises sous la gestion de l'État).

4. "Sur le domaine d'un grand propriétaire, même s'il a des millions de revenus , vous êtes sûr de trouver la terre inculte" (Arthur Young). « Un quart du sol est devenu inculte ; » « depuis cent ans, la terre est revenue à un état sauvage » ; "La Sologne autrefois florissante est aujourd'hui un grand marais" ; et ainsi de suite (Théron de Montauge , cité par Taine dans Origines de la France Contemporaine , tome I . p. 441).

5. A. Babeau , Le Village sous l'Ancien Régime, 3e édition. Paris, 1892.

6. Dans l'Est de la France, la loi n'a fait que confirmer ce que les paysans avaient déjà fait eux-mêmes. Voir mon ouvrage, La Grande Révolution française, chap. xlvii et xlviii, Londres (Heinemann), 1909.

7. Après le triomphe de la réaction bourgeoise, les terres communales furent déclarées (24 août 1794) domaines de l'État et, avec les terres confisquées à la noblesse, furent mises en vente et pillées par les bandes noires de la petite bourgeoisie. Il est vrai qu'on fit cesser ces chapardages l'année suivante (loi du 2 prairial an V), et que la loi précédente fut abrogée ; mais ensuite les communautés villageoises furent simplement supprimées et remplacées par des conseils cantonaux. Seulement sept ans plus tard (9 prairial an XII), soit en 1801, les communautés villageoises furent réintroduites, mais seulement après avoir été privées de tous leurs droits, le maire et les syndics étant nommés par le Gouvernement dans les 36 000 communes de France ! Ce

système fut maintenu jusqu'après la révolution de 1830, lorsque les conseils communaux élus furent réintroduits par la loi de 1787. Quant aux terres communales, elles furent de nouveau saisies par l'État en 1813, pillées comme telles et restituées seulement en partie à la propriété. communes en 1816. Voir le recueil classique des lois françaises, par Dalloz , Répertoire de Jurisprudence ; aussi les œuvres de Doniol , Dareste , Bonnemère , Babeau , et bien d'autres.

8. Ce procédé est si absurde qu'on ne le croirait pas possible si les cinquante-deux actes différents n'étaient énumérés en détail par un auteur faisant autorité dans le Journal des Economistes (1893, avril, p. 94), et plusieurs exemples similaires n'ont pas été donnés par le même auteur.

9. Dr Ochenkowski , Angleterre wirthschaftliche Entwickelung je suis Ausgange des Mittelalters (Jena, 1879), pp. 35 suiv., où toute la question est discutée en pleine connaissance des textes.

10. Nasse, Uber die mittelalterliche Feldgemeinschaft et die Einhegungen des XVI. Jahrhunderts en Angleterre (Bonn, 1869), pp. 4, 5 ; Vinogradov, Villainage en Angleterre (Oxford, 1892).

11. Le P. Seebohm, The English Village Community, 3e éd., 1884, pp.

12. "Un examen dans les détails d'une loi sur l'enclosure montrera clairement que le système décrit ci-dessus [propriété communale] est le système que la loi sur l'enclosure avait pour objet de supprimer" (Seebohm, lcp 13). Et plus loin : « Ils étaient généralement dessinés sous la même forme, commençant par le récit que les champs ouverts et communs sont dispersés en petits morceaux, mélangés les uns aux autres et mal situés ; que diverses personnes en possèdent des parties et ont droit à droits communs sur eux… et qu'on désire qu'ils puissent être divisés et clôturés, une part spécifique étant louée et allouée à chaque propriétaire » (p. 14). La liste de Porter contenait 3 867 lois de ce type, dont la plupart tombaient sur les décennies 1770-1780 et 1800-1820, comme en France.

13. En Suisse, nous voyons nombre de communes, ruinées par les guerres, qui ont vendu une partie de leurs terres et s'efforcent maintenant de les racheter.

14. A. Buchenberger , « Agrarwesen und Agrarpolitik », dans le Handbuch der politischen de A. Wagner Oekonomie , 1892, Bande i . p. 280 suiv.

15. GL Gomme, « La communauté villageoise, avec une référence particulière à son origine et à ses formes de survie en Grande-Bretagne » (Contemporary ScienceSeries), Londres, 1890, pp. 141-143 ; aussi ses Primitive Folkmoots (Londres, 1880), pp. 98 suiv.

16. « Dans presque toutes les régions du pays, dans les comtés du Midland et de l'Est en particulier, mais aussi à l'ouest, dans le Wiltshire, par exemple, au sud, comme dans le Surrey, au nord, comme dans le Yorkshire, il y a de vastes champs ouverts et communs. Sur 316 paroisses du Northamptonshire, 89 sont dans cet état, plus de 100 dans l'Oxfordshire ; environ 50 000 acres dans le Warwickshire, la moitié du comté du Wiltshire ; 240 000 acres, dont 130 000 étaient des prairies, des terrains communs et des champs communaux » (Marshall, cité dans Village Communities in the East and West de Sir Henry Maine, édition de New York, 1876, pp. 88, 89). Voir également The English Peasantry and the Enclosure of Common Fields du Dr G. Slater, Londres, 1907.

17. Idem. p. 88 ; également cinquième conférence.

18. Dans un certain nombre de livres traitant de la vie rurale anglaise que j'ai consultés, j'ai trouvé de charmantes descriptions de paysages campagnards et autres, mais presque rien sur la vie quotidienne et les coutumes des ouvriers
.

19. En Suisse, les paysans des plaines tombèrent également sous la domination des seigneurs, et une grande partie de leurs domaines fut appropriée par les seigneurs aux XVIe et XVIIe siècles. (cf. A. Miaskowski , dans Schmoller's Forschungen , Bd. ii. 1879, pp. 12 suiv.) Mais la guerre paysanne en Suisse ne s'est pas terminée par une défaite aussi écrasante des paysans que dans d'autres pays, et un grand l'accord sur les droits et les terres communales a été conservé. L'autonomie des communes est en effet le fondement même des libertés suisses. (cf. K. Burtli , Der Ursprung der Eidgenossenschaft aus der Markgenossenschaft , Zurich, 1891.)

20. Dr Reichesberg , Handworterbuch des Schweiz. Volkswirthschaft , Berne, 1903.

21. Voir à ce sujet une série d'ouvrages, résumés dans l'un des excellents et suggestifs chapitres (non encore traduits en anglais) que K. Bucher a ajouté à la traduction allemande de Primitive Ownership de Laveleye . Également Meitzen, « Das Agrar -und Forst-Wesen, die Allmenden und die Landgemeinden der Deutschen Schweiz », dans Jahrbuch für Staatswissenschaft , 1880, iv. (analyse des œuvres de Miaskowsky) ; O'Brien, « Notes dans un village suisse », dans Macmillan's Magazine, octobre 1885.

22. Les cadeaux de mariage, qui contribuent souvent de manière substantielle dans ce pays au confort des jeunes ménages, sont évidemment un reste des habitudes communautaires.

23. Les communes possèdent 4.554.100 acres de bois sur 24.813.000 dans tout le territoire, et 6.936.300 acres de prairies naturelles sur 11.394.000 acres en France. Les 2 000 000 d'acres restants sont des champs, des vergers, etc.

24. Dans le Caucase, les résultats sont encore meilleurs parmi les Géorgiens. Comme le repas coûte cher et qu'un pauvre n'a pas les moyens de le donner, un mouton est acheté par ces mêmes voisins qui viennent aider au travail.

25. Alfred Baudrillart , dans Les Populations Rurales de la France de H. Baudrillart , 3e série (Paris, 1893), p. 479.

26. Le Journal des Economistes (août 1892, mai et août 1893) a récemment donné quelques résultats d'analyses faites dans les laboratoires agricoles de Gand et de Paris. L'ampleur de la falsification est tout simplement incroyable ; il en va de même pour les artifices des « commerçants honnêtes ». Dans certaines graines d'herbe, il y en avait 32 pour cent. des gains de sable, colorés de manière à recevoir même un œil expérimenté ; d'autres échantillons contenaient de 52 à 22 pour cent. seulement de graines pures, le reste étant constitué de mauvaises herbes. Les graines de vesce en contenaient 11 pour cent. d'une herbe vénéneuse (nielle) ; une farine pour l'engraissement du bétail en contenait 36 pour cent. de sulfates; et ainsi de suite à l'infini.

27. A. Baudrillart , lcp 309. A l'origine, un cultivateur se chargeait de fournir de l'eau, et plusieurs autres s'engageaient à en faire usage. "Ce qui caractérise surtout de telles associations", remarque A. Baudrillart , "c'est qu'aucune sorte d'accord écrit n'est conclu. Tout est réglé en paroles. Il n'y a cependant pas eu un seul cas de difficultés entre les parties."

28. A. Baudrillart , lc pp. 300, 341, etc. M. Terssac , président du syndicat du Saint- Gironnais (Ariège), écrivait à mon ami en substance ce qui suit : — « Pour l'exposition de Toulouse notre association a regroupé les propriétaires de bétail qui nous paraissaient dignes d'être exposés. La société s'engagea à payer la moitié des frais de déplacement et d'exposition ; un quart fut payé par chaque propriétaire, et le quart restant par les exposants qui avaient obtenu des prix. que beaucoup ont participé à l'exposition qui ne l'auraient jamais fait autrement. Ceux qui ont obtenu les récompenses les plus élevées (350 francs) ont contribué à hauteur de 10 pour cent de leurs prix, tandis que ceux qui n'ont reçu aucun prix n'ont dépensé que 6 à 7 francs chacun. ".

29. Dans le Wurtemberg, 1.629 communes sur 1.910 possèdent des propriétés communales. Ils possédaient en 1863 plus de 1 000 000 d'acres de terres. A Baden, 1.256 communes sur 1.582 possèdent des terres communales ; en 1884-1888, ils détenaient 121 500 acres de champs en culture communale et 675 000 acres de forêts, soit 46 pour cent. de la superficie totale sous bois. En Saxe, 39 pour cent. de la superficie totale est en propriété communale (Schmoller's Jahrbuch , 1886, p. 359). À Hohenzollern, près des deux tiers de toutes les prairies et à Hohenzollern-Hechingen 41 pour cent. de toutes les propriétés foncières appartiennent aux communautés villageoises (Buchenberger , Agrarwesen , vol. I . p. 300).

30. Voir K. Bucher, qui, dans un chapitre spécial ajouté à l'ouvrage de Laveleye Ureigenthum , a collecté toutes les informations relatives à la communauté villageoise en Allemagne.

31. K. Bucher, ibid. p. 89, 90.

32. Sur cette législation et les nombreux obstacles qui s'y sont opposés, sous forme de bureaucratie et de contrôle, voir l'ouvrage de Buchenberger Agrarwesen et Agrarpolitik , Bd. ii. pp. 342-363, et p. 506, remarque.

33. Buchenberger , lc Bd. ii. p. 510. L'Union générale de coopération agricole regroupe au total 1 679 sociétés. En Silésie, un total de 32 000 acres de terres ont été récemment asséchées par 73 associations ; 454 800 acres en Prusse par 516 associations ; en Bavière, il existe 1 715 syndicats de drainage et d'irrigation.

34. Pour la péninsule balkanique, voir Laveleye's Primitif propriétaire .

35. Les faits concernant la communauté villageoise, contenus dans près d'une centaine de volumes (sur 450) de ces enquêtes, ont été classés et résumés dans un excellent ouvrage russe du "VV" La Communauté paysanne (Krestianskaya Obschina), Saint-Pétersbourg, 1892, qui, outre sa valeur théorique, constitue un riche recueil de données relatives à ce sujet. Les enquêtes ci-dessus ont également donné naissance à une immense littérature, dans laquelle la question moderne de la communauté villageoise sort pour la première fois du domaine des généralités et s'appuie sur une base solide de faits fiables et suffisamment détaillés.

36. Le rachat devait être payé par annuités pendant quarante-neuf ans. Au fil des années, et la plus grande partie étant payée, il devint de plus en plus facile d'en racheter la plus petite partie restante, et, comme chaque lot pouvait être racheté individuellement, les commerçants tirèrent parti de cette disposition, qui achetèrent des terres pour la moitié de sa valeur aux paysans ruinés. Une loi a donc été votée pour mettre un terme à ces ventes.

37. MVV, dans sa Communauté Paysanne, a regroupé tous les faits relatifs à ce mouvement. Sur le développement agricole rapide du sud de la Russie et la diffusion des machines, les lecteurs anglais trouveront des informations dans les rapports consulaires (Odessa, Taganrog).

38. Dans certains cas, ils ont procédé avec une grande prudence. Dans un village, ils commencèrent par regrouper toutes les prairies, mais seule une petite partie des champs (environ cinq acres par personne) fut rendue communale ; le reste a continué à appartenir à des individus. Plus tard, en 1862-1864, le système fut étendu, mais ce n'est qu'en 1884 que la possession communale fut pleinement introduite. — Communauté paysanne de VV, pp. 1-14.

39. Sur la communauté villageoise mennonite, voir A. Klaus, Our Colonies (Nashi Kolonii), Saint-Pétersbourg, 1869.

40. De telles cultures communautaires existent dans 159 villages sur les 195 du district d' Ostrogozhsk ; dans 150 sur 187 à Slavyanoserbsk ; dans 107 communautés villageoises à Alexandrovsk , 93 à Nikolayevsk , 35 à Elisabethgrad . Dans une colonie allemande, la culture communautaire est faite pour rembourser une dette communautaire. Tous participent aux travaux, même si la dette a été contractée par 94 ménages sur 155.

41. On trouvera des listes de ces travaux qui ont été portés à la connaissance des statisticiens du zemstvo dans Communauté paysanne de VV, pp. 459-600.

42. Dans le gouvernement de Moscou, l'expérience était généralement menée sur le terrain réservé à la culture communautaire susmentionnée.

43. Plusieurs exemples d'améliorations de ce genre et similaires ont été donnés dans le Messager officiel, 1894, nos 256-258. Des associations entre paysans « sans chevaux » commencent également à apparaître dans le sud de la Russie. Un autre fait extrêmement intéressant est le développement soudain, dans le sud-ouest de la Sibérie, de très nombreuses crèmeries coopératives pour la fabrication du beurre. Des centaines d'entre eux se sont répandus à Tobolsk et à Tomsk, sans que personne ne sache d'où venait l'initiative du mouvement. Il provenait des coopérateurs danois, qui exportaient leur propre beurre de meilleure qualité et achetaient en Sibérie du beurre de moindre qualité pour leur propre usage. Après plusieurs années de relations, ils y introduisirent des crémeries. Aujourd'hui, un grand commerce d'exportation, exercé par une Union des crémeries, est né de leurs efforts et plus d'un millier de boutiques coopératives ont été ouvertes dans les villages.

CHAPITRE VIII

AIDE MUTUELLE ENTRE NOUS (suite)

Les syndicats se sont développés après la destruction des corporations par l'État. Leurs luttes. Entraide en cas de grève. Coopération. Associations gratuites à des fins diverses. Le sacrifice de soi. D'innombrables sociétés pour une action combinée sous tous les aspects possibles. L'entraide dans la vie des bidonvilles. Aide personnelle.

Quand nous examinons la vie quotidienne des populations rurales d'Europe, nous constatons que, malgré tout ce qui a été fait dans les États modernes pour détruire la communauté villageoise, la vie des paysans reste nid d'habitudes et de coutumes d'entraide. et soutien ; que d'importants vestiges de la possession communale du sol sont encore conservés ; et que, dès que les obstacles légaux à l'association rurale furent récemment levés, un réseau d'unions libres pour toutes sortes d'objectifs économiques se répandit rapidement parmi les paysans - la tendance de ce jeune mouvement étant de reconstituer une sorte d'union semblable à l'union villageoise. communauté d'autrefois. Telles sont les conclusions auxquelles nous sommes parvenus dans le chapitre précédent, il nous faut maintenant examiner quelles institutions de soutien mutuel peuvent exister à l'heure actuelle parmi les populations industrielles.

Depuis trois cents ans, les conditions pour le développement de telles institutions ont été aussi défavorables dans les villes que dans les villages. Il est bien connu, en effet, que lorsque les villes médiévales furent soumises au XVIe siècle par des États militaires en pleine expansion, toutes les institutions qui maintenaient les artisans, les maîtres et les marchands ensemble dans les corporations et les villes furent violemment détruites. L'autonomie gouvernementale et l'auto-juridiction de la corporation et de la ville furent abolies ; le serment d'allégeance entre frères de guilde devint un acte criminel envers l'État ; les propriétés des corporations furent confisquées au même titre que les terres des communautés villageoises ; et l'organisation intérieure et technique de chaque métier était prise en charge par l'État. Des lois, de plus en plus sévères, furent adoptées pour empêcher les artisans de se regrouper de quelque manière que ce soit. Pendant un certain temps, certaines ombres des anciennes corporations furent tolérées : les corporations de marchands furent autorisées à exister à condition d'accorder librement des subventions aux rois, et certaines corporations d'artisans furent maintenues en existence en tant qu'organes d'administration. Certains d'entre eux traînent encore leur existence dénuée de sens. Mais ce qui était autrefois la force vitale de la vie et de l'industrie médiévales a depuis longtemps disparu sous le poids écrasant de l'État centralisé.

En Grande-Bretagne, qui peut être considérée comme la meilleure illustration de la politique industrielle des États modernes, on voit le Parlement commencer la destruction des corporations dès le XVe siècle ; mais c'est surtout au siècle suivant que des mesures décisives furent prises. Henri VIII non seulement ruina l'organisation des corporations, mais confisqua aussi leurs propriétés, avec encore moins d'excuses et de manières, comme l'écrivait Toulmin Smith, que celles qu'il avait produites pour confisquer les domaines des monastères.(1) Édouard VI acheva son travail,(2) et déjà dans la deuxième partie du XVIe siècle, nous voyons le Parlement régler tous les conflits entre artisans et commerçants, qui autrefois étaient réglés séparément dans chaque ville. Le Parlement et le roi non seulement légiférèrent dans tous ces concours, mais, gardant en vue les intérêts de la couronne dans les exportations, ils commencèrent bientôt à déterminer le nombre d'apprentis dans chaque métier et à réglementer minutieusement les techniques mêmes de chaque fabrication. le poids des étoffes, le nombre de fils par mètre de tissu, etc. Avec peu de succès, il faut le dire ; parce que les concours et les difficultés techniques, organisés pendant des siècles par des accords entre des corporations étroitement interdépendantes et des villes fédérées, échappaient entièrement aux pouvoirs de l'État centralisé. L'ingérence continuelle de ses fonctionnaires paralysait les métiers ; amener la plupart d'entre eux à une décadence complète ; et les économistes du siècle dernier, lorsqu'ils se sont élevés contre la réglementation étatique des industries, n'ont fait qu'exprimer un mécontentement largement ressenti. L'abolition de cette ingérence par la Révolution française fut accueillie comme un acte de libération, et l'exemple de la France fut bientôt suivi ailleurs.

Avec la réglementation des salaires, l'État n'a pas eu de meilleur succès. Dans les cités médiévales, lorsque la distinction entre maîtres et apprentis ou compagnons devint de plus en plus apparente au XVe siècle, les syndicats d'apprentis (Gesellenverbande), prenant parfois un caractère international, s'opposaient aux syndicats de maîtres et de marchands. Désormais, c'était l'État qui se chargeait de régler leurs différends, et en vertu du Statut élisabéthain de 1563, les juges de paix devaient régler les salaires, de manière à garantir un gagne-pain « convenable » aux compagnons et aux apprentis. Les juges se montrèrent cependant impuissants à concilier les intérêts contradictoires, et encore moins à contraindre les maîtres à obéir à leurs décisions. La loi devint peu à peu lettre morte et fut abrogée à la fin du XVIIIe siècle. Mais tandis que l'État abandonnait ainsi la fonction de réglementer les salaires, il continuait à interdire sévèrement toutes les combinaisons que contractaient les compagnons et les ouvriers pour élever leurs salaires ou les maintenir à un certain niveau. Tout au long du XVIIIe siècle, elle légiféra contre les syndicats ouvriers et, en 1799, elle interdisa définitivement toutes sortes de coalitions, sous la menace de sanctions sévères. En fait, le Parlement britannique n'a suivi dans cette affaire que l'exemple de la Convention révolutionnaire française, qui avait promulgué une loi draconienne contre les coalitions de travailleurs, les coalitions entre plusieurs citoyens étant considérées comme des atteintes à la souveraineté de l'État, censée être une atteinte à la souveraineté de l'État. également pour protéger tous ses sujets. L'œuvre de destruction des syndicats médiévaux était ainsi achevée. A la ville comme au village, l'État régnait sur des agrégations lâches d'individus et était prêt à empêcher par les mesures les plus rigoureuses la reconstitution de toute sorte d'unions séparées entre eux. Telles sont donc les conditions dans lesquelles la tendance à l'entraide a dû s'imposer au XIXe siècle.

Faut-il dire qu'aucune mesure de ce type ne pourrait détruire cette tendance ? Tout au long du XVIIIe siècle, les syndicats ouvriers se sont continuellement reconstitués(3). Ils n'ont pas non plus été arrêtés par les cruelles poursuites qui ont eu lieu sous les lois de 1797 et 1799. Chaque défaut de contrôle, chaque retard des maîtres à dénoncer les syndicats a été prendre avantage de. Sous le couvert de sociétés amicales, de clubs funéraires ou de confréries secrètes, les syndicats se sont répandus dans les industries textiles, parmi les couteliers de Sheffield, les mineurs, et de vigoureuses organisations fédérales se sont formées pour soutenir les branches lors des grèves et des poursuites.(4) L'abrogation Les lois de coalition en 1825 donnèrent une nouvelle impulsion au mouvement. Des syndicats et des fédérations nationales se formèrent dans tous les métiers(5) et lorsque Robert Owen créa son Grand National Consolidated Trades' Union, celui-ci rassembla un demi-million de membres en quelques mois. Il est vrai que cette période de liberté relative ne dura pas longtemps. Les poursuites judiciaires reprirent dans les années trente, suivies des condamnations féroces bien connues de 1832-1844. Le Grand Syndicat National fut dissous et, dans tout le pays, tant les employeurs privés que le gouvernement dans ses propres ateliers commencèrent à contraindre les travailleurs à renoncer à tout lien avec les syndicats et à signer « le Document » à cet effet. Les syndicalistes furent poursuivis en masse en vertu du Master and Servant Act, les ouvriers étant sommairement arrêtés et condamnés sur simple plainte pour mauvaise conduite déposée par le patron. (6) Les grèves furent réprimées de manière autocratique, et les condamnations les plus étonnantes eurent lieu pour le simple fait d'avoir annoncé une grève ou y a agi en tant que délégué - sans parler de la répression militaire des émeutes de grève, ni des condamnations qui ont suivi les fréquentes explosions d'actes de violence. Pratiquer l'entraide dans de telles circonstances était tout sauf une tâche facile . Et pourtant, malgré tous les obstacles dont notre génération ne peut guère se faire une idée, la renaissance des syndicats a recommencé en 1841, et la fusion des ouvriers s'est poursuivie régulièrement depuis. Après une longue lutte qui a duré plus de cent ans, le droit de se syndiquer a été conquis et, à l'heure actuelle, près d'un quart des travailleurs régulièrement employés, soit environ 1.500.000, sont syndiqués .(7)

Quant aux autres Etats européens, il suffit de dire que jusqu'à une date très récente, toutes sortes de syndicats étaient poursuivis comme conspirations ; et que néanmoins ils existent partout, même s'ils doivent souvent prendre la forme de sociétés secrètes ; tandis que l'extension et la force des organisations ouvrières , et notamment des Chevaliers du Travail , aux Etats-Unis et en Belgique, ont été suffisamment illustrées par les grèves des années 90. Il faut cependant garder à l'esprit que, indépendamment des poursuites, le simple fait d' appartenir à un syndicat implique des sacrifices considérables en argent, en temps et en travail non rémunéré, et implique continuellement le risque de perdre son emploi du simple fait de être syndicaliste(8). Il y a, en outre, la grève, à laquelle un syndicaliste doit continuellement faire face ; et la triste réalité d'une grève est que le crédit limité d'une famille d'ouvriers chez le boulanger et chez le prêteur sur gages est bientôt épuisé, que l'indemnité de grève ne va pas loin, même pour la nourriture, et que la faim est bientôt inscrite sur les visages des enfants. Pour celui qui vit en contact étroit avec les travailleurs, une grève prolongée est le spectacle le plus déchirant ; tandis que ce qu'une grève signifiait il y a quarante ans dans ce pays, et ce qu'elle signifie encore dans toutes les régions du continent, sauf dans les régions les plus riches, peut facilement être imaginé. Continuellement, même aujourd'hui, les grèves se termineront par la ruine totale et l'émigration forcée de populations entières, tandis que l'abattage de grévistes à la moindre provocation, voire sans aucune provocation(9), est encore assez habituel sur le continent.

Et pourtant, chaque année, il y a des milliers de grèves et de lock-out en Europe et en Amérique – les conflits les plus sévères et les plus longs étant, en règle générale, les soi-disant « grèves de sympathie », qui sont déclenchées pour soutenir les camarades en lock-out. ou pour maintenir les droits des syndicats. Et tandis qu'une partie de la presse a tendance à expliquer les grèves par des « intimidations », ceux qui ont vécu parmi les grévistes parlent avec admiration de l'entraide et du soutien mutuel qu'ils pratiquent constamment . Tout le monde a entendu parler du travail colossal accompli par les travailleurs bénévoles pour organiser les secours lors de la grève des dockers de Londres ; des mineurs qui, après avoir eux-mêmes été inactifs pendant de nombreuses semaines, versaient une cotisation de quatre shillings par semaine au fonds de grève lorsqu'ils reprenaient le travail ; de la veuve d'un mineur qui, pendant la guerre du travail dans le Yorkshire en 1894, apporta les économies de son mari au fonds de grève ; de la dernière miche de pain étant toujours partagée avec les voisins ; des mineurs de Radstock, favorisés par les plus grands jardins potagers, qui invitèrent quatre cents mineurs de Bristol à prendre leur part de choux et de pommes de terre, et ainsi de suite. Tous les correspondants de journaux, lors de la grande grève des mineurs du Yorkshire en 1894, connaissaient de nombreux faits de ce genre, même s'ils n'étaient pas tous capables de rapporter des sujets aussi « hors de propos » à leurs journaux respectifs.(10)

Le syndicalisme n'est cependant pas la seule forme sous laquelle le besoin de soutien mutuel des travailleurs trouve son expression. Il y a, en outre, les associations politiques, dont l'activité est considérée par beaucoup de travailleurs comme plus propice au bien-être général que les syndicats, aussi limités soient-ils aujourd'hui dans leurs objectifs. Bien entendu, le simple fait d'appartenir à un corps politique ne peut être considéré comme une manifestation d'une tendance à l'entraide. Nous savons tous que la politique est le domaine dans lequel les éléments purement égoïstes de la société s'entremêlent le plus avec les aspirations altruistes. Mais tout homme politique expérimenté sait que tous les grands mouvements politiques se sont battus sur des questions vastes et souvent lointaines, et que ceux d'entre eux étaient les plus forts et qui suscitaient le plus d'enthousiasme désintéressé. Tous les grands mouvements historiques ont eu ce caractère, et pour notre propre génération, c'est le cas du socialisme. « Les agitateurs payés » sont sans doute le refrain préféré de ceux qui n'y connaissent rien. La vérité, cependant, est que, pour ne parler que de ce que je sais personnellement, si j'avais tenu un journal au cours des vingt-quatre dernières années et y avais écrit tout le dévouement et l'abnégation que j'ai rencontrés dans le mouvement socialiste, le lecteur d'un tel journal aurait eu constamment le mot « héroïsme » sur les lèvres. Mais les hommes dont j'aurais parlé n'étaient pas des héros ; c'étaient des hommes ordinaires, inspirés par une grande idée. Tous les journaux socialistes – et il y en a des centaines rien qu'en Europe – ont la même histoire d'années de sacrifices sans aucun espoir de récompense et, dans l'écrasante majorité des cas, même sans aucune ambition personnelle. J'ai vu des familles vivre sans savoir quelle serait leur nourriture du lendemain, le mari boycotté partout dans sa petite ville pour son article dans le journal, et la femme subvenir aux besoins de la famille en cousant, et cette situation a duré des années, jusqu'à ce que la famille se retirait, sans un mot de reproche, en disant simplement : « Continuez, nous n'en pouvons plus ! J'ai vu des hommes mourir de phtisie et le savoir, et pourtant se précipiter dans la neige et le brouillard pour préparer des réunions, prendre la parole lors de réunions quelques semaines après leur mort, et seulement ensuite se retirer à l'hôpital avec les mots : « Maintenant, mes amis. , j'en ai fini ; les médecins disent qu'il ne me reste que quelques semaines à vivre. Dites aux camarades que je serai heureux s'ils viennent me voir. J'ai vu des faits qui seraient qualifiés d'« idéalisation » si je les racontais ici ; et les noms mêmes de ces hommes, à peine connus en dehors d'un cercle restreint d'amis, seront bientôt oubliés lorsque les amis eux aussi seront décédés. En fait, je ne sais pas moi-même ce que je dois le plus admirer : le dévouement sans limites de quelques-uns ou la somme totale des petits actes de dévouement du grand nombre. Chaque cahier d'un sou vendu, chaque réunion, chaque centaine de voix remportées lors d'une élection socialiste, représentent une quantité d'énergie et de sacrifices dont aucun étranger n'a la moindre idée. Et ce que font aujourd'hui les socialistes a été fait dans le passé dans tous les partis populaires et avancés, politiques et religieux. Tous les progrès passés ont été favorisés par des hommes semblables et par un même dévouement.

La coopération, notamment en Grande-Bretagne, est souvent décrite comme un « individualisme par actions » ; et telle qu'elle est aujourd'hui, elle tend sans aucun doute à engendrer un égoïsme coopératif, non seulement à l'égard de la communauté dans son ensemble, mais aussi parmi les coopérateurs eux-mêmes. Il est néanmoins certain qu'à l'origine le mouvement avait un caractère essentiellement d'entraide. Aujourd'hui encore, ses plus ardents promoteurs sont persuadés que la coopération conduit l'humanité à un stade harmonieux supérieur des relations économiques , et il n'est pas possible de rester dans certains des bastions de la coopération au Nord sans se rendre compte que le grand nombre de la base est du même avis. La plupart d'entre eux perdraient tout intérêt pour le mouvement si cette foi disparaissait ; et il faut reconnaître qu'au cours des dernières années, des idéaux plus larges de bien-être général et de solidarité des producteurs ont commencé à se répandre parmi les coopérateurs. Il y a sans doute aujourd'hui une tendance à établir de meilleures relations entre les propriétaires des ateliers coopératifs et les ouvriers.

L'importance de la coopération dans ce pays, aux Pays-Bas et au Danemark est bien connue ; tandis qu'en Allemagne, et notamment sur le Rhin, les sociétés coopératives sont déjà un facteur important de la vie industrielle(11). C'est pourtant la Russie qui offre peut-être le meilleur terrain pour l'étude de la coopération sous une infinie variété d'aspects. . En Russie, c'est un accroissement naturel, un héritage du moyen âge ; et tandis qu'une société coopérative formellement établie devrait faire face à de nombreuses difficultés juridiques et à la suspicion officielle, la coopération informelle – l'artel – constitue la substance même de la vie paysanne russe. L'histoire de la « formation de la Russie » et de la colonisation de la Sibérie est une histoire d'artels ou de guildes de chasse et de commerce, suivies de communautés villageoises, et à l'heure actuelle nous trouvons l'artel partout ; parmi chaque groupe de dix à cinquante paysans venus d'un même village pour travailler dans une usine, dans tous les métiers du bâtiment, parmi les pêcheurs et les chasseurs, parmi les forçats en route vers et en Sibérie, parmi les porteurs de chemin de fer, les messagers de change, la douane des ouvriers , partout dans les industries villageoises, qui occupent 7 000 000 d'hommes, du haut en bas du monde du travail, permanents et temporaires, pour la production et la consommation sous tous les aspects possibles. Jusqu'à présent, de nombreuses zones de pêche sur les affluents de la mer Caspienne sont détenues par d'immenses artels, le fleuve Oural appartenant à l'ensemble des cosaques de l'Oural, qui répartissent et réattribuent les zones de pêche, peut-être les plus riches de la région. monde, parmi les villages, sans aucune ingérence des autorités. La pêche est toujours pratiquée par les artels dans l'Oural, la Volga et tous les lacs du nord de la Russie. A côté de ces organisations permanentes, il existe d'innombrables artels temporaires, constitués dans un but particulier. Lorsque dix ou vingt paysans viennent d'une localité dans une grande ville pour travailler comme tisserands, charpentiers, maçons, constructeurs de bateaux, etc., ils constituent toujours un artel. Ils louent des chambres, engagent un cuisinier (très souvent l'épouse de l'un d'eux agit à ce titre), élisent un ancien et prennent leurs repas en commun, chacun payant sa part de nourriture et de logement à l'artel. Un groupe de forçats en route vers la Sibérie fait toujours de même, et son aîné élu est l'intermédiaire officiellement reconnu entre les forçats et le chef militaire du parti. Dans les prisons de travaux forcés , ils ont la même organisation. Les porteurs de chemin de fer, les messagers de la Bourse, les ouvriers de la Douane, les messagers des villes dans les capitales, qui sont collectivement responsables de chaque membre, jouissent d'une telle réputation que toute somme d'argent ou tout billet de banque est confié à l'artel. -membre par les commerçants. Dans les métiers du bâtiment, des artels de 10 à 200 membres sont constitués ; et les constructeurs et entrepreneurs ferroviaires sérieux préfèrent toujours avoir affaire à un artel plutôt qu'à des ouvriers embauchés séparément. Les dernières tentatives du ministère de la Guerre pour s'occuper directement des artels productifs, formés ad hoc dans les métiers domestiques, et pour leur donner des commandes de bottes et de toutes sortes d'objets en laiton et en fer, sont décrites comme des plus satisfaisantes ; tandis que la location d'une usine sidérurgique de la Couronne (Votkinsk) à un artel d'ouvriers, qui a eu lieu il y a sept ou huit ans, a été un succès décisif.

Nous pouvons ainsi voir en Russie comment la vieille institution médiévale, n'ayant pas subi d'intervention de l'État (dans ses manifestations informelles), a pleinement survécu jusqu'à nos jours et prend les formes les plus diverses conformément aux exigences de l'industrie et du commerce modernes. . Quant à la péninsule balkanique, à l'Empire turc et au Caucase, les anciennes corporations y sont pleinement maintenues. Les esnafs de Servie ont entièrement conservé leur caractère médiéval ; ils comprennent à la fois des maîtres et des compagnons, règlent les métiers et sont des institutions d'assistance mutuelle dans le travail et la maladie (12) ; tandis que les amkari du Caucase, et particulièrement à Tiflis, ajoutent à ces fonctions une influence considérable dans la vie municipale (13) .

A propos de la coopération, je devrais peut-être mentionner aussi les sociétés amicales, les unités de camarades , les clubs de village et de ville organisés pour payer les factures des médecins, les clubs vestimentaires et funéraires, les petits clubs très courants parmi les filles d'usine, à laquelle ils contribuent quelques deniers chaque semaine, et tirent ensuite au sort la somme d'une livre, qui peut au moins servir à quelque achat substantiel, et à bien d'autres. Un esprit sociable ou jovial est présent dans toutes ces sociétés et clubs, même si le "crédit et le débit" de chaque membre sont étroitement surveillés. Mais il existe tellement d'associations basées sur la volonté de sacrifier du temps, de la santé et de la vie si nécessaire, que nous pouvons produire de nombreuses illustrations des meilleures formes d'entraide.

La Lifeboat Association de ce pays et les institutions similaires sur le continent doivent être mentionnées en premier lieu. La première possède aujourd'hui plus de trois cents bateaux le long des côtes de ces îles, et elle en aurait le double sans la pauvreté des pêcheurs, qui n'ont pas les moyens d'acheter des canots de sauvetage. Les équipages sont cependant composés de volontaires, dont la volonté de sacrifier leur vie pour sauver des inconnus est mise chaque année à rude épreuve ; chaque hiver, la perte de plusieurs des plus courageux d'entre eux est enregistrée. Et si nous demandons à ces hommes ce qui les pousse à risquer leur vie, même s'il n'y a aucune chance raisonnable de succès, leur réponse ressemble à ceci. Une terrible tempête de neige, soufflant à travers la Manche, a fait rage sur la côte plate et sablonneuse d'un petit village du Kent, et une petite claque chargée d'oranges s'est échouée sur le sable à proximité . Dans ces eaux peu profondes, seul un canot de sauvetage à fond plat d'un type simplifié peut être conservé, et le lancer lors d'une telle tempête, c'était s'exposer à un désastre presque certain. Et pourtant les hommes sont sortis, ont lutté pendant des heures contre le vent, et le bateau a chaviré à deux reprises. Un homme s'est noyé, les autres ont été jetés à terre. L'un de ces derniers, un garde-côte raffiné, a été retrouvé le lendemain matin, gravement meurtri et à moitié gelé dans la neige. Je lui ai demandé, comment en sont-ils arrivés à faire cette tentative désespérée ? "Je ne le sais pas moi-même", fut sa réponse. " Il y avait l'épave ; tous les gens du village se tenaient sur la plage et tous disaient que ce serait insensé de sortir ; nous ne devrions jamais travailler à travers les vagues. Nous J'ai vu cinq ou six hommes accrochés au mât, faisant des signaux désespérés. Nous sentions tous qu'il fallait faire quelque chose, mais que pouvions-nous faire ? Une heure s'est écoulée, deux heures, et nous sommes tous restés là, très mal à l'aise. tout d'un coup, à travers la tempête, il nous a semblé entendre leurs cris : ils avaient un garçon avec eux. Nous n'en pouvions plus. Tout à coup, nous avons dit : « Il faut partir ! » Les femmes ont dit. de même, ils nous auraient traités de lâches si nous n'étions pas partis, même si le lendemain ils ont dit que nous avions été idiots de partir, nous nous sommes précipités vers le bateau et nous sommes partis. Le pire était de voir le pauvre se noyer à côté du bateau, et nous ne pouvions rien faire pour le sauver. Puis vint une vague effrayante, le bateau chavira à nouveau et nous fûmes jetés à terre. Les hommes furent quand même secourus par le D. . bateau, le nôtre a été capturé à des kilomètres. J'ai été retrouvé le lendemain matin dans la neige."

Le même sentiment émut également les mineurs de la vallée de Rhonda, lorsqu'ils travaillèrent au sauvetage de leurs camarades de la mine inondée. Ils avaient percé trente-deux mètres de charbon pour atteindre leurs camarades ensevelis ; mais quand il ne restait plus que trois mètres à percer, le grisou les enveloppa. Les lampes s'éteignirent et les sauveteurs se retirèrent. Travailler dans de telles conditions, c'était risquer de se faire exploser à chaque instant. Mais les coups des mineurs ensevelis résonnaient encore, les hommes étaient encore en vie et appelaient à l'aide, et plusieurs mineurs se portaient volontaires pour travailler à tous risques ; et tandis qu'ils descendaient la mine, leurs femmes n'avaient que des larmes silencieuses pour les suivre, pas un mot pour les arrêter.

Voilà l'essentiel de la psychologie humaine. À moins que les hommes ne soient rendus fous sur le champ de bataille, ils « ne supportent pas » d'entendre des appels à l'aide et de ne pas y répondre. Le héros s'en va ; et ce que fait le héros, tous estiment qu'ils auraient dû le faire aussi. Les sophismes du cerveau ne peuvent résister au sentiment d'entraide, car ce sentiment a été nourri par des milliers d'années de vie sociale humaine et des centaines de milliers d'années de vie préhumaine en société.

"Mais qu'en est-il de ces hommes qui se sont noyés dans la Serpentine en présence d'une foule dont personne ne bougeait pour les secourir ?" on peut se demander. "Qu'en est-il de l'enfant qui est tombé dans le canal de Regent's Park - également en présence d'une foule de touristes - et qui n'a été sauvé que grâce à la présence d'esprit d'une femme de chambre qui a laissé sortir un chien de Terre-Neuve à son secours ?" La réponse est assez claire. L'homme est le résultat à la fois de ses instincts hérités et de son éducation. Chez les mineurs et les marins, leurs occupations communes et leur contact quotidien les uns avec les autres créent un sentiment de solidarité, tandis que les dangers environnants entretiennent le courage et le courage. Dans les villes, au contraire, l'absence d'intérêt commun nourrit l'indifférence, tandis que le courage et le courage, qui trouvent rarement leur chance, disparaissent ou prennent une autre direction. Par ailleurs, la tradition du héros de la mine et de la mer vit dans les villages de mineurs et de pêcheurs, auréolée d'une auréole poétique. Mais quelles sont les traditions d'une foule hétéroclite de Londres ? La seule tradition qu'ils pourraient avoir en commun devrait être créée par la littérature, mais il n'existe guère de littérature qui correspondrait aux épopées villageoises. Le clergé est si soucieux de prouver que tout ce qui vient de la nature humaine est péché et que tout bien chez l'homme a une origine surnaturelle, qu'il ignore pour la plupart les faits qui ne peuvent être produits comme exemple d'inspiration ou de grâce supérieure venant d'en haut. . Et quant aux écrivains profanes, leur attention est principalement dirigée vers une sorte d'héroïsme, l'héroïsme qui promeut l'idée d'État. C'est pourquoi ils admirent le héros romain, ou le soldat au combat, tandis qu'ils passent à côté de l'héroïsme du pêcheur, sans y prêter attention. Le poète et le peintre pourraient, bien entendu, être séduits par la beauté du cœur humain en lui-même ; mais tous deux connaissent rarement la vie des classes pauvres, et s'ils peuvent chanter ou peindre le héros romain ou militaire dans un cadre conventionnel, ils ne peuvent ni chanter ni peindre de manière impressionnante le héros qui agit dans ce cadre modeste qu'ils ignorent. S'ils s'y aventurent, ils ne produisent qu'un simple morceau de rhétorique.(14)

Les innombrables sociétés, clubs et alliances pour le plaisir de la vie, pour l'étude et la recherche, pour l'éducation, etc., qui se sont récemment développés en si grand nombre qu'il faudrait de nombreuses années pour les dresser simplement dans un tableau, sont une autre manifestation de la même tendance constante à l'association et au soutien mutuel. Certains d'entre eux, comme les couvées de jeunes oiseaux de différentes espèces qui se réunissent à l'automne, sont entièrement voués à partager en commun les joies de la vie. Chaque village de ce pays, en Suisse, en Allemagne, etc., a ses clubs de cricket, de football, de tennis, de quilles, de pigeon, de musique ou de chant. D'autres sociétés sont beaucoup plus nombreuses, et certaines d'entre elles, comme l'Alliance des cyclistes, ont soudain pris un formidable essor. Bien que les membres de cette alliance n'aient en commun que l'amour du cyclisme, il existe déjà parmi eux une sorte de franc-maçonnerie d'entraide, notamment dans les coins et recoins les plus reculés et non inondés de cyclistes ; ils considèrent le « CAC » — le Club de l'Alliance des Cyclistes — d'un village comme une sorte de foyer ; et lors du camp annuel des cyclistes, de nombreuses amitiés durables ont été établies. Les Kegelbruder , les Frères des Neuf Quilles, en Allemagne, sont une association similaire ; de même que les sociétés de gymnastes (300 000 membres en Allemagne), la confrérie informelle des pagayeurs en France, les yacht clubs, etc. De telles associations ne modifient certes pas la stratification économique de la société, mais, surtout dans les petites villes, elles contribuent à aplanir les distinctions sociales et, comme elles tendent toutes à se regrouper dans de grandes fédérations nationales et internationales, elles contribuent certainement au développement de relations amicales personnelles. entre toutes sortes d'hommes dispersés dans différentes parties du globe.

Les Clubs alpins, le Jagdschutzverein en Allemagne, qui compte plus de 100 000 membres – chasseurs, forestiers instruits, zoologistes et simples amoureux de la nature – et la Société ornithologique internationale, qui comprend des zoologistes, des éleveurs et de simples paysans en Allemagne, ont le même caractère. . Non seulement ils ont réalisé en quelques années un travail considérable et très utile, que seules de grandes associations pouvaient faire correctement (cartes, refuges, routes de montagne ; études sur la vie animale, sur les insectes nuisibles, sur les migrations d'oiseaux, etc.)), mais elles créent de nouveaux liens entre les hommes. Deux alpinistes de nationalités différentes qui se rencontrent dans un refuge du Caucase, ou le professeur et le paysan ornithologue qui séjournent dans la même maison, ne sont plus étrangers l'un à l'autre ; tandis que la Société de l'oncle Toby à Newcastle, qui a déjà incité plus de 260 000 garçons et filles à ne jamais détruire les nids d'oiseaux et à être gentils avec tous les animaux, a certainement fait plus pour le développement des sentiments humains et du goût dans les sciences naturelles que bien d'autres. moralistes et la plupart de nos écoles.

Nous ne pouvons omettre, même dans cette rapide revue, les milliers de sociétés scientifiques, littéraires, artistiques et éducatives. Jusqu'à présent, les organismes scientifiques, étroitement contrôlés et souvent subventionnés par l'État, ont généralement évolué dans un cercle très étroit, et ils en sont souvent venus à être considérés comme de simples ouvertures pour obtenir des nominations de l'État, alors que l'étroitesse même de leurs cercles ne fait aucun doute. engendré de petites jalousies. Il n'en demeure pas moins que les distinctions de naissance, de partis politiques et de croyances sont atténuées dans une certaine mesure par de telles associations ; tandis que dans les villes plus petites et plus éloignées, les sociétés scientifiques, géographiques ou musicales, surtout celles qui s'adressent à un cercle plus large d'amateurs, deviennent de petits centres de vie intellectuelle, une sorte de lien entre le petit coin et le vaste monde, et un lieu où des hommes de conditions très différentes se rencontrent sur un pied d'égalité. Pour apprécier pleinement la valeur de tels centres , il faudrait les connaître, par exemple, en Sibérie. Quant aux innombrables sociétés éducatives qui commencent seulement maintenant à briser le monopole de l'État et de l'Église en matière d'éducation, elles deviendront certainement d'ici peu la puissance dominante dans ce domaine. C'est aux « Unions Froebel » que nous devons déjà le système des jardins d'enfants ; et c'est à un certain nombre d'associations éducatives formelles et informelles que nous devons le niveau élevé de l'éducation des femmes en Russie, même si ces sociétés et ces groupes ont toujours dû agir dans une forte opposition à un gouvernement puissant.(15) Quant aux diverses sociétés pédagogiques en Russie, L'Allemagne, chacun sait, a contribué le plus à mettre au point les méthodes modernes d'enseignement des sciences dans les écoles populaires. Dans de telles associations, l'enseignant trouve aussi son meilleur soutien. Comme l'instituteur du village, surmené et sous-payé, aurait été misérable sans leur aide !(16)

Toutes ces associations, sociétés, confréries, alliances, instituts, etc., qui doivent désormais se compter par dizaines de milliers rien qu'en Europe, et dont chacune représente une immense quantité de travail bénévole, sans ambition, non ou sous-payé, que sont-elles ? ne sont-ils que autant de manifestations, sous des aspects infiniment variés, d'une même tendance toujours vivante de l'homme à l'entraide et au soutien ? Pendant près de trois siècles, les hommes n'ont pas pu se donner la main, même à des fins littéraires, artistiques et éducatives. Les sociétés ne pouvaient se former que sous la protection de l'État, ou de l'Église, ou sous forme de confréries secrètes, comme la franc-maçonnerie. Mais maintenant que la résistance est brisée, ils pullulent dans toutes les directions, ils s'étendent sur toutes les branches multiples de l'activité humaine, ils s'internationalisent et contribuent sans doute, dans une mesure qu'on ne peut encore apprécier pleinement, à briser les écrans érigés. par les Etats entre nationalités différentes. Malgré les jalousies engendrées par la concurrence commerciale et les provocations à la haine suscitées par les fantômes d'un passé en décomposition, il existe une conscience de solidarité internationale qui grandit tant parmi les esprits dirigeants du monde que parmi les masses ouvrières. , puisqu'ils ont aussi conquis le droit aux relations internationales ; et dans la prévention d'une guerre européenne au cours du dernier quart de siècle, cet esprit a sans aucun doute eu sa part.

Les associations caritatives religieuses, qui représentent là encore tout un monde, doivent certainement être mentionnées ici. Il ne fait aucun doute que la grande majorité de leurs membres sont animés par les mêmes sentiments d'entraide qui sont communs à toute l'humanité. Malheureusement, les maîtres religieux des hommes préfèrent attribuer à de tels sentiments une origine surnaturelle. Beaucoup d'entre eux prétendent que l'homme n'obéit pas consciemment à l'inspiration d'entraide tant qu'il n'a pas été éclairé par les enseignements de la religion particulière qu'ils représentent, et, avec saint Augustin, la plupart d'entre eux ne reconnaissent pas de tels sentiments dans le « sauvage païen ». De plus, alors que le christianisme primitif, comme toutes les autres religions, était un appel aux sentiments largement humains d'entraide et de sympathie, l'Église chrétienne a aidé l'État à détruire toutes les institutions permanentes d'entraide et de soutien qui lui étaient antérieures ou qui se sont développées. à l'extérieur de celui-ci ; et, au lieu de l'entraide que tout sauvage considère comme due à son parent, il a prêché une charité qui porte un caractère d'inspiration d'en haut et, par conséquent, implique une certaine supériorité du donateur sur celui qui reçoit. Avec cette limitation, et sans aucune intention d'offenser ceux qui se considèrent comme un corps élu lorsqu'ils accomplissent des actes simplement humains, on peut certainement considérer l'immense nombre d'associations religieuses caritatives comme le résultat de la même tendance d'entraide.

Tous ces faits montrent que la poursuite inconsidérée des intérêts personnels, sans tenir compte des besoins d'autrui, n'est pas la seule caractéristique de la vie moderne. A côté de ce courant qui revendique si fièrement son leadership dans les affaires humaines, on perçoit une dure lutte soutenue tant par les populations rurales qu'industrielles pour réintroduire des institutions permanentes d'entraide et de soutien ; et l'on découvre, dans toutes les classes de la société, un mouvement largement répandu vers l'établissement d'une variété infinie d'institutions plus ou moins permanentes dans le même but. Mais lorsque l'on passe de la vie publique à la vie privée de l'individu moderne, on découvre un autre monde extrêmement vaste d'entraide et de soutien, qui ne passe inaperçu aux yeux de la plupart des sociologues que parce qu'il se limite au cercle étroit de la famille et de l'amitié personnelle. (17)

Dans le système social actuel, tous les liens d'union entre les habitants d'une même rue ou d'un même quartier ont été dissous. Dans les quartiers les plus riches des grandes villes, les gens vivent sans savoir qui sont leurs voisins de palier . Mais dans les ruelles bondées, les gens se connaissent parfaitement et sont continuellement mis en contact. Bien sûr, les petites querelles ont leur cours, dans les ruelles comme ailleurs ; mais des groupements selon des affinités personnelles se développent, et dans leur cercle l'entraide se pratique à un point dont les classes les plus riches n'ont aucune idée. Si l'on prend, par exemple, les enfants d'un quartier pauvre qui jouent dans une rue, dans un cimetière ou sur un green, on constate tout de suite qu'une union étroite existe entre eux, malgré les luttes passagères, et que cette union les protège. de toutes sortes de malheurs. Dès qu'un acarien se penche avec curiosité sur l'ouverture d'un drain : « Ne vous arrêtez pas là », crie un autre acarien, « la fièvre est dans le trou ! "N'escalade pas ce mur, le train te tuera si tu tombes ! Ne t'approche pas du fossé ! Ne mange pas ces baies, du poison ! tu vas mourir." Tels sont les premiers enseignements donnés à l'oursin lorsqu'il rejoint ses compagnons en plein air. Combien d'enfants dont les terrains de jeux sont les trottoirs des « habitations ouvrières modèles », ou les quais et les ponts des canaux, seraient écrasés à mort par les charrettes ou noyés dans les eaux boueuses, s'il n'en était ainsi ? de soutien mutuel. Et quand un beau Jack s'est glissé dans le fossé non protégé au fond de la cour du laitier, ou qu'une Lizzie aux joues cerises est après tout tombée dans le canal, la jeune progéniture pousse de tels cris que tout le quartier est en éveil. l'alerte et se précipite à son secours.

Vient ensuite l'alliance des mères. "Vous ne pouvez pas imaginer" (me disait dernièrement une dame médecin qui habite dans un quartier pauvre) "à quel point ils s'entraident. Si une femme n'a rien préparé, ou n'a pu rien préparer, pour l'enfant qu'elle attend - et comment cela arrive souvent ! — tous les voisins apportent quelque chose pour le nouveau venu. Un des voisins s'occupe toujours des enfants, et un autre vient toujours s'occuper du ménage, tant que la mère est au lit. Cette habitude est générale. Il est mentionné par tous ceux qui ont vécu parmi les pauvres. De mille manières, les mères se soutiennent mutuellement et s'occupent d'enfants qui ne sont pas les leurs. Une certaine formation – bonne ou mauvaise, qu'ils en décident eux-mêmes – est nécessaire chez une dame des classes les plus riches pour qu'elle soit capable de croiser un enfant grelottant et affamé dans la rue sans s'en apercevoir. Mais les mères des classes les plus pauvres n'ont pas cette formation. Ils ne supportent pas la vue d'un enfant affamé ; ils doivent le nourrir, et c'est ce qu'ils font. "Lorsque les écoliers mendient du pain, ils se heurtent rarement, ou plutôt jamais, à un refus", m'écrit une amie qui a travaillé plusieurs années à Whitechapel en relation avec un club ouvrier. Mais je pourrais peut-être aussi bien transcrire quelques passages supplémentaires de sa lettre :

"Le soin des voisins , en cas de maladie, sans aucune nuance de rémunération, est assez courant parmi les ouvriers. De plus, lorsqu'une femme a de jeunes enfants et qu'elle part travailler, une autre mère s'occupe toujours d'eux.

"Si, dans les classes populaires, ils ne s'entraidaient pas, ils ne pourraient pas exister. Je connais des familles qui s'entraident continuellement - avec de l'argent, de la nourriture, du combustible, pour élever les petits enfants, en cas de maladie, en cas de décès.

"Le mien et le tien sont beaucoup moins observés chez les pauvres que chez les riches. Les chaussures, les vêtements, les chapeaux, etc. , — ce qui peut être recherché sur place — sont continuellement empruntés les uns aux autres, également tous sortes d'objets ménagers.

"L'hiver dernier, les membres du Club Radical Uni ont rassemblé un peu d'argent et ont commencé après Noël à distribuer gratuitement de la soupe et du pain aux enfants scolarisés. Peu à peu, ils ont eu 1 800 enfants à s'occuper. L'argent venait de l'extérieur, mais tout le travail était fait par les membres du club. Certains d'entre eux, qui n'avaient pas de travail, venaient à quatre heures du matin pour laver et éplucher les légumes ; cinq femmes venaient à neuf ou dix heures (après avoir fait leur propre ménage) ; travail) pour cuisiner, et restaient jusqu'à six ou sept heures pour faire la vaisselle. Et à l'heure des repas, entre midi et une heure et demie, vingt à trente ouvriers venaient aider à servir la soupe, chacun gardant ce qu'il pouvait laisser de côté. son temps de repas. Cela a duré deux mois. Personne n'a été payé.

Mon ami mentionne également divers cas individuels, dont les suivants sont typiques :

"Annie W. a été donnée par sa mère pour être hébergée par une personne âgée dans la rue Wilmot. Lorsque sa mère est décédée, la vieille femme, qui était elle-même très pauvre, a gardé l'enfant sans recevoir un sou pour cela. Lorsque la vieille dame est morte aussi, l'enfant, qui avait cinq ans, a bien sûr été négligée pendant sa maladie et était en lambeaux ; mais elle a été aussitôt emmenée par Mme S., la femme d' un cordonnier, qui a elle-même six enfants dernièrement. Quand le mari était malade, ils n'avaient pas grand-chose à manger, tous.

"L'autre jour, Mme M., mère de six enfants, a soigné Mme M...g pendant toute sa maladie et a emmené dans sa chambre l'aîné des enfants... Mais avez-vous besoin de tels faits ? Ils sont assez généraux... Je Je connais aussi Mme D. (Oval, Hackney Road), qui possède une machine à coudre et coud continuellement pour les autres, sans jamais accepter de rémunération, bien qu'elle ait elle-même cinq enfants et son mari à charge… Et ainsi de suite.

Pour quiconque a une idée de la vie des classes laborieuses , il est évident que sans une aide mutuelle sur une grande échelle, elles ne pourraient jamais surmonter toutes leurs difficultés. Ce n'est que par hasard qu'une famille d'ouvriers peut vivre toute sa vie sans avoir à affronter des circonstances telles que la crise décrite par le tisseur de rubans Joseph Gutteridge dans son autobiographie.(18) Et si tous ne s'effondrent pas dans de tels cas , ils le doivent à l'entraide. Dans le cas de Gutteridge, c'était une vieille nourrice, elle-même misérablement pauvre, qui arrivait au moment où la famille glissait vers une catastrophe finale, et apportait du pain, du charbon et de la literie qu'elle avait obtenus à crédit. Dans d'autres cas, ce sera quelqu'un d' autre ou les voisins prendront des mesures pour sauver la famille. Mais sans l'aide d'autres pauvres, combien d'autres seraient amenés chaque année à une ruine irréparable !(19)

M. Plimsoll , après avoir vécu quelque temps parmi les pauvres, sur 7s. 6j. une semaine, a été obligé de reconnaître que les sentiments bienveillants qu'il emportait avec lui au début de cette vie "se sont transformés en respect et en admiration chaleureux" lorsqu'il a vu comment les relations entre les pauvres sont imprégnées d'entraide et de soutien et qu'il a appris les moyens simples dans lequel ce soutien est apporté. Après de nombreuses années d'expérience, sa conclusion était que "quand on y pense, tels étaient ces hommes, la grande majorité de la classe ouvrière l'était aussi".(20) Quant à l'éducation des orphelins, même par les plus pauvres Dans les familles, c'est une habitude si répandue, qu'on peut la décrire comme une règle générale ; ainsi parmi les mineurs on a constaté, après les deux explosions de Warren Vale et de Lund Hill, que « près d'un tiers des hommes tués, comme peuvent en témoigner les comités respectifs, entretenaient ainsi des relations autres que femme et enfant ». "Avez-vous réfléchi", a ajouté M. Plimsoll , "ce que c'est ? Les hommes riches, même les hommes aisés, font cela, je n'en doute pas. Mais considérez la différence." Considérez ce qu'est une somme d'un shilling, souscrite par chaque travailleur pour aider la veuve d'un camarade, ou 6d.

aider un collègue à payer les dépenses supplémentaires liées à des funérailles, cela signifie pour quelqu'un qui gagne 16 shillings. par semaine et a une femme et, dans certains cas, cinq ou six enfants à charge.(21) Mais de telles cotisations sont une pratique générale parmi les travailleurs du monde entier, même dans des cas beaucoup plus ordinaires qu'un décès dans la famille, tandis que l'aide au travail est la chose la plus courante dans leur vie.

Les mêmes pratiques d'entraide et de soutien n'échouent pas non plus parmi les classes les plus riches. Bien sûr, quand on pense à la dureté dont font souvent preuve les employeurs les plus riches à l'égard de leurs employés, on a tendance à adopter l'opinion la plus pessimiste de la nature humaine. Nombreux sont ceux qui se souviennent de l'indignation suscitée lors de la grande grève du Yorkshire de 1894, lorsque de vieux mineurs qui avaient récupéré du charbon dans une mine abandonnée furent poursuivis en justice par les propriétaires de la mine. Et même si l'on laisse de côté les horreurs des périodes de lutte et de guerre sociale, comme l'extermination de milliers de prisonniers ouvriers après la chute de la Commune de Paris - qui peut lire, par exemple, les révélations de l' enquête sociale qui a été fabriqués ici dans les années 40, ou ce que Lord Shaftesbury a écrit sur "le gaspillage effroyable de vies humaines dans les usines, où étaient consignés les enfants retirés des ateliers, ou simplement achetés dans tout le pays pour être vendus comme esclaves d'usine"(22) – qui peut lire cela sans être vivement impressionné par la bassesse qui est possible chez l'homme quand son avidité est en jeu ? Mais il faut aussi dire que la responsabilité d'un tel traitement ne doit pas être entièrement imputée à la criminalité de la nature humaine. Les enseignements des hommes de science, et même d'une partie notable du clergé, n'étaient-ils pas, jusqu'à une époque toute récente, des enseignements de méfiance, malgré et presque de haine envers les classes pauvres ? La science n'a-t-elle pas enseigné que depuis que le servage a été aboli, nul n'est obligé d'être pauvre, sauf à cause de ses propres vices ? Et combien peu dans l'Église ont eu le courage de blâmer les tueurs d'enfants, alors qu'un grand nombre enseignait que les souffrances des pauvres, et même l'esclavage des nègres, faisaient partie du Plan Divin ! Le non-conformisme lui-même n'était-il pas en grande partie une protestation populaire contre le traitement dur des pauvres par l'Église établie ?

Avec de tels chefs spirituels, les sentiments des classes les plus riches devinrent nécessairement, comme le remarqua M. Pimsoll , moins émoussés que « stratifiés ». Ils descendaient rarement vers les pauvres, dont les gens aisés sont séparés par leur manière de vivre, et qu'ils ne connaissent pas sous leurs meilleurs aspects, dans leur vie quotidienne. Mais entre eux, compte tenu des effets des passions accumulatrices de richesses et des dépenses futiles imposées par la richesse elle-même, entre eux, dans le cercle de la famille et des amis, les riches pratiquent la même entraide et le même soutien que les pauvres. Le Dr Ihering et L. Dargun ont parfaitement raison de dire que si l'on pouvait dresser un registre statistique de tout l'argent qui passe de main en main sous forme de prêts amicaux et d'aide, la somme totale serait énorme, même en comparaison avec les transactions commerciales du commerce mondial. Et si nous pouvions y ajouter, comme nous le devrions certainement, ce qui est dépensé en hospitalité, en petits services mutuels, en gestion des affaires d'autrui, en cadeaux et en charité, nous serions certainement frappés par l'importance de tels transferts dans l'économie nationale. Même dans un monde régi par l'égoïsme commercial, l'expression courante « Nous avons été durement traités par cette entreprise » montre qu'il existe aussi un traitement amical, par opposition au traitement dur, c'est-à-dire le traitement légal ; tandis que tout homme d'affaires sait combien d'entreprises sont sauvées chaque année de la faillite grâce au soutien amical d'autres entreprises.

Quant aux œuvres de charité et à l'ampleur du travail de bien-être général accompli volontairement par tant de personnes aisées, ainsi que par les ouvriers, et surtout par les hommes de métier, chacun connaît le rôle que jouent ces derniers. deux catégories de bienveillance dans la vie moderne. Si le désir d'acquérir une notoriété, un pouvoir politique ou une distinction sociale gâte souvent le véritable caractère de cette sorte de bienveillance, il n'y a aucun doute possible quant à l'impulsion venant dans la majorité des cas des mêmes sentiments d'entraide. Les hommes qui ont acquis des richesses n'y trouvent bien souvent pas la satisfaction espérée. D'autres commencent à penser que, quoi que puissent dire les économistes selon lesquels la richesse est la récompense de la capacité, leur propre récompense est exagérée. La conscience de la solidarité humaine commence à parler ; et, bien que la vie en société soit arrangée de manière à étouffer ce sentiment par mille moyens astucieux, elle prend souvent le dessus ; puis ils essaient de trouver une issue à ce besoin profondément humain en donnant leur fortune, ou leurs forces, à quelque chose qui, à leur avis, favorisera le bien-être général.

Bref, ni les pouvoirs écrasants de l'État centralisé, ni les enseignements de haine mutuelle et de lutte sans pitié venus, parés des attributs de la science, de philosophes et de sociologues obligeants, n'ont pu extirper le sentiment de solidarité humaine, profondément ancré dans l'entendement des hommes. et du cœur, car il a été nourri par toute notre évolution précédente. Ce qui a été le résultat de l'évolution depuis ses premiers stades ne peut être maîtrisé par l'un des aspects de cette même évolution. Et le besoin d'entraide et de soutien qui s'était réfugié naguère dans le cercle étroit de la famille, ou des voisins des bidonvilles , du village, ou du syndicat secret des travailleurs, se réaffirme, même dans notre société moderne, et revendique son droit d'être, comme il l'a toujours été, le principal leader vers de nouveaux progrès. Telles sont les conclusions auxquelles nous sommes nécessairement amenés lorsque nous réfléchissons soigneusement à chacun des groupes de faits brièvement énumérés dans les deux derniers chapitres.

REMARQUES:

1. Toulmin Smith, English Guilds, Londres, 1870, Introd . p. xliii.

2. L'Acte d'Édouard VI — le premier de son règne — ordonnait de remettre à la Couronne « toutes les fraternités, confréries et guildes se trouvant dans le royaume d'Angleterre et du Pays de Galles et dans les autres domaines du roi ; ainsi que tous les manoirs, terres , immeubles et autres héritages leur appartenant ou à l'un d'entre eux » (English Guilds, Introd . p. xliii). Voir aussi celui d'Ockenkowski Angleterre wirtschaftliche Entwickelung je suis Ausgange des Mittelalters , Iéna, 1879, chap. ii-v.

3. Voir Sidney et Beatrice Webb, History of Trade-Unionism, Londres, 1894, pp. 21-38.

4. Voir dans l'œuvre de Sidney Webb les associations qui existaient à cette époque. On suppose que les artisans londoniens n'ont jamais été aussi bien organisés qu'en 1810-20.

5. L'Association nationale pour la protection du travail comprenait environ 150 syndicats distincts, qui versaient des cotisations élevées, et comptait environ 100 000 membres. Le syndicat des constructeurs et les syndicats des mineurs étaient également de grandes organisations (Webb, lcp 107).

6. Je suis en cela le travail de M. Webb, qui regorge de documents pour confirmer ses déclarations.

7. Depuis les années quarante, de grands changements se sont produits dans l'attitude des classes aisées à l'égard des syndicats. Cependant, même dans les années soixante, le patronat a fait une formidable tentative concertée pour les écraser en mettant des populations entières en lock-out. Jusqu'en 1869, le simple accord de grève et l'annonce d'une grève par pancartes, sans parler du piquetage, étaient souvent punis comme de l'intimidation. Ce n'est qu'en 1875 que la loi sur les maîtres et les serviteurs fut abrogée, que le piquetage pacifique fut autorisé et que « la violence et l'intimidation » lors des grèves tombèrent dans le domaine de la common law. Pourtant, même lors de la grève des dockers en 1887, il fallut dépenser l'argent des secours pour lutter devant les tribunaux pour le droit de piquetage, tandis que les poursuites judiciaires des dernières années menacent une fois de plus de rendre illusoires les droits conquis.

8. Une contribution hebdomadaire de 6d. sur un 18s. salaire, ou de 1s. sur 25s., cela signifie bien plus que 91. sur un 3001. revenu : il provient principalement de la nourriture ; et le prélèvement est bientôt doublé lorsqu'une grève est déclarée dans un syndicat frère. La description graphique

de la vie syndicale, par un artisan qualifié, publiée par M. et Mme Webb (pp. 431 suiv.), donne une excellente idée de la quantité de travail exigée d'un syndicaliste.

9. Voir les débats sur les grèves de Falkenau en Autriche devant le Reichstag autrichien le 10 mai 1894, au cours desquels le fait est pleinement reconnu par le ministère et le propriétaire de la mine. Aussi la presse anglaise de l'époque.

10. De nombreux faits similaires se trouvent dans le Daily Chronicle et en partie dans le Daily News d'octobre et novembre 1894.

11. Les 31.473 associations de producteurs et de consommateurs du Rhin moyen affichaient, vers 1890, une dépense annuelle de 18.437.500 l. 3 675 000l. ont été accordés au cours de l'année sous forme de prêts.

12. Rapport consulaire britannique, avril 1889.

13. Une étude capitale sur ce sujet a été publiée en russe dans les Zapiski (Mémoires) de la Société géographique du Caucase, vol. vi. 2, Tiflis, 1891, par C. Egiazaroff.

14. S'évader d'une prison française est extrêmement difficile ; néanmoins un prisonnier s'est évadé d'une des prisons françaises en 1884 ou 1885. Il a même réussi à se cacher toute la journée, bien que l'alarme ait été donnée et que les paysans du quartier le guettent. Le lendemain matin, il le trouva caché dans un fossé, près d'un petit village. Peut-être avait-il l'intention de voler de la nourriture ou des vêtements pour enlever son uniforme de prisonnier. Alors qu'il gisait dans le fossé, un incendie se déclara dans le village. Il a vu une femme sortir en courant d'une des maisons en feu et a entendu ses appels désespérés pour sauver un enfant à l' étage supérieur de la maison en feu. Personne n'a bougé pour le faire. Alors l'évadé sortit précipitamment de sa retraite, traversa le feu et, le visage échaudé et les vêtements brûlants, sortit sain et sauf du feu l'enfant et le remit à sa mère. Bien entendu, il fut arrêté sur place par le gendarme du village, qui se présentait maintenant. Il a été ramené à la prison. Le fait fut rapporté dans tous les journaux français, mais aucun ne s'agita pour obtenir sa libération. S'il avait protégé un gardien du coup d'un camarade, il aurait été fait de lui un héros. Mais son acte était simplement humain, il ne promouvait pas l'idéal de l'État ; lui-même ne l'attribuait pas à une inspiration soudaine de la grâce divine ; et cela a suffi à faire tomber l'homme dans l'oubli. Peut-être six ou douze mois furent-ils ajoutés à sa peine pour avoir volé — « bien de l'État » — la tenue de la prison.

15. L'Académie médicale des Femmes (qui a donné à la Russie une grande partie de ses 700 docteurs diplômés), les quatre Universités des Dames (environ 1 000 élèves en 1887 ; fermées cette année-là et rouvertes en 1895) et la Haute Ecole Commerciale. Les écoles pour femmes sont entièrement

l'œuvre de ces sociétés privées. C'est à ces mêmes sociétés que nous devons le niveau élevé atteint par les gymnases de filles depuis leur ouverture dans les années soixante. Les 100 gymnases aujourd'hui disséminés dans l'Empire (plus de 70 000 élèves), correspondent aux lycées de filles de ce pays ; cependant, tous les enseignants sont diplômés des universités.

16. Le Verein für Verbreitung gemeinnutslicher Kenntnisse , bien qu'elle ne compte que 5 500 membres, a déjà ouvert plus de 1 000 bibliothèques publiques et scolaires, organisé des milliers de conférences et publié des livres de grande valeur.

17. Très peu d'auteurs en sociologie y ont prêté attention. Le Dr Ihering en fait partie et son cas est très instructif. Lorsque le grand écrivain allemand en droit commença son ouvrage philosophique Der Zweck im Rechte (« Le but du droit »), il entendait analyser « les forces actives qui provoquent et maintiennent le progrès de la société » et donner ainsi « la théorie de l'homme sociable. » Il a analysé, premièrement, les forces égoïstes à l'œuvre, y compris le système salarial actuel et la coercition dans sa variété de lois politiques et sociales ; et dans un schéma soigneusement élaboré de son œuvre, il avait l'intention de consacrer le dernier paragraphe aux forces éthiques — le sens du devoir et l'amour mutuel — qui contribuent au même objectif. Cependant, lorsqu'il en vint à discuter des fonctions sociales de ces deux facteurs, il dut écrire un deuxième volume, deux fois plus volumineux que le premier ; et pourtant il ne traita que des facteurs personnels, ce qui ne prendra dans les pages suivantes que quelques lignes. L. Dargun a repris la même idée dans Egoismus und Altruismus in der Nationalokonomie , Leipzig, 1885, en y ajoutant quelques faits nouveaux. L'Amour de Buchner et les nombreuses paraphrases publiées ici et en Allemagne traitent du même sujet.

18. Lumière et ombres dans la vie d'un artisan. Coventry, 1893.

19. De nombreux riches ne comprennent pas comment les plus pauvres peuvent s'entraider, car ils ne réalisent pas à quelles quantités infinitésimales de nourriture ou d'argent dépend souvent la vie d'une des classes les plus pauvres. Lord Shaftesbury avait compris cette terrible vérité lorsqu'il créa son Fonds pour les filles de fleurs et de cresson, à partir duquel des prêts d'une livre, et seulement occasionnellement de deux livres, étaient accordés, pour permettre aux filles d'acheter un panier et des fleurs lorsque l'hiver s'installerait. et ils sont dans une détresse extrême. Les prêts étaient accordés à des filles qui n'avaient « pas six pence », mais qui ne manquaient jamais de trouver d'autres pauvres pour les cautionner. « De tous les mouvements avec lesquels j'ai jamais été connecté », a écrit Lord Shaftesbury, « je considère ce mouvement des Watercress Girls comme le plus réussi…. Il a été lancé en 1872, et nous avons accordé 800 à 1 000 prêts et avons pas perdu 50 l pendant toute la période… Ce qui a été perdu — et c'est très peu, dans les circonstances

– l'a été à cause de la mort ou de la maladie, et non à cause de la fraude » (La vie et l'œuvre du septième comte de Shaftesbury. , par Edwin Hodder, vol. iii. Plusieurs autres faits pertinents au ch. La vie et le travail de Booth à Londres, vol. je ; dans les « Pages du journal d'une ouvrière » de Miss Beatrice Potter (XIXe siècle, septembre 1888, p. 310) ; et ainsi de suite.

20. Samuel Plimsoll , Our Seamen, édition bon marché, Londres, 1870, p. 110.

21. Nos marins, nous , p. 110. M. Plimsoll a ajouté : « Je ne souhaite pas dénigrer les riches, mais je pense qu'on peut raisonnablement douter que ces qualités soient si pleinement développées chez eux ; Selon les réclamations, raisonnables ou déraisonnables, de parents pauvres, ces qualités ne sont pas si constamment exercées que les richesses semblent dans de nombreux cas étouffer la virilité de leurs possesseurs, et leurs sympathies deviennent, non pas tant rétrécies que – pour ainsi dire – stratifiées : ils sont réservés aux souffrances de leur propre classe, ainsi qu'aux malheurs de ceux qui sont au-dessus d'eux. Ils tendent rarement beaucoup vers le bas, et ils sont bien plus susceptibles d'admirer un acte de courage… que d'admirer le courage et la tendresse constamment exercés. sont les caractéristiques quotidiennes de la vie d'un ouvrier britannique » – et de celle des ouvriers du monde entier également.

22. Vie du septième comte de Shaftesbury, par Edwin Hodder, vol. je . p. 137-138.

CONCLUSION

Si l'on reprend maintenant les enseignements qui peuvent être empruntés à l'analyse de la société moderne, en lien avec l'ensemble des évidences relatives à l'importance de l'entraide dans l'évolution du monde animal et de l'humanité, nous pouvons résumer notre enquête ainsi : .

Dans le monde animal, nous avons vu que la grande majorité des espèces vivent en société et qu'elles trouvent dans l'association les meilleures armes pour lutter pour la vie : entendue, bien sûr, dans son sens darwinien large – et non pas comme une lutte pour le simple bien-être. moyens d'existence, mais comme une lutte contre toutes les conditions naturelles défavorables à l'espèce. Les espèces animales, chez lesquelles la lutte individuelle a été réduite à ses limites les plus étroites, et la pratique de l'entraide a atteint le plus grand développement, sont invariablement les plus nombreuses, les plus prospères et les plus ouvertes aux progrès ultérieurs. La protection mutuelle obtenue dans ce cas, la possibilité d'atteindre la vieillesse et d'accumuler de l'expérience, le développement intellectuel plus élevé et le développement ultérieur des habitudes sociables assurent le maintien de l'espèce, son extension et son évolution progressive. Les espèces insociables, au contraire, sont vouées au déclin.

En passant ensuite à l'homme, nous l'avons trouvé vivant en clans et en tribus à l'aube même de l'âge de pierre ; nous avons vu une large série d'institutions sociales se développer déjà au stade inférieur du sauvage, dans le clan et la tribu ; et nous avons constaté que les premières coutumes et habitudes tribales ont donné à l'humanité l'embryon de toutes les institutions qui ont constitué plus tard les aspects principaux d'un progrès ultérieur. De la tribu sauvage est née la communauté villageoise barbare ; et un nouveau cercle, encore plus large, de coutumes, d'habitudes et d'institutions sociales, dont un certain nombre sont encore vivants entre nous, s'est développé selon les principes de possession commune d'un territoire donné et de défense commune de celui-ci, sous la juridiction du village. folkmote, et dans la fédération de villages appartenant, ou censés appartenir, à une même souche. Et lorsque de nouvelles exigences poussaient les hommes à prendre un nouveau départ, ils le faisaient dans la ville, qui représentait un double réseau d'unités territoriales (communautés villageoises), liées à des corporations, ces dernières nées de la poursuite commune d'un art ou d'un métier donné, ou pour un soutien et une défense mutuels .

Enfin, dans les deux derniers chapitres, des faits ont été présentés pour montrer que, bien que la croissance de l'État sur le modèle de la Rome impériale ait mis fin violemment à toutes les institutions médiévales de soutien mutuel, ce nouvel aspect de la civilisation ne pouvait pas durer.

L'État, fondé sur des agrégations lâches d'individus et s'engageant à être leur seul lien d'union, n'a pas répondu à son objectif. La tendance à l'entraide a fini par briser ses règles de fer ; elle réapparaît et se réaffirme dans une infinité d'associations qui tendent désormais à embrasser tous les aspects de la vie et à s'emparer de tout ce dont l'homme a besoin pour la vie et pour reproduire les gaspillages occasionnés par la vie.

On remarquera sans doute que l'entraide, même si elle peut représenter un des facteurs d'évolution, ne couvre néanmoins qu'un seul aspect des relations humaines ; qu'à côté de ce courant, aussi puissant soit-il, il y a, et il y a toujours eu, l'autre courant : l'affirmation de soi de l'individu, non seulement dans ses efforts pour atteindre la supériorité personnelle ou de caste, économique , politique, et spirituel, mais aussi dans sa fonction beaucoup plus importante, bien que moins évidente, de briser les liens toujours susceptibles de se cristalliser que la tribu, la communauté villageoise, la ville et l'État imposent à l'individu. En d'autres termes, il y a l'affirmation de soi de l'individu considérée comme un élément progressiste.

Il est évident qu'aucun examen de l'évolution ne peut être complet sans l'analyse de ces deux courants dominants. Pourtant, l'affirmation de soi de l'individu ou de groupes d'individus, leurs luttes pour la supériorité et les conflits qui en résultent ont déjà été analysés, décrits et glorifiés depuis des temps immémoriaux. En fait, jusqu'à présent, seul ce courant a retenu l'attention du poète épique, de l'annaliste, de l'historien et du sociologue. L'histoire, telle qu'elle a été écrite jusqu'à présent, est presque entièrement une description des voies et moyens par lesquels la théocratie, le pouvoir militaire, l'autocratie et, plus tard, le pouvoir des classes les plus riches ont été promus, établis et maintenus. Les luttes entre ces forces constituent en fait la substance de l'histoire. Nous pouvons donc considérer comme acquise la connaissance du facteur individuel dans l'histoire humaine – même s'il reste toute la place pour une nouvelle étude du sujet dans le sens auquel nous venons de faire allusion ; tandis que, d'un autre côté, le facteur d'entraide a été jusqu'à présent totalement perdu de vue ; elle a été simplement niée, voire moquée, par les écrivains de la génération actuelle et passée. Il fallait donc montrer avant tout le rôle immense que ce facteur joue dans l'évolution tant du monde animal que des sociétés humaines. Ce n'est qu'une fois pleinement reconnu qu'il sera possible de procéder à une comparaison entre les deux facteurs.

Il est évidemment impossible d'évaluer ne serait-ce que grossièrement leur importance relative par une méthode plus ou moins statistique. Une seule guerre – nous le savons tous – peut produire plus de mal, immédiats et ultérieurs, que des centaines d'années d'action incontrôlée du principe d'entraide ne peuvent produire de bien. Mais quand on voit que dans le monde animal, développement progressif et entraide vont de pair, tandis que la lutte intérieure au sein de l'espèce est concomitante au développement régressif ; quand on remarque que chez l'homme, même le succès dans la lutte et la guerre est proportionnel au développement de l'entraide dans chacune des deux nations, villes, partis ou tribus en conflit, et que dans le processus d'évolution de la guerre elle-même (dans la mesure où elle peut suivre cette voie) a été asservie aux fins du progrès de l'entraide au sein de la nation, de la ville ou du clan - on perçoit déjà l'influence prédominante du facteur d'entraide comme élément de progrès. Mais on voit aussi que la pratique de l'entraide et ses développements successifs ont créé les conditions mêmes de la vie en société dans lesquelles l'homme a pu développer ses arts, ses connaissances et son intelligence ; et que les périodes où les institutions fondées sur la tendance à l'entraide prirent leur plus grand développement furent aussi les périodes de plus grand progrès dans les arts, l'industrie et la science. En effet, l'étude de la vie intérieure de la cité médiévale et des cités grecques antiques révèle que la combinaison de l'entraide, telle qu'elle se pratiquait au sein de la corporation et du clan grec, avec une large initiative laissée aux l'individu et le groupe, par le biais du principe fédératif, ont donné à l'humanité les deux plus grandes périodes de son histoire : la cité grecque antique et la cité médiévale ; tandis que la ruine de ces institutions au cours des périodes étatiques de l'histoire qui suivirent correspondit dans les deux cas à un déclin rapide.

Quant au progrès industriel soudain réalisé au cours de notre siècle, et qu'on attribue habituellement au triomphe de l'individualisme et de la concurrence, il a certainement une origine bien plus profonde que cela. Une fois faites les grandes découvertes du XVe siècle, notamment celle de la pression atmosphérique, soutenues par une série de progrès de la philosophie naturelle - et elles furent faites dans le cadre de l' organisation de la cité médiévale - une fois ces découvertes faites, l'invention de la machine à vapeur et toute la révolution qu'impliquait la conquête d'une nouvelle puissance devaient nécessairement suivre. Si les cités médiévales avaient vécu jusqu'à ce point leurs découvertes, les conséquences éthiques de la révolution opérée par la vapeur auraient pu être différentes ; mais la même révolution dans la technique et la science aurait inévitablement eu lieu. Il reste, en effet, la question ouverte de savoir si le déclin général des industries qui suivit la ruine des villes libres, et qui fut particulièrement sensible dans la première partie du XVIIIe siècle, n'a pas retardé considérablement l'apparition de la machine à vapeur ainsi que celle de la machine à vapeur. la révolution qui en résulte dans les arts. Lorsque l'on considère l'étonnante rapidité du progrès industriel du XIIe au XVe siècle – dans les domaines du tissage, du travail des métaux, de l'architecture et de la navigation – et que l'on réfléchit aux découvertes scientifiques auxquelles ce progrès industriel a conduit à la fin du XVe siècle – il faut demandons-nous si l'humanité n'a pas tardé à tirer pleinement parti de ces conquêtes lorsqu'une dépression générale des arts et des industries s'est produite en Europe après le déclin de la civilisation médiévale. Ce n'est sûrement pas la disparition de l'artiste-artisan, ni la ruine des grandes villes et l'extinction des relations entre elles, qui ont pu favoriser la révolution industrielle ; et nous savons en effet que James Watt a passé vingt ans ou plus de sa vie à rendre son invention utile, parce qu'il n'a pas pu trouver au siècle dernier ce qu'il aurait facilement trouvé dans la Florence ou à Bruges médiévales, c'est-à-dire des artisans capables de de réaliser ses appareils en métal, et de leur donner la finition artistique et la précision qu'exige la machine à vapeur.

Attribuer donc le progrès industriel de notre siècle à la guerre de chacun contre tous qu'il a proclamée, c'est raisonner comme l'homme qui, ignorant les causes de la pluie, l'attribue à la victime qu'il a immolée devant son idole d'argile. . Pour le progrès industriel comme pour la conquête de la nature, l'entraide et les relations étroites sont certainement, comme elles l'ont été, bien plus avantageuses que la lutte mutuelle.

Mais c'est surtout dans le domaine de l'éthique que l'importance prédominante du principe d'entraide apparaît pleinement. Que l'entraide soit le véritable fondement de nos conceptions éthiques semble assez évident. Mais quelles que soient les opinions quant à l'origine première du sentiment ou de l'instinct d'entraide, qu'on lui attribue une cause biologique ou surnaturelle, nous devons faire remonter son existence jusqu'aux stades les plus bas du monde animal ; et à partir de ces étapes, nous pouvons suivre son évolution ininterrompue, en opposition à un certain nombre d'agents contraires, à travers tous les degrés du développement humain, jusqu'à nos jours. Même les nouvelles religions qui sont nées de temps à autre, toujours à des époques où le principe d'entraide tombait en déclin dans les théocraties et les États despotiques d'Orient, ou au déclin de l'Empire romain, même les nouvelles religions n'ont fait que réaffirmé ce même principe. Ils trouvèrent leurs premiers partisans parmi les couches modestes, les couches les plus basses et les plus opprimées de la société, où le principe d'entraide est le fondement nécessaire de la vie quotidienne ; et les nouvelles formes d'union qui furent introduites dans les premières communautés bouddhistes et chrétiennes, dans les confréries moraves, etc., prirent le caractère d'un retour aux meilleurs aspects de l'entraide des premiers temps de la vie tribale.

Mais chaque fois qu'on essayait de revenir à ce vieux principe, son idée fondamentale elle-même s'élargissait. Du clan, elle s'est étendue à la souche, à la fédération des souches, à la nation et enfin, dans l'idéal du moins, à l'humanité tout entière. Il a également été affiné en même temps. Dans le bouddhisme primitif, dans le christianisme primitif, dans les écrits de certains maîtres musulmans, dans les premiers mouvements de la Réforme, et surtout dans les mouvements éthiques et philosophiques du siècle dernier et de notre époque, l'abandon total de l'idée La notion de vengeance, ou de « récompense due » – du bien pour le bien et du mal pour le mal – est affirmée de plus en plus vigoureusement. La conception supérieure selon laquelle « il n'y a pas de vengeance pour les torts » et qui consiste à donner librement plus que ce que l'on s'attend à recevoir de ses voisins est proclamée comme étant le véritable principe de la moralité – un principe supérieur à la simple équivalence, à l'équité ou à la justice, et plus propice à la justice. au bonheur. Et l'homme est appelé à se laisser guider dans ses actes, non seulement par l'amour, qui est toujours personnel, ou au mieux tribal, mais par la perception de son unité avec chaque être humain. Dans la pratique de l'entraide, que l'on peut remonter aux premiers débuts de l'évolution, on retrouve ainsi l'origine positive et incontestable de nos conceptions éthiques ; et nous pouvons affirmer que dans le progrès éthique de l'homme, c'est le soutien mutuel et non la lutte mutuelle qui a joué le rôle principal. Dans sa vaste extension, même à l'heure actuelle, nous voyons aussi la meilleure garantie d'une évolution encore plus élevée de notre race.